JN066117

観光経済学

理論とデータで学ぶ

Tourism Economics

山内弘隆・山本史門
山崎茂雄・川口明子 編

有斐閣

はしがき

　本書は，「基礎理論」「観光産業」「地域政策と観光」「統計・実証」の4部から構成され，観光を経済学・統計学の観点から捉えた初学者向けの概説書として作成されたものである。その執筆は，翌年に東京オリンピック・パラリンピックを控えた2019年4月から開始された。2022年秋に刊行することになっていたが，執筆期間中に観光を取り巻く環境は急変し，それに応じて執筆内容や構成についての修正を行った。

　2010年代の観光を振り返ると，インバウンドを中心に活況を呈していた。わが国の訪日外国人旅行者数は，2010年には861万人であったが，2018年には3000万人を突破し，3倍以上に急増した。観光には日本経済の成長を牽引する役割が期待され，「インバウンド」「爆買い」「民泊」等の言葉が流行した。ちなみに，初学者向けの本書の作成の目的には，こうした観光のトピックを経済学の観点から説明することも含まれている。

　このように，2010年代は観光にとって輝かしい時期であったが，2019年末に発生した新型コロナウイルス感染症の流行が事態を急変させた。2020年に入ると，感染症の影響で世界的に景気は大きく後退した。2020年4月にはわが国でも最初の緊急事態宣言が発出され，移動が規制され隣県にすら旅行できなくなり，観光業は非常に大きな打撃を受けることになった。感染症の影響は甚大で，観光はこのようなショックに対し非常に脆弱な側面を露わにした。そのため，打撃を受けた観光業に対し国や地方自治体による支援策が講じられた。

　2010年以降の観光はこのような激しい浮き沈みを経験したが，その間に「爆買い」「観光公害」等の現象が発生し，宿泊，交通等の関連業界では「LCC」（low-cost carrier）や「OTA」（online travel agent）のほか「民泊」「プラットフォーム」「シェアリング・エコノミー」「ライドシェア」「ダイナミック・プライシング」等のビジネス形態が出現・普及した。また，「ビジット・ジャパン・キャンペーン」「宿泊税」「Go To キャンペーン」等の観光に関連する政策が導入・推進された。

　本書では，興隆の2010年代だけでなく感染症の流行以降の観光に関連する現象，関連業界におけるビジネス形態，観光の政策を取り上げ，主に経済学の

観点から理論化するとともに，実証に向けた統計の作成やデータ分析の方法を説明している。なお，これらの議論にあたっては，国連社会経済局の *International Recommendations for Tourism Statistics 2008* を参照し，観光を「個人の非日常圏への旅行に伴う活動」と定義して議論を展開している。この定義に基づくと，観光には「財・サービスに関するカテゴリーがない」「需要者と供給者の距離」「生産と消費の同時性」「時間消費，時間の制約」「需要の変動」「水平的なバリューチェーンと仲介」という他の財・サービスにはみられない特異性を有しており，序章で述べるように本書ではこれらを考慮した検討を行っている。

　2019 年末以降，世界経済を悩ませた新型コロナウイルス感染症も，ワクチンの摂取が進むとともに飲み薬等が普及することにより，いずれは終息することが予想される。今後は業況が V 字回復し，観光が再び脚光を浴びることを祈るところであるが，これからも観光は浮き沈みを繰り返し発展していくことになるであろう。また，将来の観光においても，さまざまな現象，ビジネス形態が発生し，それに対応する政策が必要になるであろう。そのようななかで，現象・ビジネス形態の解明や政策の立案において，本書で記述された理論や実証の方法等が活用されることになれば幸いである。

　最後に，本書の執筆は当初の予定から遅れが生じ，ご迷惑をおかけしたが，忍耐強くご支援頂いた有斐閣の柴田守氏，渡辺晃氏に謝意を申し上げる。

　　2022 年 9 月

編 者 一 同

執筆者紹介

は編者

山 内　弘 隆[*]（やまうち　ひろたか）　　　　　　担当：序章（共著），終章（共著）

武蔵野大学経営学部特任教授，一橋大学名誉教授

専攻：交通経済学，公益事業論

主な著作：『交通経済学』（共著，2002 年，有斐閣）／『交通市場と社会資本の経済学』（共編，2010
年，有斐閣）／『運輸・交通インフラと民力活用――PPP／PFI のファイナンスとガバナンス』
（編著，2014 年，慶應義塾大学出版会）

山 本　史 門[*]（やまもと　ふみかど）　　担当：序章（共著），第 1〜4 章，第 8 章，終章（共著）

野村総合研究所エキスパート職

専攻：観光経済，観光統計，計量経済分析

主な著作："Tourism Statistics and TSA Compilation Methods in Asian Countries"（共著，2014
年，UNWTO Special Workshop on Tourism Statistics にて報告）／"An Effective Methodology
to Measure Tourism at Different Sub-national Levels"（共著，2016 年，14th Global Forum on
Tourism Statistics にて報告）／『文化経済学――理論と実際を学ぶ』（分担執筆，2019 年，有斐
閣）

山 崎　茂 雄[*]（やまさき　しげお）　　　　　　　　　　　　担当：第 5・7 章

福井県立大学経済学部教授

専攻：文化政策，観光政策，公共政策学

主な著作：『町屋・古民家再生の経済学――なぜこの土地に多くの人々が訪ねてくるのか』（編著，
2016 年，水曜社）／『図説 神と紙の里の未来学――世界性・工芸観光・創造知の集積』（共編著，
2019 年，晃洋書房）／『世界の工芸と観光――手しごと・美しさ・豊かさ』（編，2020 年，晃洋書
房）

戸 崎　　肇（とざき　はじめ）　　　　　　　　　　　　　　　担当：第 6 章

桜美林大学ビジネスマネジメント学群教授

専攻：航空政策，交通政策，観光政策

主な著作：『図解 これからの航空ビジネス早わかり――1 時間でわかる』（2010 年，中経出版）／
『観光立国論――交通政策から見た観光大国への論点』（2017 年，現代書館）／『ビジネスジェッ
トから見る現代航空政策論――日本での普及に向けた課題』（2021 年，晃洋書房）

川 口　明 子[*]（かわぐち　あきこ）　　　　　　　　　　　　担当：第 9〜11 章

株式会社サーベイリサーチセンター主任研究員，筑波大学理工情報生命学術院システム情報工学研
究群博士後期課程在籍

専攻：社会工学，観光統計

主な著作："Improving National Tourism Statistics Designed to Prepare Regional Tourism Statis-
tics in Japan: International Visitor Survey"（共著，2018 年，15th Global Forum on Tourism

Statistics にて報告）／『インバウンドの消費促進と地域経済活性化——育て，磨き，輝かせる』
（分担執筆，2018 年，ぎょうせい）

澤 村　　明（さわむら　あきら）　　　　　　　　　　　　　　担当：第 12 章
新潟大学理事・副学長，経済学部教授
専攻：文化経済学，NPO 論
主な著作：『市民の考古学 8 遺跡と観光』（2011 年，同成社）／『アートは地域を変えたか——越後
妻有大地の芸術祭の 13 年・2000–2012』（編著，2014 年，慶應義塾大学出版会）／『はじめての
NPO 論』（共著，2017 年，有斐閣）

鎌 田　　裕 美（かまた　ひろみ）　　　　　　　　　　　　　担当：第Ⅳ部補論
一橋大学大学院経営管理研究科准教授
専攻：観光マーケティング，観光客の行動分析
主な著作：『地域活性化のマーケティング』（分担執筆，2011 年，有斐閣）／"Tourist Destination
Residents' Attitudes Towards Tourism during and after the COVID-19 Pandemic"（2022 年，
Current Issues in Tourism, vol. 25.）

目　次

第Ⅳ部　統計・実証

序章 | 観光経済学を学ぶにあたって
留意すべき観光の特異性

1. 観光に関する学術的な動向と経済学

1-1. 2010年代に脚光を浴びた観光

　2010年代にわが国の観光は，華々しい脚光を浴びるようになった。それはインバウンド観光の拡大からもたらされたもので，訪日外国人旅行者数は，2010年代に年率16.7%で増加し，19年には3188万人に達した。バブル経済の崩壊以降，長期にわたり経済の停滞にあえぐ日本においては，この観光分野の急成長は羨望の的になった。

　急速なインバウンド観光の拡大は，2003年の観光立国宣言や08年の観光庁の設立等の日本政府の取り組み強化の成果といえるだろう。

1-2. 観光に関する学術面の動きとその特徴

　21世紀に入ってからは，国土交通省あるいは観光庁により，「宿泊旅行統計調査」「旅行・観光消費動向調査」「訪日外国人消費動向調査」が創設され，県等の個別の地域ではなく，日本全国における観光の実態を把握できる統計が整備された。また，国連経済社会局により観光に関連する付加価値を算出するTSA（tourism satellite account）の手法が確立され，日本に関するTSAが2009年から観光庁により作成されている。定量的な実証分析には統計データが必要となるが，近年の政府の取り組みはその基盤を確立し，学術の発展にも影響を与えたと考えられる。

　前述のような政府の取り組みやインバウンド観光の急成長の動きを受け，21世紀の初頭頃からわが国の観光関連の教育・研究の体制も構築されていった。わが国の大学・大学院の歴史は1960年頃に観光関連の科目・講座が開設され

たことから始まり，2010年代の半ば以降に，多くの大学・大学院において学部・学科・研究科が設立・改組され，量的な拡大が急速に進んだ。そのカリキュラムは，経済学，経営学，マーケティング，地理学，歴史学，社会学，心理学，人類学，まちづくり等の主要な学問領域のみならず，食，景観，風土等の文化，スポーツ，娯楽，テーマパーク等のレジャー，美術，音楽，工芸等の芸術のような観光において体験する分野にまで及んでいる。

　このような多様な学術領域が関連してくることは観光に限ったことではないが，観光の場合はとりわけ議論が広範に及んでいる。もちろん，これは悪いことではない。しかし，そのために観光ではいまだに一定の理論の枠組みが形成されていないように感じられる。そもそも，理論の枠組みの形成には観光自体をどのように捉えるかという定義が望まれるが，それについても諸説が存在し，確固たるものが存在しなかった。その結果として，観光では中核となる理論・考え方が十分に定まらない状況となっており，体系的な把握や整理が容易ではないことにつながっていると思われる。

1-3. 観光と経済学

　本書は『観光経済学』という書名のとおり，経済学に基づき観光に関する現象の説明や政策を検討し，まとめようとしたものである。とくに，観光に関心のある学生や社会人等に対し，経済学，経済統計，実証分析等を理解してもらうこと念頭に置いており，経済学の基礎的な理論を解説するとともに，ダイナミック・プライシング，OTA（online travel agent），プラットフォーム，ライドシェア，LCC（low-cost carrier），民泊，宿泊税，ビッグデータ，パンデミック等の近年の観光における具体的なトピックを取り上げ，その解釈・意味合い等について言及することで，読者に興味をもってもらえる内容となることを心掛けている。

　経済学は理論的枠組みの確立が進んでいる分野であるが，観光の分析において必ずしも主要な役割を果たしてこなかったといえる。その理由は，後述するように観光は経済学において捉えにくいいくつかの特異性を有しており，こうした点について経済学，経済統計が十分に論及していなかったことにあると筆者らは感じている。観光の特異性のなかには，既存の理論の応用やマルチサイド・プラットフォーム等の比較的新しい学説を用いることにより捉えることが可能なものもある。本章の後段において観光の特異性について概説し，本書は

それらについてできるだけ経済学の観点からどのように考えるか，説明するかについて検討している。

　ちなみに，観光の特異性の 1 つとしてその定義があるが，まず第 2 節において近年参照されることが多くなってきている 2010 年公表の国連経済社会局に基づくものについて言及する。さらに，観光の定義から派生するものを含め，いくつかの観光の特異性について第 3 節において概説する。第 4 節では，観光の統計に関する特異性について概説する。最後に，第 5 節は本書の各章の構成を紹介している。

2. 観光の定義

　議論や研究を進める前に，その対象や範囲を明確にするために定義づけることは非常に重要である。他の経済学の分野では，とくに定義を持ち出すこともなく，議論が展開されていることもあるが，観光の場合はこれまで多様な定義が提示され諸説あるのが現状である。本書では昨今用いられることが多くなってきている国連経済社会局（United Nations, Department of Economic and Social Affairs）の定義に基づき議論を進める。それは経済統計に関するものであるが，以下のようにまとめられるであろう。

　　継続して 1 年を超えない期間で，レジャーやビジネスあるいはその他の目的で，日常の生活圏の外に旅行したり，また滞在したりする人々の活動を指し，訪問地で報酬を得る活動と関連しない諸活動。

　このうち，「日常の生活圏の外での活動」という部分が議論においては重要で，本書では「個人の非日常圏への旅行に伴う活動」と定義する[1]。この定義は，特定の財・サービスの生産・消費について規定するものではなく，個人の活動により規定している特異なものといえる。第 3 節ではこの定義から波及的に生じるものも含め，観光の特異性を取り上げる。

　そのうえで，本書では観光の特異性に対し経済学，経済統計，実証分析においてどのように対応すべきかという議論も展開する。なお，特異性のなかには至極当然の事柄・事象と感じられるものも含まれるが，あらためて意識してもらえるように，理論面と実証面に分けてこれらを書き出すこととする。

3. 観光の有する特異性

　どのような産業分野であれ，他と異なる特徴があり，その分析には目的に通じた手法が必要とされる。観光は，移動し，宿泊し，名所旧跡を訪ね，土産物を買うなど，複数の活動が組み合わされて成立する。そのため「観光」の分析には，それがもつ特徴を十分に理解することが必要である。以下では，この特徴について簡単に考察する。

3-1. 財・サービスに関するカテゴリーがない

　上述のように，観光の定義では，財・サービス自体のカテゴリーが明確ではなく，日常の生活圏の外，訪問地，旅行というように，活動する地域が日常の生活圏の外（非日常圏）[2]かどうかが規定されているだけである。これをさらに要約すると非日常圏での諸活動となり，具体的には非日常圏の地域における音楽，美術，芸能等の体験，文化財の鑑賞，食事等の日常生活・風習の体験が挙げられる。非日常性には，都市部の住民が都会の喧騒を離れ自然豊かな地域でのスローな生活を楽しむというような気分転換的なものも含まれるし，逆に地方の住民が都市部を旅行し，都会の雰囲気を感じるというものも含まれる。その一方で，遊園地でレジャーを楽しんだり，文化財を鑑賞したりしても，居住地域の近くの日常の生活圏であれば観光にはあたらない。このように，消費する財・サービスのカテゴリーは規定されていない[3]。

3-2. 需要者と供給者の距離

　観光は非日常圏への旅行に伴う非報酬の諸活動であることから，観光においては需要者が居住する地域は発地，訪問地は着地という表現が用いられる。需要者は発地から域外に旅行（移動）し，着地において宿泊，飲食，娯楽等の供給者から財・サービスの供給を受ける。

　他の多くの財・サービスについても，生産者（生産地）と消費者（消費地）が離れていることは珍しいことではないが，観光とは異なり解析においてとくにそれを念頭に置いていないことが一般的であろう。しかしながら，観光において距離の存在は需要面・供給面の双方に影響を与える。

　需要面では，着地は発地とは異なる環境を有することから，需要者はそれに

非日常性を感じ，旅行する動機が生じることになる[4]。供給面では，需要者と供給者をつなぐ機能が必要となるが，これには物理的輸送と情報の2つの面がある。物理的輸送は，発地と着地の間の交通だが，いうまでもなくその利便性が観光需要を左右する[5]。

　より重要なのは情報である。基本的に発地と着地が物理的に離れていることから，需要者と供給者の間に情報の非対称性が存在する。需要する側にある程度の情報がなければ，そもそも観光需要自体が生じない。そこで，この情報の非対称性を克服する手段として登場したのがJTBやHISに代表される旅行業である。旅行業は需要者に輸送を含むさまざまな情報を提供することによって，潜在的な旅行需要を顕在化させる。もちろん，需要者側にまったく情報が存在しないわけではなく需要者は能動的に情報を収集し自らの需要を具体化させ，消費を実現することができる。インターネットの普及によってこの情報収集の費用が大幅に削減された現在，移動・宿泊等についてネット上の予約が容易になったことと相まって，旧来型の旅行業の存在価値が問われている。

3-3. 生産と消費の同時性

　観光は多様な財・サービスから構成され，運輸，宿泊，娯楽等のサービスは生産と消費の同時性を有し，在庫をもつことができない。一般に多くの財は需要の季節的，時間的変動が存在するが，通常の財であれば在庫をもつことができるため，企業が需要に応じて供給体制を変化させる必要性は大きくない。これに対し，在庫をもつことができないサービス業は，原則として需要の大きさに応じて供給体制を変化させることが望ましいが，より多くの需要を取り込もうとすればピーク時の需要量まで供給施設を拡大させる必要がある。観光の一要素である公共交通機関は，それぞれの事業法等により需要に対応した供給力を確保することが求められている。交通のみならず宿泊業等においても，需要の短期的な変動に応じて施設容量を変化させることは不可能であり，座席や部屋の売れ残り（不良在庫[6]）が生じる。これを最小化する方法が価格による誘導であり，季節，曜日，日時等きめの細かい価格設定が行われている。近年，ダイナミック・プライシングと呼ばれる手法である。

3-4. 時間消費，時間の制約

　程度の差はあるが，消費行為において時間が必要とされるのはどの財・サー

ビスでも同じである。そして，通常は消費における時間の投入は消費を行うための費用と考えられる。通勤時間は短いほうがよい。通勤は仕事をするために必要なのであって，通勤時間が節約できればその時間で別の行動が可能である。つまり，通勤時間は機会費用を生じさせる。これに対し，観光に費やす時間は楽しく，終わってほしくないということがあり，投入される時間が必ずしも費用ではないと感じる消費者が少なくないことが，観光の特殊な点であろう。

　観光では，連続した時間を確保できるかが消費の実行において不可欠である。この点は，映画，演劇，美術鑑賞等においても同様であるが，その時間は3〜5時間くらいが一般的であろう。ウィークデーに就業している個人にとっては，それほどの時間を確保できるのは週末になることから，このような消費に関連する施設は週末に混雑することになる。

　観光の場合は，他の財・サービスよりも確保すべき時間が長く，海外旅行では，1週間を必要とすることもある。そのため，観光消費は，祝祭日の多さ，休暇のとりやすさ等に依存してくる。時間を確保しやすい時期においては，観光の需要が多くなるであろう。このように，観光では時間の制約を考慮した需要分析が必要となる[7]。

3-5．需要の変動

　このように，観光という消費活動には時間が必要とされることから，その需要は消費者側の利用可能な時間の分布に応じて発現することになる。したがって，観光の需要は曜日・祝日，季節による変動が大きい。経済学的な分析を行う場合，繁忙期，繁閑期のようにマーケットを時間的に区切って考えることが適切であり，それぞれのセグメントに応じた需要曲線が想定できる。これは，交通需要についてピーク，オフピーク別に運賃設定を行うことによって社会全体の経済厚生が高まるという考え方と同じである[8]。季節，時間帯等の需要側の条件に応じて価格設定を行うことは，上述のようにダイナミック・プライシングと呼ばれる。

　観光において特徴的なことは，需要側の要因だけでなく供給条件ないし外部環境に依存して需要量が変動することである。桜，海水浴，紅葉，雪等の自然の観光資源は，誘客できる時期が限定されている。また，伝統的な祭り等のイベントはその開催時期が限定されていることによってイベントの価値が高まり，需要のスーパーピークを生じさせることもある。レジャーについては，海水浴

は夏，スキーは冬の需要を旺盛にさせ，このような需要の季節変動により，宿泊施設の稼働率，宿泊業の売上等も，季節により大きく変動する[9]。

3-6. 水平的なバリューチェーンと仲介

　観光の定義は個人の活動から規定されているもので，需要面から捉えられている。一方，供給面から観光を捉えようとすると，必ずしも一様の解釈があるわけではない。ただ，観光の諸活動に関係の強い産業を抽出することは可能である。観光行動を実態的に捉えると，運輸・交通を利用して発地から着地に移動し，着地において宿泊，飲食，娯楽等の産業からの供給を受けることが一般的なパターンであろう。このような消費形態では，複数の産業，企業が観光に関連する財・サービスを供給することになる。

　製造業や流通業においては，川上から川下というような垂直的なバリューチェーンが構成されるのが通例である。このような形態では，川下にあたる産業，企業が消費者と接点をもち，財・サービスを供給する。これに対し，観光では運輸業，旅行業，宿泊業，娯楽業等の多様な産業，企業が，直接需要者である旅行者と接し，財・サービスを提供することになる。これは，製造業等に典型的な垂直的供給構造とは異なり，水平的とも呼べる供給構造である。観光は，いわゆる B to C にあたる複数の取引が結びついて供給されると考えられる。

　このような特徴から，いくつかの留意点が生じる。まず，特定の観光商品の消費者にとっての価値を高めようとすれば，それを構成する複数のサービスがそれぞれに価値を高め適切に組み合わせられなければならない。しかも，それぞれのサービスを提供する主体は相異なった産業，企業である。したがって，全体を組み合わせて価値をあげる作業は，垂直的なバリューチェーンのケース以上に難しい。

　これを克服する1つの手段は，観光商品をトータルとしてプロデュースすることであり，これは旧来から旅行業がそれを担ってきた。いわゆる仲介機能である。もう1つの手段は，最近の動きである DMO（destination management/ marketing organization；観光地域づくり法人）である。DMO は特定の地域（市町村レベルから北海道全体や瀬戸内というような広域の DMO まで存在する）の魅力度を高め，観光需要の拡大を通じて地域を活性化するため，わが国でも数多く組成されている。DMO により，地域内の関連する産業，企業の連携が促進され，水平的なバリューチェーンの構築が期待される[10]。ちなみに，DMO に

ついては，本書第7章で論じられている。

4. 観光の統計

　経済活動の分析には適切な統計，データが必要である。どのような産業分析でも適切かつ十分なデータが得られるわけではないが，観光の場合，その定義にある「移動」「個人」に起因するデータに関する特異性がある。以下において，この点について簡単に考察する。

4-1. 旅行（移動）する個人を対象とした統計
　多くの統計調査は域内に居住する個人あるいは域内にある企業・事業所を対象としているが，観光の統計調査においては域内を旅行する域外居住者が対象になることが多いため，域外に移動してしまった対象者から回答してもらえなくなる懸念がある。とくに，訪日外国人旅行者を対象とすると，いったん日本国外に出国すると捕捉することがかなり困難となる。そのため，空海港や国境での出国の際に対象者に対し調査が行われることが多い。特定の地域を訪問した観光客を把握する統計では，境界（国の場合は国境）において調査が実施されている[11]。

4-2. 訪問地をベースとした地域別集計
　観光の基本的な地域統計データとして，「特定地域への一定期間における」訪問者数である「観光入込客数」と，その観光入込客による「観光消費」の2つが求められる。他の分野の統計でも，横断面での分析[12]を行う際に地域別集計はよく用いられるが，回答者の所在地・居住地をもとに行うことが一般的である。これに対し，観光では回答者の訪問地・消費地をもとに地域別集計を行うことが必要となるため，地域別集計は容易ではない[13]。

4-3. 観光という産業分類がない
　財・サービス自体のカテゴリーが明確であれば，それに関連する産業も明確になる。たとえば，自動車産業であれば，自動車そのものとその製造に必要となる部品・部材を供給する企業が属すと考えられ，教育・学習の産業であれば，

授業・講義等のサービスやそれに付随する教材等を供給する企業が属すと考えられる。このような産業では，該当する企業が生み出す付加価値や属する就業者や保有する資本をもとに，産業全体でのGDP（付加価値の総和），就業者数や資本ストックを算出することができる。

これに対し，観光はその定義から財・サービスに関するカテゴリーがないことに言及したが，標準産業分類において観光という産業は存在しない。前述のように，宿泊業のように観光との関係性の強い産業はあるが，運輸，飲食，小売等のような産業では供給する財・サービスの一部しか観光消費には該当しない。また，運輸，飲食，小売等のような産業では，就業者の労働時間や資本ストックの稼働も，すべてが観光の付加価値を生み出すために用いられているわけではない。したがって，観光に関連する付加価値，就業者数，資本ストックについては，そこから観光分を切り出す必要がある[14]。

5. 本書の構成

本書においては，初学者向けの入門書として経済学の基礎的な理論について述べるとともに，第3・4節において紹介した観光の特異性に関して，一般的な経済学の適用，統計解析の適用の課題を挙げるとともに，どのように対応すべきかの議論を行っている。

本書は4部13章から構成されるが，本書の第I部では，観光の特異性を踏まえつつ，需要，供給，価格理論といった基礎的なミクロ経済学について概説している。

第1章では，前述の定義から導かれる観光の需要面での特徴を解説する。まず，発地と着地の環境の違いが観光需要を生むことや，国内旅行，訪日旅行，海外旅行の傾向の違いを説明する。次に，観光の消費選好について，観光の特異性である時間制約を考慮した検討を行う。さらに，観光の需要曲線の概念，シフト要因や価格弾力性について説明する。最後に，以降に関連する観光需要の変動に関する統計データを紹介する。

第2章では，まず水平的なバリューチェーンの観光に関連する産業の構造を概観する。次に，供給の構造，供給曲線，生産性，費用についての一般的な経済学の理論について言及する。供給の構造については，生産に用いられる生産

要素，生産構造を定式化する生産関数を説明する。また，供給曲線の概念，シフト要因や価格弾力性について説明する。さらに，生産性については，労働生産性，資本生産性，全要素生産性の３つについての概要，それを高める対策について言及する。最後に，費用分析について概説する。

　第３章では，価格理論を取り上げ，まずミクロ経済学でよく用いられる利潤最大化による価格の決定について説明する。また，完全競争，独占，寡占の市場の形態における価格，数量を決定するモデルを概説する。さらに，このような市場の形態を把握するための最初のステップである市場の画定について言及する。次に，市場の形態の違いや税制等の政策の是非を検討する際に用いられる余剰分析について解説する。最後に，観光関連の財・サービスにおける時期，属性等による価格差別について述べる。

　第Ⅱ部は経済学の応用編で，旅行業，交通，宿泊・観光施設等の主要な観光関連の産業や地域振興の政策やその財源について取り上げている。観光関連の産業については，その動向や経済分析，規制等の政策について論及している。地域における政府，地方公共団体等の政策やそのための財源を取り扱う。

　第４章では，離れた需要者と供給者の間では情報や手続きの仲介機能が求められ，その役割を果たす旅行業を取り上げる。同章では，デジタル化が進行するなかで注目されるマルチサイド・プラットフォームの理論を用い，旅行業の分析を行う。マルチサイド・プラットフォームでは，利用者が存在するサイドを２つ以上有し，情報のやりとり・取引等を可能にし，利用者が増加するとネットワーク効果が働くという特徴を説明する。最後に，マルチサイド・プラットフォームである旅行業の価格設定について論及する。

　第５章では，着地の中核となす宿泊施設・観光施設を取り上げる。昨今の民泊をはじめとする多様なタイプの宿泊施設の普及について解説する。近年の民泊の広がりの要因として，旅行者と地域住民との間の交流欲求を挙げている。また，観光振興と統合型リゾートを概説する。観光の取引におけるデジタル・マルチサイド・プラットフォームの動向・今後の展開について言及する。最後に宿泊産業の課題として低い労働生産性，テクノロジーの発展と顧客満足を取り上げ，その対応について論及する。

　第６章では，観光における移動を担う交通を取り上げる。まず，公共経済学の観点から観光の重要なインフラとしての交通について言及する。さらに，競

争上の供給制約となっている発着枠の問題について詳述する。次に，国際観光，国内移動における交通の昨今のトピックについて経済学を用いて解説している。国際観光では，LCC を含む航空，船舶（フェリー）の交通機関別にその現状と今後のあり方を論述する。国内観光では，バス，タクシーについての昨今の論点，環境対応と料金設定に関する課題に言及する。

第Ⅲ部では，地域における観光振興に関する政策とその財源について取り上げる。第7章では，観光と地域振興について述べる。まず，戦後の動向を整理し，「地域」の概念が拡張していることに論及する。次に，持続可能な観光に向け，日本とオランダの例を取り上げている。さらに，地域主権の観光づくりに向け，具体的課題を挙げるとともに，人材育成の方向性，DMO が求める高度観光人材について言及する。後半は観光のインパクトを把握するための観光入込客数・観光消費，観光の波及効果を概説する。最後に，個別の観光事業が地域に及ぼす効果として，費用‐便益分析を紹介するとともに，その限界に論及する。

第8章では，インバウンド観光の拡大への対応に向けた財源の確保について取り上げる。まず，不完全情報，外部性，公共財，共有資源といった市場の失敗への対応の観点から，地方公共団体がどのような施策を行うべきかについて検討する。課税等の実施については，応益原則・応能原則の公平性の論点からの評価，資源配分面・課税等の実施の費用面の効率性からの論点に基づく評価を行う。資源配分面での評価では，余剰分析に基づき，繁忙・閑散の違いや税額の違いによる比較とともに，帰着と負担能力の問題を検討する。

第Ⅳ部では，観光の統計の作成方法と実証分析を取り上げるが，その際には前述の特異性・問題点に対応する方法について言及する。

第9章では，国連世界観光機関の勧告における観光，旅行等の用語の定義，わが国における定義について説明している。次に，旅行市場の主要指標である旅行者数，旅行消費単価，旅行消費額について解説している。訪日外国人，日本人に関するこれらの主要指標を含む観光統計や宿泊施設を対象とした統計がどのように作成されているかを詳述している。最後に，押さえておくべき基礎知識としての標準誤差，95% 信頼区間，標準誤差率を解説するとともに，統計を利用する際の心得を述べている。

第10章では，旅行消費と観光供給の全体像を記録する旅行・観光サテライ

ト勘定（TSA）を取り上げる。TSA は国民経済計算と整合したサテライト勘定で，国連経済社会局がガイドラインを提示している。同章では，ガイドラインに記載の 10 の集計表について解説する。前述のように，その特異性から簡単に付加価値等を求めることができないが，TSA を用いることで観光の付加価値の算出が可能になる。さらに，観光の影響について，TSA を用い国際比較・産業間比較を行う。

第 11 章では，訪問地での観光実態を捉える地域の観光統計を取り上げる。まず，以前から用いられてきた都道府県ごとの観光入込客統計に触れ，その作成方法と統計学の視点からの課題について言及する。前述のように，観光では，他分野の統計とは異なり所在地別ではなく訪問地別の集計が求められる。都道府県単位の統計精度を高めるために，わが国では訪日外国人向け，日本人向けの 2 つの消費動向調査の拡充を行い，それに基づく都道府県集計が実施されている。

第 9 章から第 11 章においては観光に直接関連する統計を中心に取り上げたが，これら以外にも観光の実証分析を行う際に有用な統計が存在する。補論では，まず観光に関連する統計を整理している。さらに，観光のプロモーションを例にとり，既存の統計である訪日外国人消費動向調査の公表データから把握することの限界を確認している。そのうえで，独自調査の実施について言及している。

第 12 章では，経済波及効果の分析方法として産業連関分析を取り上げる。まず，経済波及効果，産業連関分析について概説するとともに，経済波及効果分析の問題点について言及している。次に，経済波及効果を計算する手順について，その流れ，必要なデータの揃え方，産業連関表の扱い方，間接効果・所得効果の計算について詳述している。また，自治体サイト等でダウンロードできる計算ファイルに関する注意点を示している。最後に，越後妻有里大地の芸術祭，三内丸山遺跡の保存の 2 つの事例を紹介している。

終章では，第 12 章までにおいて取り上げた理論に基づき，新型コロナウイルス感染症の観光への影響について検討する。まず，感染症による発地，着地，移動手段，旅行形態の変化による需要の変化について言及する。さらに，感染症対策費用の増加，供給量の制限による影響について検討する。また，需要喚起策の影響について，予算制約線，無差別曲線による分析，余剰分析による検討を行う。医学が発展した現代でも新たな感染症が流行する可能性は十分にあ

ることから，パンデミックの影響の検討は今後の参考となるであろう。

　読者が，需要と供給が織りなす市場の観点から，観光という個人の活動に関連する企業の行動や政府の政策に関して学習することで，観光における新たな気づきをもっていただけることが本書の願いである。

注 ————————

1　国際的なものも含めた定義は第9章も参照。
2　わが国では，観光庁が日帰り旅行について「片道の移動距離が80 km 以上，または所用時間（移動時間＋滞在時間）が8時間以上の非日常圏への旅行」と定義している。このように，自国の状況に応じて非日常圏の範囲を規定している国もある。
3　主に需要分析に関する第1章で言及する。また，後述の統計面での特異性でも言及する。
4　主に需要分析に関する第1章で言及する。
5　主に需要分析に関する第1章，供給分析に関する第2章，仲介業に関する第4章，交通に関する第6章で言及する。
6　交通，宿泊等のサービスは在庫をもつことができないが，販売できなかった座席や部屋は不良在庫と呼ばれる。
7　主に需要分析に関する第1章で言及する。
8　いわゆるピーク・ロード・プライシングであり，詳細は山内・竹内［2002］の第4章を参照されたい。
9　主に需要分析に関する第1章で言及する。
10　このような地域の魅力度を高める役割は，従来，地方自治体自体や地域の観光協会等が担ってきた。その役割は現在でも大きいが，本書では省略する。
11　観光統計全般に関する第9章で言及する。
12　時点を固定して行われる分析で，居住地等の個人・企業の属性に基づき行われる。
13　主に地域統計に関する第11章で言及する。
14　主にTSA（旅行・観光サテライト勘定）に関する第10章で言及する。

引用・参考文献

観光庁［2020］「旅行・観光産業の経済効果に関する調査研究　2018年3月」
Stabler, M. J., A. Papatheodorou and T. M. Sinclair [2010] *The Economics of Tourism*, 2nd ed., Routledge.
United Nations, Department of Economic and Social Affairs [2010] *International Recommendations for Tourism Statistics 2008*.

山本史門［2019］「観光と文化」後藤和子・勝浦正樹編『文化経済学――理論と実際を学ぶ』
　　有斐閣，所収
山内弘隆・竹内健蔵［2002］『交通経済学』有斐閣

第I部

基礎理論

第1章 需要分析
人を観光に向かわせるもの

はじめに

　序章において示した「個人の非日常圏への旅行に伴う活動」という定義にあるように，観光の経済分析は，一般的に需要側から検討されてきた。

　本章では，はじめに，ミクロ経済学においてよく用いられる消費分析のフレームワークである無差別曲線を活用した分析を行う。観光と他の財・サービスについての無差別曲線と予算制約線からなる分析を展開し，観光需要においても所得効果，価格効果等が働くことを示す。

　次に，観光に関連する財・サービスの需要曲線の作成について概説する。さらに，需要曲線のシフト，需要の価格弾力性に言及する。

　最後に，公的統計をもとに，週および年間における観光需要の変動の大きさについて言及する。

1. 地域間の環境の違いが生む需要

　観光には旅行という地域間の移動を伴うため，観光の供給面では域内，需要面では域外の地域に基づくことになり[1]，需給の地域が地理的に離れている。地理的な距離に基づく環境の違いが，非日常圏への旅行という観光の動機を生むことになる。動機としては，まず供給先の地域における非日常性を体験できることや需要者の地域では得られない財を消費（購入）できることが挙げられる。

　たとえば，非日常性の体験には，異なる地域の音楽，美術，芸能等の体験，文化財の鑑賞，食事等の日常生活・風習の体験が挙げられる。非日常性には，異文化性は強くないかもしれないが，都市部の住民が都会の喧騒を離れ田舎の

図 1-1　国籍・地域別のショッピングの訪日動機（2019 年）

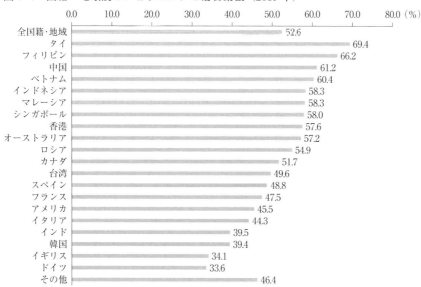

（出所）　観光庁「訪日外国人消費動向調査」より作成。

スローな生活を楽しむというような気分転換的なものも含まれる。逆に，地方
の住民が都会の雰囲気を感じるというものも含まれる。

　このように，需給の地域が異なることは，非日常性の体験を中心としたサー
ビスの消費だけでなく，財の消費を喚起させることもある。2014 年頃に中国
をはじめとするアジアからの訪日外国人旅行者による，いわゆる「爆買い」が
ブームになった。観光庁「訪日外国人消費動向調査」の 2019 年の国籍・地域
別の訪日動機によると，図 1-1 のように，アジアのタイ，フィリピン，中国，
ベトナム，インドネシア，マレーシア，シンガポール，香港からの外国人旅行
者はショッピングを挙げる割合が過半となっている。

　観光庁の「平成 27 年版観光白書」によると，「品質が良い」だけでなく，
「価格が手頃・自国より安い」が，訪日外国人旅行者が満足した商品の購入理
由として示されている。外国人旅行者の国内・域内における消費に対する消費
税・付加価値税，関税の免税制度は，日本をはじめ多くの国・地域において導
入されている。他国においてショッピングをしたいという動機は，自国におけ
る高い関税，付加価値税等の間接税や非効率な流通環境がある国からの外国人

旅行者にとっては，このような免税制度[2]によって，旅行先の国・地域のほうが品質の良い財を安く購入できることにあると考えられる。日本貿易振興機構[2016]によると，中国の流通環境においては，中国の小売店にて日本製品が販売される際の小売価格は，日本の卸売価格の何倍にもなるケースがあると試算されている。

　2016年になると，1人当たりの訪日中国人旅行者の買物代は，前年の16.2万円から12.3万円へと24.1%もの減少となった[3]。この現象の背景には，中国国内において2016年4月に越境電子商取引の関連制度が改正され，越境電子商取引（個人輸入）に伴う関税，付加価値税等の負担が軽減され，個人輸入を通じての日本製品の購入環境が改善されたことがあるといわれている。

　以上のように，需要者は条件の良い購入手段を選択する傾向があり，自国での小売店舗での購入や個人輸入等と比較し，国外旅行でのショッピングのほうが質の良い商品を安く購入できる手段であるならばそれを選択することになる。

2.　観光の消費行動における制約

　観光消費は非日常圏への移動を伴う消費と規定されるため，一般的な消費の分析と同様に所得，価格が影響を与えるが，旅行やサービスの消費においては時間も影響を与える。また，サービスが有する特性から，需要が高まる時期には消費に制約を受けることがある。

　ここでは，これらの要因が観光消費に影響を与えることを概説する。

2-1.　予算の制約
　消費行動の選択においては，金銭面の制約が影響することからが指摘され，一般的なミクロ経済学の議論では予算制約に基づく消費行動の理論の形成が進められてきた。

(1)　無差別曲線
　まず，予算制約に基づく消費行動のモデルにおいてよく用いられる無差別曲線について概説する。消費者に供給される多数の財・サービスは非常に多く存在しているが，無差別曲線では分析しやすいモデルを構築するために，単純化

図 1-2　無差別曲線と予算制約線

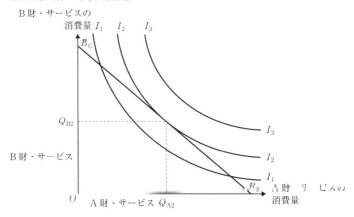

して2つの異なる財・サービスである A，B を購入すると想定する。

　一定の所得を有する消費者が，2つの異なる財・サービスを購入する組み合わせは無数に存在する。消費者の効用の水準を一定と仮定した場合には，A，B のそれぞれの数量の組み合わせは，無差別曲線と呼ばれる曲線において表されるが，その形状は右下がりで，原点に凸であるとともに，相異なる曲線は決して交わることがないと仮定されている。(図 1-2 参照)

$$I = (Q_A, Q_B)$$

I：A 財・サービスと B 財・サービスを購入する際の効用
Q_A：A 財・サービスの数量
Q_B：B 財・サービスの数量

　無差別曲線の分析において，一方の財・サービスには，観光に関連するものを含めた分析を行うこととする。

(2)　予算制約線
　消費者が A と B の2つの財・サービスを選択する場合，予算を超えない数量での消費を選択するという予算制約については，下式のようになる。

$$P_A Q_A + P_B Q_B = B_G$$

P_A：A 財・サービスの価格

P_B：B 財・サービスの価格

Q_A：A 財・サービスの数量

Q_B：B 財　サービスの数量

B_G：予算

　どちらか一方の財・サービスを観光とし，もう一方を観光以外の財・サービスとすることで，図 1-2 のように，無差別曲線と予算制約線の分析方法を活用して考察することができる。

2-2.　時間の制約

　消費における時間の制約は，レストランでの食事，映画・劇等の鑑賞，スポーツの観戦等のサービスにおいても存在するが，これらのサービスの消費に比べ，旅行の場合（とくに宿泊旅行）は数日間というようにより長い時間が必要になることが多い。そのため，旅行を実現するには，仕事や勉学等に従事する必要がない時間をより長く確保することが重要となる。しかしながら，それを実行できる時期は限定されることになる。

　旅行の時期が限定されるという制約は，旅行の人数が増えると強まるであろう。旅行は一人旅よりも複数の消費者が一緒に行う場合が多い[4]が，自ら計画して一緒に旅行する場合[5]は，複数の消費者が時間を合わせる必要があるため時間の制約はいっそう厳しくなる。家族旅行のように，複数の消費者がともに時間を確保できるのは休日・祝日となることが多いため，ゴールデンウィークのような大型連休や休暇をとりやすい夏期には，観光における需要が高まりやすくなる。

　休暇やそれをとりやすい時期には，消費者は時間的に余裕があるため，同じ予算制約でも消費が拡大する傾向が生じるであろう。これに対し，平日は休暇をとりにくく，時間的には余裕がなく消費を行いにくいであろう。

2-3.　旅行を構成するサービスによる制約

　旅行では運輸，宿泊を利用することが多いが，前述のように連休等で需要が

高まる時期には，これらのサービスの需要がその供給のキャパシティに達し，満席・満室になることもある。その場合，サービスは生産と消費が同時に行われるという同時性や貯蔵ができず在庫をもてないという消滅性という特性を有しているので，当初予定の時期に旅行を実行できなくなり，他のサービスの利用の検討，他の観光地への旅行の検討，あるいは旅行の断念等に至るであろう。

また，観光の主たる動機となったサービス（例：スポーツの試合，コンサート）の需要が高まり満員になる場合には，サービスの同時性・消滅性という特性から消費を断念することになるであろう。

このように，旅行を構成するサービスの需要が大きくなりすぎた場合には，観光消費の制約になることがある。

ちなみに，生産と消費の同時性があるサービスの消費は，消費者本人を確認できる場合，大量に購入した後に転売ができないため，需要者が裁定取引を行うことができない。そのようなサービスを供給する事業者は，売上の最大化のために需要者の属性等に応じて価格差別の戦略を講じることが可能となる[6]。

2-4. レジャー・パラドックス

観光の消費行動に制約を与える3つの主な要因について言及したが，このうち予算と時間との関係を検討したものとしてレジャー・パラドックスというモデルが存在する。レジャー・パラドックスは，前述の予算，時間を考慮した消費行動モデルで，消費のための時間と所得を稼ぐための労働時間のトレード・オフ関係を表現している。

一般に消費量は所得に依存し，所得が増加すると消費量が増加する傾向にある。消費のためには所得を稼ぐため労働の時間（有給時間）が必要であるが，その時間が長すぎると旅行やスポーツ等の消費に必要となる時間がなくなる，あるいは短くなってしまう。そのため，十分な労働をしない時間（無給時間）＝余暇時間も必要になる。図1-3のグラフは，縦軸に所得・消費，横軸に無給時間・労働時間をとっている。横軸は右に進むと無給時間が長くなり，労働時間が減少することを示し，所得は有給時間が増加する（左に進む）に伴い増加すると設定しており，右下がりの直線となる。なお，消費の最大値は，所得と一致すると仮定している。

余暇時間（＝無給時間）が最大となるのは OU であるが，その場合の消費は最小の OC^* になる。消費を増やしたい場合には無給時間を減らし有給時間を

図1-3　レジャー消費と有給時間・無給時間の関係

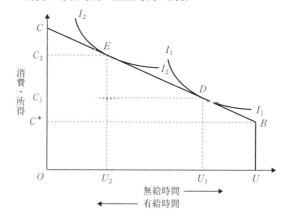

（出所）　Stabler et al.［2010］より作成。

増やす必要があり，OC_1 まで消費を増やしたい場合には有給時間を U_1U（この場合の無給時間は OU_1）にしなければならない。

　予算制約線 CBU は，最大労働時間（無給時間 0）の場合の消費 OC と労働時間がない場合に可能となる消費 UB（失業手当等による所得に基づく消費 OC^*）を結んだものである。

　なお，前述のように，一定の効用を提供する消費と無給時間の組み合わせは無数に存在し，無差別曲線として表現される。消費と有給時間の最適な組み合わせは，個人の無差別曲線の形状により異なるが，無差別曲線が I_1I_1 の場合は予算制約線 CBU との接点である D により決定され，I_2I_2 の場合は E により決定される。I_1I_1 の場合は，有給時間が U_1U，消費が OC_1 となり，I_2I_2 の場合は，有給時間が U_2U，消費が OC_2 となる。

　このように，レジャー消費等の消費にとっては，所得と時間が消費の制約になる。観光の消費量を増加させるためには有給時間を増加させ所得を増加させる必要があるが，有給時間が長すぎると消費活動を行う時間が減少し，消費量は増加しない。逆に，無給時間が長くなり有給時間が短くなると所得が減少することになり，やはり消費量は増加しない。このようなトレード・オフの関係は，レジャー・パラドックスと呼ばれるもので，時間の影響を考慮すると，旅行の移動距離は旅行先の地域における消費額に負の影響を与えることになる。また，旅行の移動距離が長くなると，同時に交通面でのコストもかかる傾向が

あるため，移動以外の消費の予算制約線が下方にシフトし，観光地の域内における消費を減少させることになる[7]。

　とくに，国際観光では，距離が顕著に影響することになる。魅力ある観光地を有する国・地域への外国旅行であっても，アメリカ，中国等の GDP の大きな国・地域が上位にランキングしているわけではなく，近隣の国・地域が上位になっている。日本のインバウンド観光でも，近年，旅行に伴う費用・時間が少ない（距離が近い）アジア諸国からの訪日外国人旅行者による消費額の占める割合が大きい。観光庁「訪日外国人消費動向調査」の 2019 年のデータによると，中国，韓国，台湾，香港の東アジアの 4 つの国・地域からの訪日外国人旅行者による消費額が 6 割以上を占めている。

2-5.　観光と他の財の消費選択

　家計においては，多数の財・サービスに対する消費が行われており，観光はそのなかの 1 つの消費項目にすぎない。そのため，観光の消費量は，多数の消費項目のなかからどのように選択・決定されるかを分析する必要がある。その手法としても，前述の予算制約線と無差別曲線の理論が用いられる。簡略化のために，観光と他の財・サービスの 2 つ財の消費を選択するモデルで検討する。図 1-4 では，予算制約線が AB，無差別曲線が II であるが，予算制約のなかで最も効用の大きな消費となるのは，その接点の C の観光とその他の財・サービスの数量の組み合わせで，2 つの財・サービスの消費量は観光が B_1，他の財・サービスが A_1 となる。

　なお，家計の所得が増加した場合には，予算制約線が上方にシフトし $A'B'$ になる。消費量は，上方にシフトした予算制約線に応じて増加させることができ，それに接する無差別曲線は効用が増加した $I'I'$ となる。このようなシフトにより，消費量はこの接点 C' の 2 つの財・サービスの組み合わせである B_2，A_2 に増加することになる。所得の増加により消費量が増加する効果は，所得効果と呼ばれている。

　日本の訪日外国人旅行者による観光消費は，東アジア・東南アジアの割合が高く昨今その額も急拡大しているが，これらの国々は経済成長率も高く，家計の所得も上昇してきていることから，所得効果が働いたものと考えられる。

　また，観光の消費量は，それに関連する価格，費用が低下した場合にも増加する。他の財・サービスの価格が不変で観光の価格が低下すると，同じ予算に

図1-4 観光と他の財・サービスの消費における所得効果

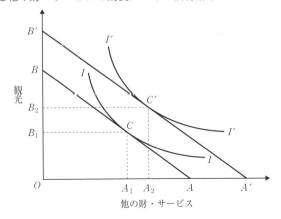

（出所） Stabler et al.［2010］より作成。

図1-5 観光と他の財・サービスの消費における価格効果

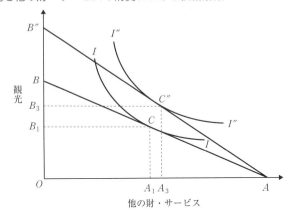

（出所） Stabler et al.［2010］より作成。

における観光の消費量を増加させることができるため，図1-5のように予算制約線が AB から AB'' になる。それに伴い，無差別曲線も効用が増加し上方にシフトした $I''I''$ となり，消費量はこの接点 C'' の2つの財・サービスの組み合わせの B_3，A_3 に増加する。このように，価格の低下により消費量が増加する効果は，価格効果と呼ばれている。

　訪日外国人旅行者数が急増している中国，韓国，台湾，香港，タイ等では，

近年日本とのロー・コスト・キャリア（low-cost carrier：LCC）の便数が増加しており，その結果として訪日旅行の費用が低下することになる。現在のところ，日本とのLCCの路線はそのほとんどが上記の地域とのものであり，LCCによる価格効果を享受できるのは東アジア，東南アジアが中心となっている。

2-6. 複数の観光地の選択

　観光においては複数の観光地を訪問する旅行も多いが，複数観光地の選択には観光地間の関係性が起因すると考えられる。

　複数の観光地は，個人の嗜好や旅行内容に応じて，補完的な関係になる場合も，代替的な関係になる場合もある。観光地選択における補完とは，観光地Aに旅行すると観光地Bにも旅行することである。近接する観光地の関係は，補完的になる可能性が高い。逆に，観光地選択における代替とは，観光地Aに旅行すると観光地Bには旅行しないことである。ニューヨークとロンドンのように，非常に離れた観光地の関係は代替的になるであろう。このように観光地選択は，観光地間の距離に影響を受ける傾向がある。

　なお，観光地の選好の補完性は，需要者の旅行形態にも依存すると考えられる。時間の制約がある日帰り旅行では東京と横浜の間でも補完性が成り立たないこともあるが，一方で訪日外国人旅行者による一週間のインバウンド観光では東京と大阪の間でも補完性が成り立つかもしれない。すなわち，需要者の旅行期間によって，観光地の選択基準が異なり，観光地の補完性，代替性の関係も変化すると考えられる。

　旅行者がどのような旅行を行っているかについて，統計データにより検証すると，日本人と外国人ではパターンが異なっている。2016年の1回の宿泊旅行における泊数をみると，日本人は2.2泊，外国人は10.1泊である[8]。

　訪日外国人旅行者の観光においては，いわゆる「ゴールデンルート」[9]およびその周辺地域とそれ以外の地域には入込客数における格差がある。このように，多くの訪日外国人旅行者は，国内の有名観光地を点でつないだルートを選択する傾向がある。

　観光庁「平成26年訪日外国人観光客の地方訪問状況」（以下，「地方訪問状況調査」）によると，2014年において，首都圏と近畿圏をともに訪問した訪日外国人旅行者の割合は35％で，国籍別に割合が多いのは中国68％，東南アジア51％，欧米64％となっている。

これに対し，日本人の国内旅行では，東京に旅行した場合に横浜等のその周辺には足を伸ばすことはあるだろが，東京と大阪を一度に訪問する旅行を行うことはきわめて少ないであろう。日本人の国内旅行では，その期間の短さから，複数の県を訪問する割合は1割程度で，多くは1つの県のみを訪問している。

　日本人と外国人の旅行者の間には，このような訪問先の違いがあるが，とくに，欧米からの訪日外国人旅行者の多くは，交通面での制約を受けやすく，入国・出国の場所は成田，羽田，関西等の少数の国際空港に限定されることもあり，旅行ルートがゴールデンルートになる必然性が高い。

　ただし，訪日外国人旅行者のなかでも，韓国からの旅行者は，全般的な傾向とは異なり，他の国に比べ旅行期間が短く，2016年の平均泊数は4.5泊であった。韓国からは日本の地方都市への航空の直行便も多く，他の国に比べ入国・出国の空港による制約が弱い。「地方訪問状況調査」によると，（首都圏，近畿圏以外の）地方のみの訪問が49%を占めており，地方へ足を伸ばす割合が高い。

　したがって，韓国からの旅行者は，その旅行形態や直行便の多さから，2015年より観光庁が推進する「広域周遊観光ルート」に適応しやすい対象と考えられる。ちなみに，「広域周遊観光ルート」は，主に地方ブロックにおいて訪日外国人旅行者の誘客に向けテーマ・ストーリー性をもったルートの形成を促進している施策である。

　さらに，近年，台湾や中国等からの地方空港への直行便も増加してきており，このような国・地域の旅行者を対象に「広域周遊観光ルート」の施策が機能することが期待される。

3. 観光の需要曲線

　需要曲線は，さまざまな価格に対して需要しようとする数量（需要量）を表すものである。需要量を変動させる要因としては，価格以外のものもあるが，需要曲線はそれらを一定と想定した場合の価格と数量の関係を示している。

　通常，消費者は価格が低いほど多くの財・サービスを需要しようとするので，需要曲線は右下がりになる。当然のことではあるが，需要曲線の形状は需要者ごとに異なるものになるが，市場の需要曲線は，市場に属する個々の需要者に

ついて累積したものである。

　なお，需要曲線は，価格と数量（需要量）の関係を示すものなので，価格以外の多様な要因によりシフトする。

3-1. 需要曲線のシフト

　数量を価格によってのみ規定する需要曲線は，価格以外に需要量に影響を与える多様な要因が変化することによってシフトすることになる。その要因としては，需要者の変化（所得，時間，有する情報の変化），他の財・サービス（補完財，代替財）の供給の変化等が挙げられる。

(1) 需要者の所得の変化

　需要曲線がシフトする要因として，まず考えられるのは，需要者の所得の変化である。

　観光の定義に基づくと，需要者は観光地である地域の居住者ではなく，それ以外の地域の居住者が対象になる。日本のインバウンド観光の拡大の背景には，近隣のアジア諸国の経済成長による所得の増加があり，その結果，日本のインバウンド観光の需要曲線が右方にシフトしたと考えられる。

　観光（とくに国際観光）は，一般的に所得が減少した場合には需要が減少する性格を有する正常財[10]と考えられるが，日帰り旅行は劣等財（所得が減少した場合に需要が増加する財・サービス）となる可能性がある[11]と考えられる。

(2) 需要者の時間面での変化

　時間の制約について前述したが，需要者の時間面での変化も需要曲線がシフトする要因となる。平日と土日を比較すると，土日のほうが時間面の余裕がある人が多いため，土日の需要曲線は平日のそれよりも右方に位置することになるであろう。さらに，年末年始，ゴールデンウィーク等の多くの人が長期の休暇をとりやすい時期には，需要曲線はよりいっそう右方にシフトすることになるであろう。

(3) 需要者の有する情報の変化

　需要者が財・サービスに関する十分な情報がない場合には，その財・サービスの需要が過小になる可能性がある。需要者が有している情報が供給者との間

コラム　●情報の非対称性とプロモーション

　観光においては，需給の地域が地理的に離れているため，需要者に供給地の情報が十分に伝わらない可能性がある。需要側と供給側との間に情報の格差がある現象は，情報の非対称性として経済学で取り上げられることが多い。需要側に対して供給地の情報が不足すると，その需要が過小になる可能性がある。この解消には，供給者からの情報提供が必要で，域外，海外へのプロモーションが有効である。競合する他地域，他国よりもプロモーションが奏功した場合には観光需要を増大させる効果があり，逆の場合は観光需要を縮小させることにつながる。

　プロモーションが有効に機能した例としては，日本のインバウンド観光振興策であるビジット・ジャパン・キャンペーンが挙げられるであろう。図1-6で示されているように，キャンペーン開始以前と比較して訪日外国人旅行者の数は急増している。1990年からキャンペーン開始の2003年までの年平均伸び率は3.7%であるのに対し，2003年から17年までの年平均伸び率は13.0%となっている[12]。

図1-6　訪日外客数の推移

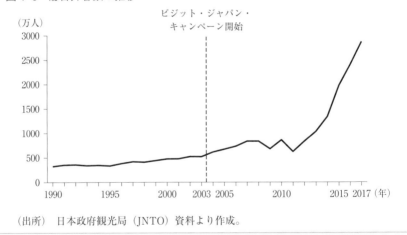

（出所）　日本政府観光局（JNTO）資料より作成。

で情報面での格差がある状況は，情報の非対称性と呼ばれる。

　情報の非対称性の解消策として，需要者に観光地の情報を提供するプロモーションを実施することにより，情報の非対称性が解消されると，需要曲線が右方にシフトすることが予想される。

　需要曲線が右方にシフトするか左方にシフトするかについては，競合する他

地域との間での相対的な関係に依存する。自身の地域よりも，より効果的にプロモーションを行っている競合する地域があり，その地域よりも相対的に劣位にある場合には，需要曲線は左方にシフトすることなる。

(4) 補完財の供給に関する変化

需要曲線のシフトは，補完財の供給の変化によりもたらされることが多い。

観光では，目的地までの移動に関連する交通サービスが補完財として存在する。前述のように，目的地までのLCCの路線数が増加すると航空運賃が低下するため，観光消費が拡大し，需要曲線が右方にシフトすることが期待される。

(5) 代替財の供給に関する変化

代替的な財・サービスの供給が変化する場合には，需要曲線はシフトすると考えられる。代替的な関係になるものは，国際的な観光においては自国と近隣の国・地域，国内観光においては自地域とその近隣の地域が考えられる。

国際的な観光においては，近隣の国の通貨が日本円に対する為替レートが切り下がった場合には，日本よりもその国への観光需要が増加するであろう。逆に切り上がった場合は，日本への観光需要が増加するであろう。

また，物価の上昇，とくにホテル，旅客輸送等の価格が変動した場合には，価格が低い国・地域の需要が増加するであろう。さらに，ホテル・旅館等の宿泊施設と民泊との間には，代替的な関係性があるかもしれない。たとえば，民泊に関する規制内容が強化あるいは緩和された場合には，ホテル・旅館等の宿泊施設の需要曲線がシフトする可能性がある。

(6) 需要者数の変化

市場の需要は，需要者の数にも依存する。たとえば，観光におけるプロモーションの奏功が当該地域の観光に関心をもつ人の増加をもたらした場合には，市場における需要が増加する。また，インバウンド観光では，入国におけるビザ発給の要件の緩和や強化は，需要者数の増減に影響することになる。上記の要因により，観光の（潜在的な）需要者が増加すれば，需要曲線は右方にシフトすることになる。

　プロモーションの成功には，情報を伝達する対象者（whom）に対し，適切な情報（what）を，適切な手法（how）で提供することが求められる。観光庁「訪日外国人消費動向調査」では，プロモーションの参考となる情報として「訪日前に期待していたこと」，手法として「出発前に得た旅行情報源で役に立ったもの」が調査されている。表1-1では2019年における上位項目を整理したが，訪日観光の期待事項・関心事も，それを満たす情報源も，国籍・地域により異なっている。

　アジアの国々では，「ショッピング」が「日本食を食べること」を除くとトップになっている。これに対し，イギリス，ドイツ，フランス，スペイン，アメリカでは，4割以上の旅行者が「日本の歴史・伝統文化体験」に関心を示している。

　このように，観光における嗜好は国籍・地域（whom）により異なり，文化であったり，ショッピングであったり多様であるため，その点を考慮したうえでプロモーションの訴求内容（what）を決定する必要がある。

　また，プロモーションの方法（how）は，マスメディアやホームページ等を活用した直接的な手法だけでなく，旅行代理店等の仲介機関，格付け・評価機関，ブロガー等を活用して行う方法も存在する。表1-1によると，情報源として役に立った手段は，韓国，台湾，香港，では「個人のブログ」が最も割合が高くなっている。ビジット・ジャパン・キャンペーンでも，韓国，台湾等に向けたプロモーションでは，ブロガーが活用されている。これに対し，欧米では，「日本在住の親族・知人」「自国の親族・知人」のように，個人からの情報が役立っていることが読み取れる。

　プロモーションの実施においてはこのような違いを考慮して，国籍・地域ごとに多様な手法を用い適切な訴求内容を伝達することが求められる。なお，観光における情報の非対称性を解消するには，上述のようなプロモーションだけでなく，需要者と供給者との取引を仲介する機能が一定の役割を果たすと考えられるが，それについては第4章において言及する。

表1-1　国籍・地域別の主要な訪日動機，出発前の旅行情報源（2019年）

	訪日前に期待していたこと				出発前に得た情報源で役に立ったもの		
	第1位（%）	第2位（%）	第3位（%）	第4位（%）	第1位（%）	第2位（%）	第3位（%）
全国籍・地域	日本食を食べること	ショッピング	自然・景勝地観光	繁華街の街歩き	SNS（Facebook／Twitter／微信等）	個人のブログ	自国の親族・知人
	69.7	52.6	47.0	43.3	24.6	24.4	19.6

国							
韓国	日本食を食べること 68.4	ショッピング 39.4	繁華街の街歩き 30.5	自然・景勝地観光 29.5	個人のブログ 43.7	SNS（Facebook／Twitter／微信等） 30.9	その他インターネット 16.3
台湾	日本食を食べること 59.5	ショッピング 49.6	自然・景勝地観光 48.6	繁華街の街歩き 41.4	個人のブログ 34.0	SNS（Facebook／Twitter／微信等） 20.7	旅行会社ホームページ 18.5
香港	日本食を食べること 69.7	ショッピング 57.6	自然・景勝地観光 50.2	繁華街の街歩き 42.8	個人のブログ 27.7	SNS（Facebook／Twitter／微信等） 23.8	日本政府観光局ホームページ 20.3
中国	日本食を食べること 63.5	ショッピング 61.2	自然・景勝地観光 52.2	繁華街の街歩き 48.9	SNS（Facebook／Twitter／微信等） 28.4	自国の親族・知人 20.6	旅行会社ホームページ 18.0
タイ	日本食を食べること 79.5	ショッピング 69.4	自然・景勝地観光 52.2	繁華街の街歩き 44.1	SNS（Facebook／Twitter／微信等） 24.5	動画サイト（YouTube／土豆網等） 21.3	自国の親族・知人 19.9
シンガポール	日本食を食べること 76.6	ショッピング 58.0	自然・景勝地観光 54.4	繁華街の街歩き 51.1	口コミサイト（トリップアドバイザー等） 36.4	SNS（Facebook／Twitter／微信等） 20.0	動画サイト（YouTube／土豆網等） 19.7
フィリピン	日本食を食べること 85.1	ショッピング 66.2	繁華街の街歩き 58.9	自然・景勝地観光 47.2	SNS（Facebook／Twitter／微信等） 33.0	日本在住の親族・知人 32.4	自国の親族・知人 30.0
イギリス	日本食を食べること 77.5	日本の歴史・伝統文化体験 48.8	自然・景勝地観光 47.6	日本の酒を飲むこと（日本酒・焼酎等） 44.9	口コミサイト（トリップアドバイザー等） 39.5	宿泊施設ホームページ 27.0	日本在住の親族・知人 26.4
フランス	日本食を食べること 83.0	日本の歴史・伝統文化体験 50.9	自然・景勝地観光 50.1	ショッピング 47.5	自国の親族・知人 27.1	口コミサイト（トリップアドバイザー等） 26.6	旅行ガイドブック 25.2
アメリカ	日本食を食べること 82.7	自然・景勝地観光 51.2	繁華街の街歩き 47.4	日本の歴史・伝統文化体験 47.2	日本在住の親族・知人 28.9	口コミサイト（トリップアドバイザー等） 27.9	動画サイト（YouTube／土豆網等） 27.7
オーストラリア	日本食を食べること 84.1	自然・景勝地観光 63.2	ショッピング 57.2	繁華街の街歩き 55.2	口コミサイト（トリップアドバイザー等） 39.1	自国の親族・知人 35.7	宿泊施設ホームページ 28.4

（注）　観光庁「訪日外国人消費動向調査」の「訪日前に期待していたこと」のうち，上位 4 項目。同調査の「出発前に得た旅行情報源で役に立ったもの」の上位 3 項目。

（出所）　観光庁「訪日外国人消費動向調査」より作成。

3-2. 需要の価格弾力性

　価格は需要量に対し最も影響力のあるものと考えられており，経済学では価格の変動に応じて需要量がどのように変化するかを把握するために，価格弾力性という概念が用いられている[13]。

$$需要の価格弾力性 = \frac{需要量の百分比変化率}{価格の百分比変化率}$$

　弾力的とは前述の価格弾力性の数値が1を超え価格の変動の割合に対する需要量のそれが大きい場合を指し，非弾力的とは価格弾力性の数値が1未満で価格の変動の割合に対する需要量のそれが小さい場合を指す。

　以降では，需要の価格弾力性が弾力的・非弾力的になる違いを生む要因についていくつか言及する。

(1)　観光消費の時期

　前述のように，観光は時間の制約の影響を受ける特性を有するため，時期により需要曲線が弾力的にも非弾力的にもなる。ゴールデンウィークやお盆等の時期（観光産業にとっての繁忙期）は，多くの人が観光消費を実現できるであろうが，休暇がとりにくい平日は，観光消費を実現できる人が相対的に多くはないであろう[14]。

　繁忙期では，価格を引き上げても需要量はあまり減少せず，需要曲線は価格の変化に対して非弾力的なものとなるであろう。これに対して平日でも観光消費を実現できる人は，休暇取得の融通がきき消費時期の選択肢が多いため，価格を引き上げると需要量は大きく減少し，需要曲線は価格弾力的なものとなるであろう。

(2)　代替財の存在

　需要の価格弾力性は，代替財との関係性に依存する。価格が上昇した場合に，代替関係の強い財・サービスが存在する場合には，代替財の需要に切り換えられる。民泊はホテル・旅館等の宿泊施設との間に代替関係が考えられるが，宿泊料金を引き上げた場合には容易に宿泊施設への需要に移り，民泊の需要量が大きく減少することが考えられる。また，代替関係としては，近隣の地域の同様な財・サービスとの関係も考慮する必要がある。近隣の地域への交通の便次第[15]では，需要はその地域に移る可能性がある。

　このように代替性が強い財・サービスが存在する場合には，価格弾力性はより弾力的になると考えられる。

(3) 短期／長期による価格弾力性の違い

一般的に時間的視野（短期と長期）に違いがある場合には，需要の価格弾力性は異なる。価格が上昇しても，短期では代替財等に関連する情報がすぐには普及しなかったりすることから，それに応じて需要者が十分にその変化に対応させることができない。

長期になると，需要者が価格の上昇への消費行動における対応ができるようになるため，短期よりも弾力的になる。

$$D = \Sigma_{i=1}^{n} D_i$$

同様に，ある県における日本人の観光消費については，自県以外の他の46都道府県について個別に観光消費の消費関数を推計することが必要になる。

4. 観光需要の変動

最後に，観光需要を捉えた公的統計を活用して，その変動について言及する。観光需要は，他の財・サービスと比較して，週や年間における変動が大きい傾向がある。変動の要因としては，前述の時間の制約が考えられる。

4-1. 週における変動

総務省「全国消費実態調査」によると，火曜日，水曜日，木曜日の宿泊サービスへの支出は，土曜日，休日の半分程度あるいはそれ以下となっている（表1-2）。これは，大きくの企業・職種において，月曜日から金曜日に就業するというわが国における労働慣行に依存しているところが大きい。近年わが国においても有給休暇を積極的に消化することが求められる風潮になりつつあるが，月曜日から金曜日に休みをとりにくい状況にあることが原因と考えられる。

4-2. 年間における変動

観光の需要の変動は，年間においても大きい（表1-3）。この要因としては，時間の制約があるが，桜，紅葉やイベント等のように，時期が限定される需要があることも挙げられる。2019年の延べ宿泊者数の月別推移[16]をみると，8月は6323万人泊と突出して多くなっている一方で，1月は4268万人泊と最小の

表 1-2　1 世帯当たり 1 日の支出合計，宿泊サービス支出の週における変動（2019年）

	1 世帯当たり 1 日の支出合計，宿泊サービス支出 （単位：円）		1 世帯当たり 1 日の支出合計，宿泊サービス支出 （平均＝100）	
	合計	宿泊サービス	合計	宿泊サービス
平均	4,912.6	52.6	100.0	100.0
平日	4,305.0	41.6	87.6	79.1
月曜日	4,409.5	55.5	89.8	105.5
火曜日	4,131.0	36.0	84.1	68.4
水曜日	4,247.1	33.1	86.5	62.9
木曜日	4,123.5	34.8	83.9	66.2
金曜日	4,629.1	52.6	94.2	100.1
土曜日	5,125.0	66.1	104.3	125.6
休日	4,959.7	71.6	101.0	136.1
日曜日	5,104.9	76.9	103.9	146.1
祝日	4,669.3	61.1	95.0	116.1
日付不詳	2,598.7	13.2	52.9	25.1

（出所）　総務省「2019 年全国家計構造調査」より作成。

月となっている。8 月は 1 月の 1.48 倍と需要に大きな開きがある。とくに，8月の日本人の延べ宿泊数は，1 月の 1.61 倍となっている。年間においても，8月に比較的長い休暇をとりやすいわが国における労働慣行に依存しているところが大きい。この傾向は他の年においても該当する。

表 1-3　延べ宿泊者数の月別推移（2019 年）

	延べ宿泊者数（万人泊）			延べ宿泊者数（1 月 = 100）		
		日本人	外国人		日本人	外国人
1 月	4,268	3,348	921	100.0	100.0	100.0
2 月	4,354	3,426	928	102.0	102.4	100.7
3 月	5,115	4,163	952	119.8	124.4	103.3
4 月	5,072	3,943	1,128	118.8	117.8	122.5
5 月	5,140	4,168	973	120.4	124.5	105.6
6 月	4,581	3,622	959	107.3	108.2	104.1
7 月	5,178	4,098	1,080	121.3	122.4	117.3
8 月	6,323	5,375	949	148.1	160.6	103.0
9 月	4,876	4,050	826	114.2	121.0	89.7
10 月	5,005	3,979	1,026	117.3	118.9	111.4
11 月	4,966	4,060	906	116.3	121.3	98.4
12 月	4,713	3,795	918	110.4	113.4	99.7

（出所）　観光庁「宿泊旅行統計調査」より作成。

注 ————————————

1　域内，域外は，供給者の観点から規定している。

2　日本でも，インバウンド観光の振興策として消費税の免税制度が拡充された。

3　観光庁「訪日外国人消費動向調査」による。

4　観光庁「旅行・観光消費動向調査」によると，2020 年の一人旅の割合は 2 割強であった。

5　ここでの旅行は，旅行業者の団体旅行等を活用したのではなく，家族やパートナー，友人等が計画して実施する個人旅行を指す。

6　主に価格理論に関する第 3 章で言及する。

7　距離は，時間・コスト面では消費を減少させる傾向をもつが，観光の動機となる非日常性を高め効用増加の要因になる可能性もある。移動費用の増減が価格効果と関連する。

8　日本人については観光庁「旅行・観光消費動向調査」，外国人については観光庁「訪日外国人消費動向調査」に基づく。

9　東京，富士山，京都，大阪等をつないだルート。

10　正常財では，需要の所得弾力性が 1 以上になると考えられる。ちなみに，需要の所得弾力性は，（需要量の百分率変化率）/（所得の百分率変化率）で求められる。

11　日帰り旅行が劣等財になる要因としては，より費用がかかる宿泊旅行から日帰り旅行に変更することが考えられる。

12 観光についての直接的なキャンペーンではないが，オリンピック・パラリンピックの開催地となることは，間接的にインバウンド観光のプロモーションに寄与するという指摘もある。みずほ総合研究所の2013年の調査によると，過去の夏季オリンピック・パラリンピック開催都市がある国では，開催決定後から開催までの期間は，外国人旅行者の増加トレンドが上方にシフトしていることが示唆されている。

13 需要曲線は右下がりのため，需要量の百分比変化率はマイナスになるケースが多いため，プラスの数値にするためのこの式にはマイナスを付けている。

14 平日の需要曲線は，繁忙期のものより左方にシフトすると考えられる。

15 代替財と想定される地域への移動について，①移動に関連する費用が安い，②移動時間が短い，③移動機会の頻度が多い等の場合には，代替が進みやすいと考えられる。

16 観光庁「宿泊旅行統計調査」に基づく。

引用・参考文献

観光庁［2018］「旅行・観光産業の経済効果に関する調査研究　2018年3月」

Mankiw, N. G. [2012] *Principles of Economics*, 6th ed., South-Western Gengage Learning.（足立英之・石川雄太・小川英治・地主敏樹・中馬宏之・柳川隆訳［2013］『マンキュー経済学 I　ミクロ編（第3版）』東洋経済新報社）

日本貿易振興機構［2016］「中国における越境ECの動向（2016年）」日本貿易振興機構

Stabler, M. J., A. Papatheodorou and T. M. Sinclair [2010] *The Economics of Tourism*, 2nd ed., Routledge.

Stiglitz, J. E. and C. E. Walsh [2006] *Microeconomics* 4th ed., WW Norton & Company.（薮下史郎・秋山太郎・蟻川靖浩・大阿久博・木立力・宮本亮・清野一治訳［2013］『スティグリッツ　ミクロ経済学（第4版）』東洋経済新報社）

山本史門［2019］「観光と文化」後藤和子・勝浦正樹編『文化経済学──理論と実際を学ぶ』有斐閣，所収

第2章 供給分析
観光の産業・経済構造

はじめに

　本章では，まず，観光の定義をもとに，観光に関連する財・サービスを生産する産業の全体像を把握するために，運輸業，旅行地産業，仲介機能産業に分け，捉えることとする。

　次に，観光業に限らず，企業・産業の供給（生産）の構造，供給曲線，価格に関する供給の弾力性などの供給に関連する経済学的な概念を概説するとともに，観光関連産業における現状に言及する。

　生産の効率性についての概念である生産性，供給に伴う費用についての考察を通じて，企業がどのように営業するべきかを検討する。

1. 観光関連産業の構造

　これまでに示したように，観光は「個人の非日常圏への旅行に伴う活動」と定義され，他産業のような生産される財・サービスの特性についての定義とは異なるため，統計の産業分類（例：日本産業標準分類）において観光産業なるものは明記されていない。

　そのため，前述の観光の定義に基づき，個人の観光の活動に関連する産業を観光関連産業として位置づけることが求められる。

　まず，非日常圏に旅行するためには，需要者は居住する地域（発地）から観光地（着地）に徒歩，自転車，自家用車等により自力で移動する方法もあるが，その移動を支える鉄道旅客，航空旅客等の運輸業のサービスを活用する場合がある。経済が発展するにつれ，徒歩等による移動は減少し，運輸業のサービスを活用する傾向が強まってきている。

図 2-1　観光関連産業の構成

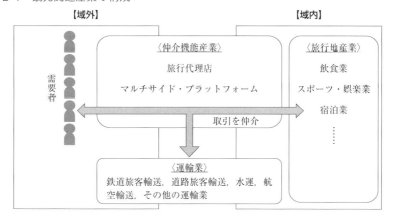

　旅行地には，地理的に離れた地域に居住する需要者に対し，財・サービスを供給する宿泊業，飲食業等の産業が存在する。飲食や宿泊のような旅行地における食・住に関する財・サービスだけでなく，観光地ではなければ体験できない財・サービス（例：スポーツ・娯楽・芸術・芸能）も含まれる。

　需要者が居住する地域（発地）と旅行地（着地）とは地理的に離れており，その取引には需要者のニーズと旅行地の事業者のシーズ（技術・ノウハウ），これに加えて運輸業のサービスのシーズを，仲介する機能が求められる。旅行業は，この仲介機能を担う産業である。

　以上から，観光に関連する産業は，非日常圏への旅行に関連する産業である運輸業，旅行地において観光客が消費する財・サービスを供給する産業（以下，旅行地産業），これらの産業と需要者である個人を仲介する機能を果たす産業（以下，仲介機能産業）から構成されると考えてよいであろう。これらの関係を整理すると図 2-1 のようになる。また，3 つの産業に含まれる主な業種は以下のとおりである。

- 運輸業——鉄道旅客輸送，道路旅客輸送，水運，航空輸送，その他の運輸業
- 旅行地産業——飲食業，スポーツ・娯楽業，芸術・芸能，宿泊業など
- 仲介機能産業——旅行業など

　旅行地産業については，温泉地や門前町等の観光地に立地する事業者を除いた多くの事業者（例：都市部の飲食業，小売業）は観光客だけに財・サービスを

表 2-1　観光関連産業の産出額，国内観光供給，付加価値額（うち観光分：単位：10 億円）

	産出額	国内観光供給	付加価値額 （うち観光分）
宿泊業	7,686	6,078	2,746
飲食業	24,586	3,712	1,599
鉄道旅客輸送	8,368	2,860	1,811
道路旅客輸送	3,235	682	502
水運	4,274	135	37
航空輸送	3,311	2,774	568
その他の運輸業	11,653	1,512	966
スポーツ・娯楽業	9,467	1,153	775
観光産業　計	72,580	18,906	9,005
その他の産業	974,112	8,864	4,719
国内産業　計	1,046,692	27,771	13,724

（出所）　観光庁「旅行・観光産業の経済効果に関する調査研究　2019 年 3 月」より作成。

提供しているわけではなく，近隣住民にも財・サービスを提供している。その
ため，こうした事業者にとっては，観光による売上は売上の一部にしかすぎな
い可能性もあり，観光の供給側の分析には，産業の生産額のうち，観光消費に
依存した部分だけを導出する必要がある。これに対応した統計を整備するため
に，国民経済計算等の関連する統計を用いて，旅行・観光サテライト勘定
（tourism satellite account：TSA）が作成されている。
　わが国における TSA は，国連経済社会局が公表した国際的な基準に基づき
観光庁が作成しており，その第 6 表「観光供給及び内部観光消費」[1] において
観光に基づく付加価値額が示されている。ちなみに，サテライト勘定とは，
GDP を算出する SNA（system of national accounts）の付属勘定で，観光以外
でも環境，無償労働，非営利，介護・保険，R&D について作成されている。
TSA は，SNA の基本体系と整合性を保ちつつ，観光の分野についての消費額，
付加価値額等の詳細な情報を提供できるように加工を施して作成されたもので
ある。
　2019 年の TSA の第 5 表，第 6 表（日本独自基準）によると，国内観光供給[2]
は 27.8 兆円，観光消費による付加価値額は 13.7 兆円[3] である。多くの産業のう
ち，旅行・観光との関係が強い宿泊業，鉄道旅客輸送，空路輸送等が対象で，

産出額，国内観光供給，付加価値額（うち観光分）は表2-1のとおりである。

　なお，TSAにおいては，観光における仲介機能を担う旅行業は，その他の運輸業に含まれている。

2.　供給の構造

　前節のように，観光には多くの産業が関連するが，本節ではこれらの産業の財・サービスに関する一般的な供給（生産）構造を検討する。

2-1.　生産に用いられる生産要素

　経済学では，一般的に，生産に用いられる要素である生産要素の投入により，財・サービスを産出する供給構造を設定するアプローチがとられることが多い。生産要素には，労働，資本，土地のような本源的生産要素と呼ばれるものに加え，原材料や企業者能力等も含まれる。このうち，とくに着目される生産要素は，資本と労働である。ちなみに，経済学で用いられる資本は，機械などの生産設備，建物等が該当し，有形固定資産と呼ばれる形態のものが多いが，デジタル化が進む昨今の経済では，ソフトウェアや知的財産[4]等の無形固定資産も重要な資本と位置づけられるようになってきている。

　人がより長い時間働くこと，あるいはより多くの人が働くことにより，労働の投入量が増加し，より多くの財・サービスを供給できるようになる。また，より多くの機械をより長時間稼働させることや，より多額のソフトウェアを導入することを通じて，資本の投入量が増加した場合も同様である。

2-2.　供給構造を規定する生産関数

　供給する財・サービスにより，労働・資本等の生産要素の投入に関する供給の構造が異なる[5]。

　たとえば，旅行ガイド等のフェイス・トゥ・フェイスのサービスが中心の財・サービスの供給では，供給量を増加させるためには，労働の投入量を増加させる必要があろう。観光客を満足させるアトラクションであるショー等においても，人の労働力の投入量を増加させる，あるいはその質を高めることが必要になるであろう。

これに対し，設備・機械等を整備し，その稼働率を高めることを通じて，供給量を増加させる方法もある。たとえば，宿泊施設においては，供給量を増加させるには，投資により客室数を増加させることが必要になる。

　このように，供給の構造は，財・サービスの特性によって異なっているが，経済学では，前述の生産要素のうち，労働と資本の投入量を中心に産出量を規定する生産関数という下式のようなモデルを用いて表現されることが一般的である。

$$Y = f(L, K)$$

　　　Y：付加価値額
　　　L：労働投入量
　　　K：資本投入量

　生産関数にはいくつかの形態があるが，ここでは最もよく用いられているコブ = ダグラス型の生産関数を紹介する。それは労働投入量，資本投入量，技術水準をもとに，次のように記述される。

$$Y = AL^{\alpha}K^{\beta}$$

　　　Y：付加価値額
　　　A：技術進歩などで変化するスケール係数
　　　L：労働投入量
　　　K：資本投入量
　　　α：労働分配率　　$0<\alpha<1$
　　　β：資本分配率　　$0<\beta<1$
　　　ただし，$\alpha+\beta=1$

　コブ = ダグラス型の生産関数は，生産において労働と資本が代替できることが仮定されている。たとえば，人間の労働による供給されるサービスの一部または全部が，機械・機器，ソフトウェア等により代替されることがある。旅館における配膳や室内のアメニティ・グッズの備えつけ等の作業は，人が何回も厨房や倉庫から行ったり来たりする方法でも供給できるが，台車を活用することにより往復回数が削減される。また，予約や会計等については，人が紙に書

き込んで処理することができるが，予約や会計のソフトウェアを導入すること
により電子的に処理することもできる。仲介機能を担う旅行業では，以前は，
旅行業等の従業者の人手を介し消費者と宿泊業事業者や運輸事業者との仲介を
行っていたが，昨今ではインターネットを活用した情報システム[6]により代替
されてきている。このように，労働と資本の間には，代替的な関係が存在して
いると考えられる[7]。

　ある財・サービスの生産を行う場合に，1つの生産要素について1単位増加
させたときの財・サービスの増加量を限界生産力と呼ぶ。限界生産力は，財・
サービスを生産するにあたって，その生産要素が（限界的に）どの程度有効で
あるかを表す指標である。

$$限界生産力 = MP = \frac{生産量の差分}{投入量（例：労働）の差分} = \frac{\Delta Y}{\Delta L}$$

　一般に，限界生産力は逓減する傾向にある。たとえば，工場や厨房の設備を
活用して働く労働者数が増加すると，設備の共有度が高まり，混雑の度合いは
強くなってくる。その場合，新たに加わった労働者の財・サービスの生産にお
ける貢献度は徐々に低下していくことになる。

3. 供 給 曲 線

　供給曲線は，さまざまな価格に対して企業が生産しようとする数量（生産
量）を表すものである。通常，企業は価格が高いほど多くの財・サービスを生
産しようとするので，供給曲線は右上がりになる。一般に，財・サービスの供
給量がかなり多くなると，（限界費用が逓増し）限界生産力は逓減する傾向にあ
り，価格の上昇に応じて，供給量が増加しにくくなる傾向となることがある。
　市場の供給曲線は，特定の財・サービスの個別企業の供給曲線を，多くの企
業について累積したものである。なお，供給曲線は，価格と数量（供給量）の
関係を示すものなので，価格以外の多様な要因によりシフトする。

3-1. 供給曲線のシフト
前述の需要曲線と同様に，価格以外の多様な要因により供給曲線はシフトす

るが，その要因としては以下の4点が挙げられる。

(1) 投入価格の変化

供給において投入される生産要素の価格の変化は，供給量を変化させることになる。

まず，労働の投入に関しては，昨今わが国ではさまざまな産業において人手不足が顕著になってきているが，その結果人件費が上昇し，供給曲線が（左方に）シフトすることが考えられる。

インバウンド観光需要の増加は，宿泊業をはじめさまざまな観光関連産業における設備投資を活性化させているが，これにより建設資材の価格が上昇するであろう。この場合，減価償却費の増加により供給曲線が（左方に）シフトすることが考えられる。同様に，飲食業等では，天候等により野菜等の原材料価格が上昇した場合には，供給曲線が（左方に）シフトすることになる。

(2) 技術の変化

技術の変化は，効率的な生産・供給につながり，市場への供給量を変化させることになる。

たとえば航空業においては，燃費の良い航空機が導入されると，より低価格での航空サービスが提供されるようになり，供給曲線が（右方に）シフトすることが考えられる。また，昨今は急速にデジタル化が進行しているが，業務の効率化につながるソフトウェアの導入は，供給曲線が（右方に）シフトすることにつながるであろう。

(3) 予想の変化

企業の供給量の決定には将来の予想も関連してくる。とくに，観光需要の変化に関する予想は，供給曲線のシフトに影響を与えるであろう。たとえば，温暖で降雪量の少ない冬が予想される場合には，旅行代理店はスキーリゾート向けのパックツアーのバスの確保を少なめにし，関連する商品の供給量を少なくする可能性がある。その結果，供給曲線が（左方に）シフトすることが考えられる。

(4) 供給者数の変化

(1)〜(3)は，個々の企業の行動に影響する要因であるが，市場全体における供給曲線は，供給者数にも依存する。インバウンド観光の需要が近年急拡大したことにより，宿泊業をはじめ多くの観光関連産業において，新たな企業が参入した。さらに，民泊のように，住宅の所有者による新たな参入もみられるようになった。このような新たな供給者の参入があると，供給曲線は（右方に）シフトする。

その一方で，需要が減少する局面では，供給者数は減少するであろう。たとえば，人気がなくなった温泉街では，廃業する宿泊施設が出現することで供給者数が減少したケースもある。これにより，供給曲線は（左方に）シフトする。

3-2. 供給に関する価格の弾力性

前章で述べた需要と同様に，価格の変動に応じて供給量がどのように変化するかを把握するために，下式で求まる価格弾力性という概念が用いられる。

$$供給に関する価格の弾力性 = \frac{\Delta S / S}{\Delta p / p} = \frac{供給量の増減変化率}{価格の増減変化率}$$

弾力的とは上式の供給に関する価格の弾力性が1以上の場合を指し，非弾力的とは供給に関する価格の弾力性が1未満の場合を指し，0に近くなるとより非弾力的になる。供給が完全に非弾力的なケースと弾力的なケースを図示したものが図2-2である。

なお，供給に関する価格の弾力性が弾力的・非弾力的になる違いを生む要因としては，次のようなのものが考えられる。

(1) 供給状況による価格弾力性の違い

供給に関する価格の弾力性は，供給曲線の形状により決まり，市場における供給量の多寡により変化する。

たとえば，宿泊施設は，宿泊施設の市場における稼働状況（横軸の数量）に応じて，供給に関する価格の弾力性は異なる。稼働率が低いと，供給量は価格により大幅に増加し，弾力的な変化をみせる。その一方で，稼働率が高いと，価格が上昇しても，供給量はあまり大きく増加せず，非弾力的な変化をみせる（図2-3）。

図2-2　供給曲線の非弾力的なケースと弾力的なケース

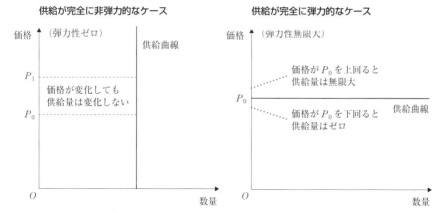

供給が完全に非弾力的なケース

価格　（弾力性ゼロ）　　　供給曲線

P_1

価格が変化しても
供給量は変化しない

P_0

O　　　　　　　　　　　　数量

供給が完全に弾力的なケース

価格　（弾力性無限大）

価格が P_0 を上回ると
供給量は無限大

P_0　　　　　　　　　　　　供給曲線

価格が P_0 を下回ると
供給量はゼロ

O　　　　　　　　　　　　数量

図2-3　稼働率による価格弾力性の違い

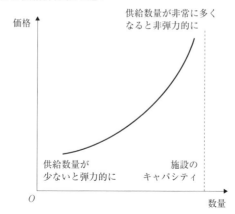

価格

供給数量が非常に多く
なると非弾力的に

供給数量が　　　　　　施設の
少ないと弾力的に　　　キャパシティ

O　　　　　　　　　　　　数量

(2)　短期／長期による価格弾力性の違い

　需要と同様に，短期と長期では，価格弾力性は異なる。

　短期では市場における価格の変動があったとしても，それに応じて企業が十分に生産量を変化させることができない。短期では，機械等の資本による生産量の調整が困難で，労働時間の調整あるいは資本の稼働率等による生産量の調整しかできないからである。これに対し，長期では施設の拡充等により資本のストックを調整できるため，短期よりも弾力的になる。

4. 生 産 性

　昨今，他の主要な先進国と比べると，日本のサービス分野における生産性の低さが指摘され，企業，産業の生産性向上の必要性が言及されることが多くなっている。日本生産性本部「労働生産性の国際比較2019」によると，日本の時間当たり労働生産性は46.8ドル（4744円）で，OECD（経済協力開発機構）加盟36カ国中21位となっており，その水準は先進国のなかでは高いとはいえない状況にある。生産性は，効率的に生産が行われているかを測る概念で，下式のように産出（output）と投入（input）の比率で求められる。

$$生産性 = \frac{産出（output）}{投入（input）}$$

　投入・産出は，数量で示される場合と，金額で示される場合がある。企業あるいは産業が単一の財・サービスを供給する体制の場合は投入・産出を数量で示すことができる。数量で算出する生産性は，物的生産性と呼ばれるが，そのようなケースはあまり多くはないため，金額で示す付加価値生産性が用いられることが一般的である。

　生産性を高めるためには，相対的に，分母である投入を抑えつつ，分子である産出を大きくすることが求められる。

　前述のように，企業は，労働，資本等の生産要素を投入して，財・サービスを供給（生産）しているが，生産性における投入を捉える考え方は，労働の投入，資本の投入，あるいはすべての生産要素からの投入かによって，当然のことながら，生産性の結果に違いが生じる。そのため，まず，いくつかの生産性の指標について，概説する。

4-1. 労働生産性

　観光では接客等の労働によるサービスの供給が多いことから，労働投入量をもとに生産性を測る労働生産性が重要なものと考えられる。労働生産性は単位時間（たとえば1時間）当たりの労働投入量からどの程度の付加価値額を生んだかを示し，下式によって求められる。

$$労働生産性 = \frac{付加価値額}{労働投入量} = \frac{売上高 - 売上原価}{\Sigma\,労働者 \times 労働時間}$$

労働生産性を向上させるためには，分子である付加価値額を増加させるか，分母である労働投入量を減少させるかを行う必要がある。付加価値額を増加させるには，売上高を増加させるか，売上原価[8]を減少させるかを行う必要がある。労働投入量を減少させるには，労働者数を減少させるか，労働時間を減少させるかを行う必要がある

4-2. 資本生産性

資本生産性は，資本投入量に対する付加価値額の大きさによる生産の効率性に着目した指標で，下式のようになっている。

$$資本生産性 = \frac{付加価値額}{資本投入量}$$

宿泊業の場合には，設備投資を行い，客室数を増やすことを通じて，付加価値額を増やすことが期待できる。ちなみに，前述の労働生産性の分母・分子に資本投入量を掛けると，労働生産性は資本装備率と資本生産性を掛けたものとして表現できる。資本装備率とは，労働投入量を労働投入量で除した指標で，これが高ければ高いほど資本集約的となる。逆に，低くなるほど労働集約的と評価することができる。前述のように，労働と資本とは代替性があるが，機械・機器・器具やソフトウェア等により労働投入を代替させると，資本装備率が高まり，労働生産性が高まることになる。

$$労働生産性 = \frac{資本投入量}{労働投入量} \times \frac{付加価値額}{資本投入量} = 資本装備率 \times 資本生産性$$

客室を広くしたり，装飾を工夫することにより，高級感を醸し出すことができると高い価格を設定できるであろう。この場合，物的生産性の面では効率的ではないかもしれないが，付加価値額を大きく増やすことができる場合には，労働生産性を向上させることができる可能性がある。なお，宿泊施設では，施設の更新等を通じて，需要を喚起できることがある。

4-3. 全要素生産性

　生産性を，労働生産性は労働投入量の観点から，資本生産性は資本投入量の観点から評価するものである。どちらも，特定の生産要素の投入の観点から生産性を評価しているため，同じ企業，産業を対象としていてもその結果が異なることがある。資本集約的な産業では労働生産性が高くなり，労働集約的な産業では資本生産性が高くなる傾向がある。

　これに対し，全要素生産性（total factor productivity：TFP）は，資本，労働の量的な生産要素に加え，技術進歩等の質的な成長要因に着目した生産性の指標である。TFP は，前述のコブ＝ダグラス型の生産関数に基づいて検討される。コブ＝ダグラス型の生産関数は，両辺を対数化するとともに，前期との間の差分をとることにより，以下のように変形できる。

$$(lnY_t - lnY_{t-1}) = (lnA_t - lnA_{t-1}) + \alpha(lnK_t - lnK_{t-1}) + \beta(lnL_t - lnL_{t-1})$$
（付加価値額の成長率）＝（TFP の変化率）＋（資本投入量の変化率）
＋（労働投入量の変化率）

　上式により，付加価値額の成長率は，TFP，資本投入量，労働投入量のそれぞれの変化率に分解できる。したがって，TFP の変化率は，下式のように求められる。

（TFP の変化率）＝（付加価値額の成長率）－（資本投入量の変化率）
－（労働投入量の変化率）

　そのため，TFP は，資本や労働の投入量の変化を除いた技術的・質的な生産性の変化を求める指標とみなすことができる。

4-4. 生産性を高めるための対策

　生産性を高めるには，前出の式のように，分母の投入に比べた分子の産出の比率が大きくなるようにすることが求められる。ここでは，国際比較をはじめ一般によく指標として用いられる労働生産性をもとに，下式（再掲）の分母と分子に分けて議論を展開する。

$$労働生産性 = \frac{付加価値額}{労働投入量} = \frac{売上高 - 売上原価}{\Sigma \, 労働者 \times 労働時間}$$

(1) 分母（投入）

産出に悪影響を及ぼさなければ，投入は抑えることが望まれる。労働投入量は，個々の労働者の労働時間の総和であるため，労働時間を短くする，あるいは労働者数を少なくすることがそのための手法となる。

まず，労働投入量を減少させる手法として考えられるのは，有形・無形の資本を導入することにより，労働を代替することである。機械・器械等の有形固定資産により，財・サービスの産出を効率的にする方法だけでなく，情報システムのような無形固定資産による労働の代替もある。たとえば，予約においては，ホームページに需要者に必要事項を入力してもらうことで，対面や電話等の予約手続きに割かれていた労働力を削減できる。

少子高齢化の進行により労働力人口が減少してきていることから，人手不足が慢性化することが懸念されており，資本による代替化がいっそう求められるようになると考えられる。

労働投入量を減少させた場合に，（大きく）付加価値額が減少してしまうと，労働生産性は上昇しないことになるので，個々の労働者に効率的に業務を実行できるスキルを身につけさせることが求められる。たとえば，昨今，宿泊施設等では，自社の労働者の多能化を進めることを通じて，人員を削減することが進められている。また，所属する組織の業務をカイゼンすることを通じて効率的にすることが必要である。

個々の企業レベルでは，上記のようにスキルの向上や業務効率化等で労働投入量を抑えることに加え，外注化により労働投入量を減少させることができるが，外注化は付加価値額を減少させる可能性もあるので，それが労働生産性の向上につながらない場合もある。

(2) 分子（産出）

付加価値額は，売上高から売上原価を控除することから求められるため，付加価値額を増加させるには，売上高を増加させるか，売上原価を減少させるかを行う必要がある。

①売上高

売上高は，販売した価格と数量により求められるので，価格を引き上げると売上高を増加させることができる場合がある。ただし，価格を引き上げることにより，売上高が増加するかどうかは，需要の価格弾力性に依存する。需要の

価格弾力性が小さい場合には，価格を上げた場合の需要量の減少が相対的に少ないので，売上高が増加することになる。需要の価格弾力性が大きい場合には，価格を上げた場合には需要量の減少が相対的に大きいので，売上高が減少することになる。企業は，供給する財・サービスの特徴を考慮して，価格設定を判断する必要がある。

　②売上原価

　一般に，売上原価を減少させるには，外注していた業務を内生化する方法を講じることが考えられる。しかしながら，前述した労働投入量において，内生化による追加的な費用の増分が著しく大きくなる場合は，必ずしも生産性向上につながらない。たとえば，自社にノウハウがなく効率的に遂行することができない，あるいは売上高の増加につながりにくい業務は，やはり外注することが望ましい。

　しかしながら，実施時には追加的な費用がかさみ付加価値額が減少することになるが，将来的な付加価値額の増加につながる可能性もある。たとえば，マーケティング等の戦略を立案，実行したり，サービスの供給におけるオペレーションのカイゼンを行うこと等が該当するであろう。

4-5. 観光関連産業における生産性を高めるための対策

　多くの産業において労働生産性を高めるための共通的な対策を概説してきたが，観光関連産業における生産性を高めるためには，その産業の特性を考慮して対策を検討する必要がある。ここでは，観光関連産業の生産における特性・留意的について言及したうえで，観光関連産業における対策を検討する。

（1）観光関連の財・サービスの需要・消費における特徴

①生産と消費の同時性・消滅性

　観光関連の財・サービスには，生産と消費における同時性があるものが多いため，製造業等とは異なる対策が求められる。

　耐久消費財のように保存のきく財を生産する製造業においては，災害やパンデミック等による予期せぬ需要の減少が生じ供給量が過剰な状態になったとしても，財を在庫として保有することにより，需要に対する調整を行うことができる。

　これに対し，観光関連のサービスでは，ショーや観光ガイドのように，在庫

をもつことができない消滅性と呼ばれる特性を有する。そのため，売上を増やすには，需要が多い時期には供給量を多くできるとともに，需要の少ない時期にはそれに応じて費用や労働の投入量を抑えることができる生産体制が求められることになる。

②大きな需要の変動

需要量は，産業において周期的に変化することが知られているが，観光関連産業では，前章でみたように，週および年における需要の変動が大きいため，その対応が必要である。

(2) 観光関連産業の生産性を高める対策

①需要変動に対応した供給体制

生産と消費の同時性・消滅性による在庫の困難性，需要量の変動の大きさは，観光関連産業に特有の性質である。1週間や1年における需要の変動が周期的である場合には，それを予測することが可能になる。需要が少ない時期にはそれに応じて生産量を調整するとともに，需要が旺盛な時期には十分な生産量を確保する必要がある。

一般に，固定費用の割合が高い場合，需要が少ない時期には，赤字に陥る可能性が高くなるため，固定費用の割合を低くする必要がある。労働投入に関する対応としては，正社員の人数を少なくし，パート等を活用することで，可変費用の割合を高めることが考えられる[9]。

週の場合には，ウィークデーには需要が減少する傾向にあるため，需要が少ないと見込まれる曜日には休業するという対策も考えられる。たとえば，元湯陣屋では，月曜，火曜，水曜は営業せず，週休3日の勤務体制を導入している[10]。このように営業日を需要にあわせて限定することも，生産性を高める一案である。

繁閑に応じて，社外からの人材を確保することで，急に需要が発生した，あるいは拡大した場合に対応する方法も考えられる。その方法の1つとして，シェアリング・エコノミーの手法があり，複数の企業間において労働力等のリソースを融通しあう試みが実施されている。なお，第4章でも言及するが，シェアリング・エコノミーもマルチサイド・プラットフォームにより実現されている。

　陣屋グループでは，地方に多く存在する小規模旅館においては，食材，備品，労働力，部屋／集客について，旅館施設の枠を越えて「助け合い」を行う仕組みが求められていると考え，これらの問題を解決すべく，全国旅館ホテル生活衛生同業組合連合会（全旅連）との協力体制のもと，食材・備品・人材・集客などのリソースを旅館施設同士で交換するネットワーク・サービス「陣屋EXPO」を推進している。

　このネットワーク・サービスは，第4章でも言及するマルチサイド・プラットフォームに基づくもので，旅館が他の旅館の調理業務を受託したり，名物商品の販売をしたり，中古の備品を販売したりすることができるものである。また，宿泊に関連するサービス提供業者とのビジネス・マッチング機能を提供している。

　今後は，自社の経営・業績に関する分析を可能にするために，旅館経営に関するKPI[11]を加盟各社の間で共有する機能や，複数の加盟施設からの注文をまとめて共同で仕入れする機能を追加する予定である。

②閑散期における需要の喚起

　観光関連産業は，需要の変動に合わせることができる生産体制を構築する必要があるものの，それにも限界があるであろう。逆に，需要の平準化を図るために，閑散期の需要の喚起等の対策が必要になる。

　需要曲線の形状によっては，前述のように，価格を変動させることにより，売上高を増加させる方法もある[12]。また，近隣の観光地と共同で，閑散期における新たな需要を喚起するイベント等を実施することが求められる。

5. 費　　用

　企業が利潤を最大化するためには，総費用に関する検討を加える必要がある。総費用は，下式のように，固定費用と可変費用に分けることができる。

$$総費用 = 固定費用 + 可変費用$$

　なお，経済学で取り扱う費用には，機会費用が含まれる。一般的には，企業が直接支払った金額だけが費用とみなされるが，経済学では，合理的な企業や

個人は，直接的な支出だけでなく，実施したもの以外の取引を諦めた費用を換算したもの（機会費用）を考慮に入れて考察すべきであると考える。

　前述のように，観光関連産業は供給する財・サービスへの需要の変動が大きく，その変動に対応する生産体制が求められるが，それに応じた費用構造の検討も必要になる。経済学では，固定費用・可変費用，平均費用，限界費用，埋没費用等の多様な費用についての分析が行われてきたが，本節ではこれらについて概説するとともに，観光関連産業において留意すべき点を検討する。

5-1. 固定費用

　固定費用とは，固定投入物により生じる費用のことで，生産量が変化しても変化せず，企業が何もしなくてもかかるため，共通費用と呼ばれることもある。設備の減価償却や人材や組織を管理・監督する人材の雇用にかかる費用は，これに該当する。

　固定費用の存在から，総費用曲線は，図2-4のように，縦軸の費用は生産量の数量がゼロであっても，C_Fだけの費用がかかることになる。ちなみに，固定費用には減価償却費，家賃，社員への給与（固定給部分）等が該当する。宿泊業のような資本集約的な産業では，固定費用の割合が大きくなる傾向がある。

5-2. 可変費用

　可変費用とは，企業の生産量の変化につれて変化する費用である。原材料費や労働量に応じて変化する費用[13]は，生産量に応じて変化するためこれに該当する。需要の変動が大きい観光関連業の場合は，費用構造としては可変費用の割合が大きいほうが望ましいであろう[14]。

　可変費用は，基本的に右上がりであるが，数量の変化に応じて直線的な形状ではなく，曲線的な形状をとることが考えられる。数量の少ない段階では，生産効率の上昇に伴い，曲線の傾きが低下していくと考えられる。その後は，生産効率性が一定になると，直線の形状になる。しかしながら，数量が多くなった段階において，生産効率が下がり限界生産力が逓減してくることに伴い，生産量を1単位増加させる際の費用が増加し，曲線の傾きが増加すると考えられる。

　このような可変費用と前述の固定費用を合計した総費用曲線は，図2-4のよ

図 2-4　総費用曲線

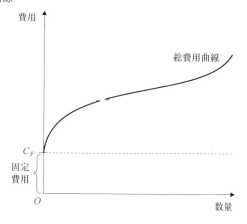

うになる。

　資本集約的業種は，減価償却費の構成が大きくなり，費用に占める固定費用
の割合が大きくなる。これに対し，労働集約的業種は，人件費の構成が大きく
なり，費用に占める可変費用の割合が大きくなる。総費用に占める固定費用の
割合が大きすぎると，需要が少ない場合には赤字に陥る懸念があるため，需要
の変動に対応するには，可変費用の割合を大きくすることが望まれる。

5-3. 平 均 費 用

　平均総費用とは，下式のように，ある財・サービスを1単位生産するために
かかる費用の平均である。

$$平均総費用 = AC = \frac{総費用}{数量} = \frac{TC}{q}$$

　固定費用の平均費用は，生産量の増加につれて必ず減少する。可変費用の平
均費用は，限界生産力逓減のために，生産量の増加につれて通常は増大する。
固定費用と可変費用は，生産量の増加につれて異なる傾向を示すため，平均費
用曲線は，図2-5のように，U字型の形状をとり，その底は平均総費用が最小
化される生産量となる。

図 2-5 平均総費用と限界費用との関係

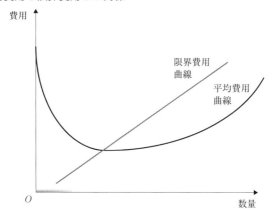

5-4. 限 界 費 用

　限界費用とは，下式のように，ある財・サービスをもう 1 単位だけ追加的に生産するためにかかる費用の増加分のことである。

$$限界費用 = MC = \frac{総費用の差分}{生産量の差分} = \frac{\varDelta TC}{\varDelta q}$$

　限界費用曲線は，限界生産力が逓減するのに伴い限界費用が逓増するため，右上がりになる。このように限界生産力が逓減する性格を有すると，限界費用が平均総費用よりも小さい場合には平均総費用は減少する傾向にあるのに対し，限界費用が平均総費用よりも大きい場合には平均総費用は増加する傾向にある。その結果，限界費用曲線は，必ず総費用曲線の最下点（U 字の底）を通る。

5-5. 短期と長期の費用

　総費用は固定費用と可変費用に分けることができるが，固定費用と可変費用を分ける考え方は，時間の長さに依存する。固定費用のなかには，短期では変更できない費用が多く含まれている。需要が大きく増加することが期待できたとしても，1 カ月後に宿泊施設の客室数を増やすことは困難であろうが，5 年後には設備投資を行い，客室数を増やすことは可能であろう。したがって，宿泊施設の増築に関連する費用も，長期においては可変費用となる。それに応じて，総費用曲線は，長期のものは短期のものとは異なってくる。

図2-6　短期と長期の平均費用曲線の関係

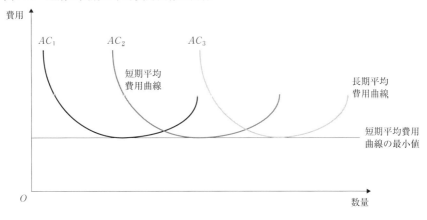

　客室数が少ない宿泊施設を運営し宿泊サービスを提供している企業に関しての長期の費用曲線（図2-6では平均費用曲線）について検討してみよう。この企業は，現状では，労働投入量の増減により供給体制を変更することしかできないため，短期平均費用曲線はAC_1となる。トレンドとして，たとえばインバウンド観光需要の拡大が見込まれるならば，この企業は長期的に新館増築の設備投資を行い，客室数を増加させることができるであろう。新館を増築した場合，この企業の短期平均費用曲線はAC_2となる。さらに，大きな需要の拡大を見込みもう1つ新館を増築した場合には，この企業の短期平均費用曲線はAC_3となる。

　この企業の長期の平均費用曲線は，短期よりも費用に関する選択肢が増加するため，図2-6のように，短期の平均費用曲線と重なる，あるいはその上方に位置する。

5-6. 埋没費用と営業継続
　すでに投下されて回収できない費用のことは，経済学では埋没費用（サンクコスト）と呼ばれている。

　企業の取りうる選択肢が少ない短期では，埋没費用の範囲は広くなる。固定費用は生産量ゼロの営業していない場合でも支払う必要がある費用なので，短期的には埋没している費用と考えられる。

　需要の変動が大きな観光関連産業においては，需要の多い時期に合わせた生

産体制を構築していると，需要が減少する時期には赤字に陥る可能性がある。赤字に陥るのであれば，企業は営業を停止するという選択肢も考えられるが，その判断をどのように行ったらよいであろうか。

前述のように，企業は，短期的に固定費用に関してはそれを変更させることが難しく，埋没することになる。そのため，営業を継続するかどうかの決定にあたっては，サンクコストを重視しない，あるいは考慮しないという考え方もある。

企業の短期の供給曲線は，固定費用の大きさを考慮せずに，限界費用曲線のうち平均可変費用曲線よりも上に位置する生産量，すなわち総収入が可変費用を上回る場合には営業すべきとも考えられる。総収入が可変費用を上回る場合は下式のようになっており，両辺を数量 q で割ると，平均価格が平均可変費用を上回ることになる。すなわち，需要が少ない時期には，平均価格が平均可変費用を上回るように設定して，営業を継続するという考え方が成り立つであろう。

$$総収入 = Pq \geq 可変費用$$

$$平均価格 = P \geq \frac{VC}{q} = \frac{可変費用}{生産量}$$

注 ————————

1 TSA は，観光庁「旅行・観光産業の経済効果に関する調査研究　2019 年 3 月」に掲載されている。

2 国内観光供給は，内部観光消費に対応して国内で供給された額。内部観光消費には，訪日観光支出，国内観光支出，別荘の帰属家賃が含まれる。

3 UNWTO（世界観光機関）の基準から，観光庁が産業分類等において修正した独自基準に基づく TSA による。

4 モノとしての財産ではなく，知的創造活動によって生み出された財産的価値を有する情報等が該当する。

5 同じ産業においても，企業の戦略等により，供給構造が異なることがある。人手をかけ労働投入量を多くして供給する企業もあれば，機械化等を通じて人件費を削減して供給する企業もある。

6 昨今のミクロ経済学では，需要者と供給者の仲介機能を有するこのような情報システムはマルチサイド・プラットフォームと呼ばれるものであるが，これについては第 4 章で言及する。

7 　当然のことではあるが，労働と資本の投入には代替関係はあるものの，すべての投入を労働，ある
　　いは資本とすることは困難なことがある。宿泊業であれば，宿泊のための施設の資本は不可欠で，
　　労働ではそれを代替することはできない。

8 　売上原価とは，財・サービスの生産するにあたり直接必要となった経費を指す。

9 　ここでの議論は，主に短期的な観点からの供給体制である。長期的には，人材の質の向上も検討
　　していく必要がある。

10 　陣屋では，旅館が「休館日」を設けるべき5つの理由として，①お客様をフルメンバーでおもて
　　なしできる，②スタッフのモチベーションが上がる，③経費の節減につながる，④休館日開けの午
　　前中に一斉研修が実施できる，⑤休館日を利用して，効率的に館内の改装工事や設備メンテナンス
　　を実施できることを挙げている。

11 　key performance indicator の略で，企業目標の達成度を評価するための主要業績評価指標である。

12 　価格を細かく変動させるダイナミック・プライシングについて，第3章で言及する。

13 　労働に関する費用は，多くは月給の形式で支払われることが多い。分析対象期間が1カ月に満た
　　ない場合には，上記のような支払いの形式では残業代などを除いた労働に関する費用は，固定費用
　　とみなされる。

14 　需要変動の短期的な対策として，非正規雇用を多くすることが挙げられるが，長期的に労働者に
　　ノウハウが蓄積しない等の問題があると考えられる。

引用・参考文献

陣屋コネクト（陣屋 EXPO）https://journal.jinya-connect.com/

観光庁［2019］「旅行・観光産業の経済効果に関する調査研究　2019 年 3 月」

観光庁「宿泊業の生産性向上事例集」

Mankiw, N. G. [2012] *Principles of Economics*, 6th ed., South-Western Gengage Learning.
　　（足立英之・石川雄太・小川英治・地主敏樹・中馬宏之・柳川隆訳［2013］『マンキュー
　　経済学 I　ミクロ編（第 3 版）』東洋経済新報社）

森川正之［2018］『生産性 —— 誤解と真実』日本経済新聞出版社

日本生産性本部「生産性とは」https://www.jpc-net.jp/movement/productivity.html

Stabler, M. J., A. Papatheodorou and T. M. Sinclair [2010] *The Economics of Tourism*, 2nd
　　ed., Routledge.

Stiglitz, J. E. and C. E. Walsh [2006] *Economics* 4th ed., WW Norton & Company.（薮下史
　　郎・秋山太郎・蟻川靖浩・大阿久博・木立力・宮本亮・清野一治訳［2013］『スティグ
　　リッツ　ミクロ経済学（第 4 版）』東洋経済新報社）

山本史門［2019］「観光と文化」後藤和子・勝浦正樹編『文化経済学 —— 理論と実際を学ぶ』
　　有斐閣，所収

第**3**章 価格理論
価格決定の背景と効果

はじめに

　第1章では需要，第2章では供給について概説してきたが，第3章では需要と供給から企業がどのように価格・数量を決定するかを検討する。

　まず，ミクロ経済学において価格・数量の決定の際に仮定している企業の利潤最大化について説明する。企業が買い手との取引を行う市場の主な形態には，完全競争市場，独占市場，寡占市場等があるが，これらの市場のモデルを用い，利潤最大化に基づき価格と数量がどのように決定されるかについて概説する。なお，市場の議論を始める前に，市場の範囲を決めること（市場の画定）が必要になるため，その議論を整理する。次に，市場の効率性を検討する分析手法である余剰分析について言及する。さらに，企業が売上や利潤を最大化するために用いる価格差別に言及する。最後に，昨今注目されているダイナミック・プライシングを取り上げる。

1. 利潤最大化による価格の決定

　市場における買い手の需要量と売り手の供給量を決定する要因には多様なものがあるが，ミクロ経済学では財・サービスの価格が最も影響を与えるものと考えられている。それでは，企業はどのように価格を決定するのであろうか。ミクロ経済学では，実際の経済活動を検討しやすくするために，いくつかの前提を置き，単純化されたモデルを用いて議論されることが多い。その前提の1つとして，企業は利潤を最大化できる生産数量において価格を決定するものとしている。企業の利潤 π は，総収入から総費用を引いたものである。総収入 R (q) は財・サービスの価格 p と数量 q を掛け合わせたもので，価格を数量の関

数 $p(q)$ とし[1]，総費用を数量の関数 $C(q)$ とすると，利潤は下式のように表される。

$$利潤 \pi = 総収入 - 総費用 = R(q) - C(q) = p(q) \times q - C(q)$$

これを q で微分したものが 0 になる場合に利潤は最大となるが，このとき限界収入（MR）と限界費用（MC）が一致することになる。なお，限界収入とは企業がある財をもう 1 単位販売することから追加的に得られる収入の増加額で，限界費用とは企業がある財をもう 1 単位生産・販売することから追加的に発生する費用の増加額である。

$$\frac{\mathrm{d}\pi}{\mathrm{d}q} = \frac{\mathrm{d}R(q)}{\mathrm{d}q} - \frac{\mathrm{d}C(q)}{\mathrm{d}q} = MR - MC = 0$$

$$MR = MC$$

以降では，売り手と買い手が取引を行ういくつかの市場の形態に関するモデルについて言及するが，いずれのモデルにおいても，企業は限界収入＝限界費用となる数量で価格を決定するという前提を置いて議論を進める。

なお，第 1 章，第 2 章において言及したように，需要曲線，供給曲線ともに，価格と数量との関係を示す曲線となっているが，需要量，供給量は価格以外の要因によっても変化する。価格以外の要因が数量に影響する場合には，曲線がシフトすることになり，2 つの曲線の交点も変化し，価格と数量も変化することになる。

以上のように，市場における数量の変化は，需要曲線上の価格の変化・供給曲線上の価格の変化と，需要曲線のシフト・供給曲線のシフトによる変化により生じる。

2. 市場の形態

売り手と買い手が取引を行う場は市場で，そこで価格と数量が決定される。市場には，多様な形態が存在するが，それは主に売り手の数をもとに分類されることが多い[2]。本節では，市場に売り手が多数存在する完全競争市場，売り手が 1 社だけの独占市場，売り手が 2 社以上であるがわずかしか存在しない寡

図 3-1　完全競争市場における均衡

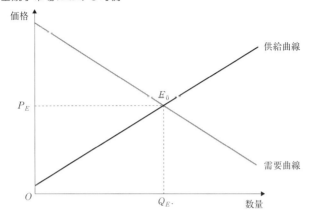

占市場の3つの市場の形態と，そこで価格がどのように決定されるかについて
概説する。

2-1.　完全競争市場

　完全競争市場とは，以下のように定義される市場である。
- 市場に多数の売り手と多数の買い手が存在する。
- 市場の売り手から供給される財・サービスが同質である。
- 売り手にも買い手にも財・サービスの取引に関する十分な情報がある。
- 売り手は自由に市場への参入と退出ができる。

　このように，多数の売り手が存在する完全競争市場では，それぞれの売り手
（企業）は規模が小さすぎて市場における価格に影響を及ぼすことができず，
価格を受け入れなければならない。そのため，完全競争市場における売り手は，
プライス・テイカー（価格受容者）と呼ばれる。

　完全競争市場においては，価格が需要と供給の法則[3]により，需要と供給の
2つの力が働きあって価格が決定されるとともに，同時に数量も決定される。
完全競争市場では，このような自動調整機能により調整される価格と数量は，
図 3-1 における需要曲線と供給曲線の交点 E_0 で示され，それぞれ均衡価格，
均衡取引数量と呼ばれる。均衡している E_0 では，売り手も買い手も，価格と
数量を変化させようとはしない状態となっている。

　完全競争市場においては，不特定多数のすべての売り手（企業）は市場価格

を受容しなければならないため，売り手（企業）は所与の市場価格 P_E のもとで生産量をどれだけにするかを判断することになる。そのため，企業の需要曲線である逆需要関数は，$p(q) = P_E$ となり水平となる。利潤 π は下式のように，総収入 $P_E q$ から総費用 $C(q)$ を引いたものである。

$$\pi = 総収入 - 総費用 = P_E q - C(q)$$

利潤を最大化する仮定に基づくと，π を数量 q で微分し 0 になるように設定するため，下式のようになる。

$$\frac{\mathrm{d}\pi}{\mathrm{d}q} = P_E - \frac{\mathrm{d}C(q)}{\mathrm{d}q} = 0$$

$$P_E = MC$$

したがって，企業の利潤が最大になるのは，限界収入が限界費用と一致する場合であるが，完全競争市場における価格が所与であるため，均衡価格 P_E は限界費用 MC と一致することになる。

　以上が完全競争市場の主な特徴であるが，現実の市場は完全競争市場とは限らない。実際のところは，市場において多数の企業が存在せず，1つの企業あるいは少数の企業しか存在しないケースも少なくない。このような市場では，企業は価格を受容するのではなく選択できるようになる。その結果，企業は価格を限界費用よりも大きくすること（超過利潤を発生させること）も可能になるケースもある。

2-2. 独 占 市 場

(1) 独占市場の概要

　独占市場とは，市場における売り手の数が1者のみの市場である。売り手が1者になる基本的な要因は参入障壁があることであるが，その例として挙げられるのは，自然独占である。1つの企業が市場全体に財・サービスを供給することが，2者あるいはそれ以上の企業で供給するよりも費用がかからない状態である[4]。企業にとっての需要曲線が水平となる完全競争市場とは異なり，独占市場の企業にとって直面する需要曲線は，市場の需要曲線と同一で右下がりになる。

(2)　独占市場のモデル

　独占市場の企業は，右下がりの需要曲線上の価格と生産量の組み合わせのなかから，自らの利潤を最大化するものを選択することができる。需要曲線が右下がりであることから，独占企業が供給量を増加させようとすると，価格を引き下げる必要がある。そのため，企業の利潤は，逆需要関数の $p(q)$ を含む下式のようになる。

$$\pi = p(q) \times q - C(q)$$

　独占企業は，利潤を最大化するためには，利潤を数量 q で微分したものが 0 になる数量に決定することになり，下式のようになる。

$$\frac{\mathrm{d}\pi}{\mathrm{d}q} = p(q) + \frac{\mathrm{d}p(q)}{\mathrm{d}q} \times q - \frac{\mathrm{d}C(q)}{\mathrm{d}q} = 0$$

　さらに，上式は次のように変形できる。

$$p(q) - \frac{\mathrm{d}C(q)}{\mathrm{d}q} = -\frac{\mathrm{d}(q)}{\mathrm{d}q} \times q$$

　この式の両辺を $p(q)$ で割ると，以下のようになる。

$$\frac{p(q) - MC}{p(q)} = \frac{\mathrm{d}p(q)}{\mathrm{d}q} \times \frac{q}{p(q)} = -\frac{\mathrm{d}p(q)}{p(q)} \bigg/ \frac{\mathrm{d}(q)}{q} = \frac{1}{\eta}$$

　上式はラーナーの公式と呼ばれ，$(p(q) - MC)/p(q)$ はプライス・コスト・マージン（マージン率）[5]で，価格の限界費用からの乖離の度合いを示している。完全競争市場では価格は限界費用と一致するため，$p(q)$ の限界費用からの乖離が大きい場合には，独占の影響が強く出ていることになる。上式の一番右は，需要の価格弾力性の逆数である。したがって，マージン率は，財・サービスが弾力的な場合には小さくなり，財・サービスが非弾力的な場合には大きくなる。

　独占企業の利潤最大化について，数式からは上述のようなことがわかるが，次に，グラフにおいてどのようになっているかをみることにする（図3-2）。

　独占企業は，利潤最大化のために，限界収入が限界費用と一致する限界費用曲線と限界収入曲線の交点 E_m における数量を Q_m とする。独占市場における価格は，需要曲線において Q_m での価格である P_m となる。独占市場における

図3-2　独占企業の利潤最大化

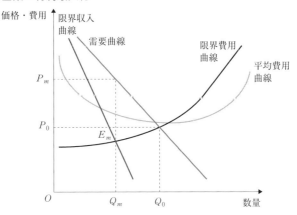

数量 Q_m は，需要曲線と限界費用曲線（供給曲線）と交点の Q_0 よりも少なくなるとともに，需要曲線上の価格 P_m は限界費用を上回っている（限界費用曲線の上に位置している）。

　以上のように，独占市場では，完全競争市場に比べると，企業の供給量は少なくなるとともに，価格が高くなる。また，独占市場では完全競争市場よりも，企業は大きな利潤（独占利潤）を得ることができる。このような独占の影響については，本章第4節「余剰分析」でも言及する。

2-3. 寡占市場

　寡占市場とは，特定の財・サービスの売り手が2者以上であるがわずかしか存在しない市場である。観光に関連する産業でも，複数であるが少数の企業しか参入していない航空等は寡占市場にあたるであろう。

　寡占市場については，ミクロ経済学では多様な議論・モデルが存在するため，本書では，市場における複数の企業が供給する財・サービスが同質な場合と差別化がある場合に分け，主要なもののみに言及する。

(1)　財・サービスが同質的な場合
①財・サービスが同質的な寡占市場における意思決定
　寡占市場は，その売り手の数から，売り手の間の相互作用が顕著な市場である。そのため，市場における売り手がどのような動きをするかにより，その性

格が決まってくる。市場への参入や市場からの退出がない状態の場合，売り手が他企業と協調する場合には独占市場に近づくことになるが，逆に利己的になり他企業と競争する場合には，完全競争市場に近づくことになる。

すでにみたとおり，完全競争市場ではなく独占市場に近づいたほうが，企業は限界費用を上回る水準に価格を設定できることから利潤が多くなることが見込まれる。財・サービスが同質的な寡占市場であっても，市場に存在する複数の企業が協調せずに激しく競争している場合には，マージン率がゼロに近づく（価格が限界費用に近づく）ことになると考えられる。マージン率を確保するための企業行動としては，供給企業間で生産量や価格に関して取り決め，協調した行動をとることが考えられる。このように，協調（共謀）して行動する企業集団は，カルテルといわれる。しかしながら，多くの国では，共謀は競争法により違法とされているため，公然とカルテルを形成することはできず，実施する場合は暗黙裡に行う必要がある。そのため，このような共謀は拘束力が弱いため，抜け駆けを行う企業が出てくることが予想される。寡占市場における売り手は，他者が価格を引き下げるかどうか等の他者の行動を予想したうえで，意思決定を行う必要がある。

②ゲーム理論によるモデル

寡占市場においては，他の企業の行動を予想しての意思決定が行われることがあるため，寡占市場のモデルにはゲーム理論が組み込まれるようになっている。上述のように，寡占市場における売り手は，共謀するかどうかについての他者の行動を予想したうえでの意思決定を行うことになるため，他者が共謀する場合としない場合の2つのパターンを念頭に，自身の意思決定を行おうとするものと仮定する。

表3-1には，A社，B社がそれぞれ共謀する，しないの2種類の行動パターンにおける利潤（利得）が示されている。このような利潤の発生が予想される表3-1の利得表[6]の場合に，A社，B社ともに共謀した場合には，2者の利潤の合計が最大になるのは，A社，B社ともに共謀する（価格を維持する）ことを選択する場合で20億円になる。しかしながら，A社，B社ともに，表3-1における他者の行動を予想すると，それぞれの企業が共謀する場合よりも共謀しない場合のほうが多くの利潤を得られると考えることになる。その結果，2者の利潤の合計は10億円で，2者の利潤の合計が最小になる結果を選ぶことになる。

表 3-1　共謀に関する囚人のジレンマ

		B 社	
		共謀する (価格を維持する)	共謀しない (価格を引き下げ)
A 社	共謀する (価格を維持する)	A 社：10 億円 B 社：10 億円	A 社：4 億円 B 社：13 億円
	共謀しない (価格を引き下げ)	A 社：13 億円 B 社：4 億円	A 社：5 億円 B 社：5 億円

（出所）　Stiglitz and Walsh［2006］より作成。

　上記のように，2者が協調せずに自己の利益を追求する際には，両者とも経済状況が悪くなるという「囚人のジレンマ」という現象に陥ることがある。

　なお，寡占市場については，同質な財・サービスの前提のもとで，多様なモデルが検討されている。たとえば，市場における価格等のリーダーシップをとる企業が存在する場合としない場合，上記のようなゲーム理論を用いる場合とそうでない場合，生産能力の調整を考慮する場合とそうでない場合等である。このように寡占市場を表現する多様なモデルが存在するが，本書では紙幅の関係から以上の言及にとどめることにする[7]。

(2)　財・サービスに差別化がある場合
①差別化とは
(1)では，寡占市場において，すべての売り手が同質な財・サービスを供給することを前提とした議論を展開してきた。しかしながら，利潤を上げるために企業がとる行動の1つに，財・サービスの品質面での差別化があり，現実的には寡占市場のすべての売り手がまったく同質の財・サービスを供給しているわけではない。

　宿泊業では，サービス内容[8] におけるいろいろな点での差別化がある。例としては，交通の便（立地），部屋の広さ，ベッドの数・サイズ，トイレ付き・バス付き，WiFi，食事付き（朝食・夕食），マッサージ・エステのサービス，共有施設（例：大浴場，フィットネス，駐車場）等で，サービスの内容に関わる項目である。企業はこれらの要素のうちどれを取り入れるかを考慮してサービス内容を決定するとともに，価格を決定すると考えられる[9]。

　一方で，買い手のニーズも，単に泊まれるだけでよい，泊まるだけでなく朝

夕の2食をつけてほしい，宿泊・食事だけでなくその地域の風土を体験したい，等のようにさまざまであろう。

　昨今では，インターネットの普及により，価格や供給するサービスの内容に関する情報が買い手に広まりやすい状況になった。多数の宿泊施設を紹介するサイトを活用する場合，買い手は価格の情報だけでなく，たとえば，ホテル・旅館について，ベッドの数・サイズ，客室の広さ等の情報についても収集することができる。そのため，買い手は売り手の間の比較が可能になっており，以前よりもサービス内容の違いを容易に把握できるようになってきている。また，このようなサイトでは，財・サービスの購入者のレビューがあり，それもサービス内容を判断する材料となるだろう。その結果，買い手は，価格はもちろんであるが，それ以外の多様な要因も加味して，財・サービスを購入することもあろう。

　したがって，宿泊施設の企業は，このような需要の違いや自社で供給可能なサービス内容に関わる要素を考慮して，そのうちどれを重視して提供するかを決定することが望まれる[10]。

　ミクロ経済学では，差別化を水平的差別化と垂直的差別化に分けた考察が一般的になっている。水平的差別化は基本品質がほぼ同レベルで，複数の財・サービスを買い手が選好する順位が嗜好により異なるものを指し[11]，垂直的差別化は品質において明確な違いが認められ，買い手が選好する順位が一致するものを指す。

②財・サービスの差別化のモデル

　ここでは，上述の宿泊業における差別化の状況を考慮して，垂直的差別化が存在する寡占市場に関するベルトラン・モデルを紹介する。まず，宿泊業の市場については，宿泊に特化したサービスを提供する「リミテッド・サービス」と（レストラン，大浴場等の）宿泊に付随する多様なサービスを提供する「フルサービス」に分けられるという仮定を置く。そのうち，「フルサービス」の市場には，ホテルを営業するA社とB社が存在し，両社とも宿泊に付随するサービスを提供しているが，A社のほうがより多くの種類のサービス（例：美容関連のサービス）を提供していることからB社に対する優位性があるとする。供給されている財・サービスの差別化があるため，両社ともに一定の独占力を有し，両社が直面する需要曲線は異なるものになると考えられる。ただし，サービス内容における差別化はあるもののその違いは「リミテッド・サービス」

図 3-3　差別化による均衡

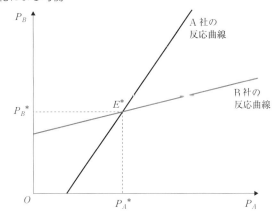

との比較ほど大きくないため，両社のサービスの間には代替関係があるとする（図3-3）。B社が価格を引き上げた場合には，A社の需要が変化し，その需要曲線が右上にシフトすることになる。他社の価格が引き上げられれば，自社も価格を引き上げることが可能になる。他社の価格をもとに自社の最適価格を決定する関数を設定すると，その関数により記述される曲線（反応曲線）は右上がりになる。図3-3のように，A社の価格を横軸，B社の価格を縦軸にとると，A社とB社の最適価格に関する2つの反応曲線の交点 E^* が，差別化がある場合の2社の均衡価格 $P_A{}^*$，$P_B{}^*$ となる。

　以上から，差別化がある市場においては，他社の価格が引き上げられるとき，最適な自社価格は上昇することになる。また，両社の均衡価格は，限界費用を上回る。このように，財・サービスが同質的な場合とは異なる結果になる。

3.　市場の画定

　ここまで，いくつかの市場の形態をみてきたが，市場が完全競争市場であるか，あるいは独占，寡占であるかの競争状況を判断する最初のステップとして，市場の範囲をどのように決めるかが問題になる。当然のことではあるが，市場の範囲が狭いとその市場に属する企業数は少なくなり，競争性が弱い寡占的な市場になる。逆に，市場の範囲が広い（たとえば，全世界）と，その市場に属

する企業が多くなる。このような市場の範囲を決定する作業は，市場の画定と呼ばれている。

　市場において競争があるということは，市場に存在するある企業が供給している財・サービスの価格を引き上げた場合に，供給する数量が減少すること，他の企業により代替されることを意味する。

　市場の画定の判断材料は，主に，①提供する財・サービスの内容，②地理的範囲である。

3-1. 財・サービスの範囲の画定

(1) 範囲の画定の概念

　財・サービスの範囲については，財・サービスの品質や機能が同種である財・サービスは，同一の市場に属すものと考えている。品質や機能がまったくの同種ではないが，類似性があり代替する可能性がある財・サービスについては，同一の市場とみなしてよいかをなんらかの基準で判断する必要がある。この基準として考えられるのが，2つの財・サービスの間の近接性の度合い（代替性の度合い）を測ろうとする需要の交差弾力性である。需要の交差弾力性は，財・サービス i の価格を1%引き上げた場合に財・サービス j の数量が何%変化するかをみるもので，次式のように表される。

$$需要の交差弾力性 = \eta_{ij} = \frac{\partial qj / qj}{\partial pi / pi}$$

　η_{ij} が大きい場合には，2つの財・サービスの代替性が強く同一の市場である蓋然性が高い。逆に，η_{ij} が小さい場合には，2つの財・サービスの代替性がない，あるいは弱く異なる市場である蓋然性が高い。i の財・サービスの市場の範囲を画定する際には，j 以外にも k, l, m, ……のいくつかの財・サービスの組み合わせによる需要の交差弾力性を計測した結果，その値の大きなものが j, l であったならば，これらを含んだものが財・サービスの面での市場の範囲となる。

　宿泊業については，旅館，ホテル，民泊のように，関連する業種・業態はいくつか存在するが，いずれも旅行者に対し宿泊のサービスを供給する点では類似性がある。これらの業種・業態については機能が同種のものと感じ，需要に代替性があるとする買い手も存在するであろう。旅館が価格を引き上げると，

その旅館の需要が減少するとともに，民泊の需要が増加するかもしれない。このような結果が見られたならば，2つの財・サービスは，同一の市場の範囲と考えられることになる。

(2)　実務的な手法としての SSNIP

ミクロ経済学的な財・サービスに関する市場の画定の概念は(1)で言及したが，実務的には，SSNIP[12] と呼ばれる仮想的独占テストが用いられることが多い。SSNIP は，small but significant and non-transitory increase in price の略で，「小幅ではあるが実質的かつ一時的ではない価格引上げ」[13] による買い手の反応をみるものである。ちなみに，「小幅ではあるが実質的」とは 5〜10% 程度の価格引上げとされ，「一時的ではない」とは 1 年程度とされている[14]。

　財・サービス i について 1 年程度の期間に 5〜10% 程度の価格の引上げを行った場合，買い手の多くが財・サービス j の購入を切り替える場合には，i と j は同一の市場になる。これに対し，買い手の多くが切り替えない場合には，i と j は別の市場になる。

3-2.　地理的範囲

(1)　SSNIP による地理的範囲の画定

　市場の画定の地理的範囲についても，SSNIP に基づきその範囲が検討できる。

　A 地域において 1 年程度の期間に 5〜10% 程度の価格の引上げを行った場合に，B 地域の買い手の多くが財・サービスの購入を切り替える場合には，A 地域と B 地域が地理的範囲になる。これに対し，買い手の多くが切り替えない場合には，A 地域のみが地理的範囲になる。

　まず，地理的範囲の検討において小売業について検討してみよう。同じ小売業においても，コンビニエンス・ストア（以下，コンビニ）と大型商業施設では市場の地理的範囲は異なる。公正取引委員会［2016］によると，コンビニについては，その商圏は一般的に 500 m 程度といわれており，経営統合を検討している複数の企業グループのコンビニを中心とする半径 500 m の範囲を地理的範囲として画定している。なぜならば，買い手は近くの店舗を利用することが多いため，売り手として主に競合するのは，半径 500 m の範囲の他社のコンビニ店舗と考えられるからである。これに対し，アウトレットのような大

型商業施設の場合においては，立地している県内にとどまらず近隣の県等から
も集客して，観光スポットとなっているものも存在し，より広域な商圏を有し
ている。したがって，大型商業施設については，地方ブロックのような範囲を
地理的範囲として画定する[15]，と考えられる。このように買い手の消費行動を
考慮し，地理的範囲が画定されている。

(2) 観光関連産業における考え方

　観光関連産業には多様な業種・業態が含まれるが，地理的範囲は業種・業態
により異なるであろう。前章のように，観光関連産業を大きく３つに分けると，
仲介機能産業においては，旅行地産業・運輸業の企業と買い手である個人を仲
介する機能を果たす産業として，広い地理的範囲で買い手と売り手を結ぶこと
が求められるため，「全国」のような広い範囲が考えられる[16]。また，発地と
着地を結ぶ長距離の運輸業（たとえば航空）では，「全国」のような広い範囲が
考えられる。

　最後に，宿泊業・飲食業等の旅行地産業の施設・事業所の多くは，競合関係
となるのはたとえば「市町村」[17]のような狭い地理的範囲の事業者であろう。
観光地は，交通の便がよくない地域にあるケースも多く，そのようなケースで
は地理的範囲はかなり狭く画定される可能性がある。そのような観光地では，
宿泊施設等の企業の数が限られていることが多い。以前は，このような観光地
における市場については，多くの場合寡占の状態にあると考えられてきた。

　しかしながら，旅行地にある観光施設や事業所の性格を考慮すると，より広
域的な地理的範囲のケースもあると考えられる。前述のように，大規模商業施
設のような広域に集客が期待できる施設では，地理的範囲はより広くなるであ
ろう。たとえば，東京ディズニーリゾート（TDR）やユニバーサル・スタジ
オ・ジャパン（USJ）のような著名なテーマパークでは，日本中，さらには中
国等の海外からも多数の旅行者が訪れているため，「全国」のような広い地理
的範囲で，競合関係になる可能性がある。大型商業施設やテーマパークは集客
力が強くそこへの訪問自体が観光の目的になると考えられるが，一方で，宿泊
施設，土産物等の小売店の多くは，訪問自体が観光の目的にはならないと考え
られる。そのため，これらの施設・事業所は他の要因で訪問先がまず決定され，
その後に訪問先の周辺で決定されると考えられるため，地理的範囲が狭くなる
であろう[18]。

4. 余剰分析

　いくつかの市場の形態をみてきたが，それらを比較し是非を論じるためには，評価するための判断基準や分析方法が必要である。市場における資源配分が効率的であることが，ミクロ経済学における判断基準としてよく仮定されており，その分析手法としてよく用いられているのが余剰分析である。ここでは，余剰分析について概説する。

4-1. 消費者余剰と生産者余剰

　市場における需要曲線は，市場に存在する個々の買い手が支払ってもよいと考えられる金額（支払許容額）の総和をとったものである。

　買い手の支払許容額と実際の市場価格との差は，買い手にとって利益となるが，これは経済学において消費者余剰と呼ばれるものである。すなわち，消費者余剰とは，買い手がある財・サービスを購入する場合に，支払許容額と実際に支払わなければならない金額との差である。

　市場における供給曲線は，市場に存在する個々の売り手が財・サービスを供給する際の費用の総和をとったものである。

　実際の市場価格と売り手の費用との差は，売り手にとって利益となるが，これは経済学において生産者余剰と呼ばれるものである。すなわち，生産者余剰とは，生産者がある財やサービスを提供してもよいという価格とそれらの財やサービスが実際に販売される現実の価格との差額である。

　図3-4においては，消費者余剰は，需要曲線が均衡価格を上回る部分で濃い網掛けで示されている部分である。生産者余剰は，均衡価格が供給曲線を上回る部分で薄い網掛けで示されている部分である。消費者余剰，生産者余剰の和は，総余剰と呼ばれている。

4-2. 市場の効率性

　効率性の観点からは，総余剰が最大になることが望まれる。完全競争市場は，総余剰が最大になり，パレート最適が達成される望ましい市場と考えられている。パレート最適とは，資源配分を行う際に，誰かの状況を改善しようとすれば，他の誰かの状況を悪化させることになる，すなわち資源が最大限利用され

図 3-4　消費者余剰，生産者余剰

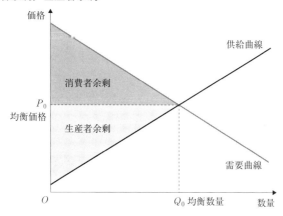

図 3-5　独占市場における余剰

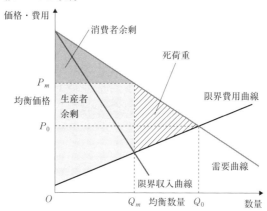

ている状態を指す。

　これに対し，独占市場においては，図 3-5 の消費者余剰は，需要曲線が均衡価格 P_m を上回る部分で濃い網掛けの部分である。生産者余剰は，供給曲線が均衡価格 P_m を下回るとともに，均衡数量 Q_m よりも左にある薄い網掛けの部分である。図 3-5 で示される消費者余剰と生産者余剰の和である総余剰は，需要曲線と限界費用曲線による総余剰と比較した場合，斜線で示される部分だけ余剰が減少することになる。このように減少した余剰は，死荷重と呼ばれている。

4-3. 余剰分析の活用例

　余剰分析は，市場の効率性やさまざまな政策の効果を検討するために用いられる手法である。余剰分析の代表的なものは，競争政策の評価である。市場において競争を促進する，または競争を制限する行為を禁止することにより，よりよい市場成果を実現する政策である。その評価の基準としては，総余剰の最大化という考えが用いられるが，消費者余剰の最大化を用いる場合もある。また，税制措置[19]，補助金等のような価格に影響を与える政策についても，余剰分析が用いられることがある。たとえば，税制の導入・変更は，その制度の変更により価格が変化し余剰が変化するが，その影響を余剰分析により評価することができる。

5. 価　格　差　別

　本章第4節までは，企業が均一な価格で財・サービスを供給する場合の経済学における分析方法について言及してきた。しかしながら，独占力のある企業は，価格を選択できるため，売上あるいは利潤を最大化するために，購入者の属性や時点等に応じて価格を変化させる戦略を採用することができる。現実には，そのような価格差別の戦略がとられることが多い。本節では，価格差別のパターンとその影響について言及する。

5-1. 価格差別と余剰

　まず，独占力のある企業が個々の買い手の支払許容額（留保価格）についての情報をもっており，それに基づき価格を設定するという極端な前提を置いて議論を進める。このような設定による価格差別は第一種価格差別と呼ばれ，企業は需要曲線に応じて価格を設定することになる。

　第一種価格差別では余剰がどのように変化するかを，図3-6をもとにみてみよう。図3-4では，需要曲線と供給曲線の交点により決まる価格の水準よりも上で需要曲線よりも下の部分が消費者余剰で，供給曲線よりも上で交点により決まる価格の水準よりも下の部分が生産者余剰である。図3-6では，価格は，需要曲線と供給曲線の交点で設定されるのではなく，その交点よりも左の部分の需要曲線上となるので，総余剰は変化しないが，消費者余剰は消滅し，その

図 3-6　第一種価格差別における価格の設定と余剰

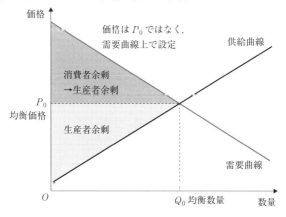

部分が生産者余剰に転換することになる。

　したがって，第一種価格差別では，総余剰が最大の状態を維持しているため，資源配分の望ましい状態を維持している。しかしながら，購入において多くの資金を支払う必要があり，買い手は不利益を被ることになる[20]。その一方で，売り手は，利潤が増加し資金を蓄積することができるようになる。そのため，施設のリニューアルが周期的に必要な宿泊施設や魅力的なアトラクションの導入が求められるテーマパークのような継続的に巨額な投資が必要になる業種では，価格差別はとくに有効な手法と考えられる。

5-2.　現実的に行われている価格差別

　前述の第一種価格差別における企業が個々の買い手の留保価格についての情報をもっているという設定は，現実的なものではないであろう。そのため，以降では，現実的に実施可能な価格差別の方法について言及する。

(1)　購入量に応じた価格差別

　企業が，購入する単位により異なる価格を設定するケースがある。大量に購入する買い手に対しては，その購入量に応じて割引を講じることはよくみられる。ミクロ経済学では，このような価格差別は第二種価格差別と呼ばれている。
　①数量割引
　大量に購入してくれる買い手に対しては，数量が多くなるにつれ割引率を大

きくするボリューム・ディスカウントと呼ばれる価格差別が実施されることがある。宿泊施設においても，連泊や大人数での宿泊をする購入者に対しては，割引を実施しているケースが多い。とくに，固定費用の割合が大きい財・サービスでは，数量が増加するに伴い追加的な費用が減少する限界費用逓減が発生するため，購入する単位による価格差別を講じたほうが利潤を拡大しやすくなると考えられる。

②二部料金制

第二種価格差別の１つの形態として「二部料金制」がある。二部料金制とは，固定的な基本料金に個々の財・サービスの購入量に応じた支払いが加算されるシステムである。費用に占める固定費用の割合が大きな企業では，固定料金と使用量に応じた従量料金からなる料金の体系を導入しているケースが多いが，電気料金，携帯電話料金等でよく用いられている価格体系である。

観光施設でも，二部料金制が導入されているケースが多い。多くのアトラクションが用意されているテーマパーク等においては，入場料金と個々のアトラクションについて，２種類の料金が買い手に課されることがある。テーマパーク等では，施設等の資本面での整備に多額の投資を必要とし，費用に占める固定費用の割合が大きいため，固定費用部分を入場料金により回収しようとするためである。

また，テーマパーク等では，１日や一定の期間における定額料金のチケットを発行することもある。定額料金のチケットは，一定期間において多くのアトラクションを利用するニーズをもつ消費者を対象とするため，定額料金は二部料金制の固定料金よりも高く設定される。一方，一定期間にそれほど多くのアトラクションを利用するニーズがない消費者は，二部料金制での支払いを選好するであろう。このように複数の料金制度を用意することで，どちらを選択するかにより個々の消費者がどの程度テーマパークを利用したいかを判断する材料となる。このように，消費者が購入行動を通じ自己の選好タイプを示すことは自己選抜と呼ばれる。また，企業は消費者の選好に関する情報を蓄積することができるため，売上を増加させるとともに，生産者余剰を増加させることが可能になると考えられる。

(2) 購入者の属性の違いによる価格差別

企業は，大人と子供・学生のように，属性の違いによる価格を設定すること

もある。美術館・博物館の入場料金，映画館の鑑賞料金でも，このような属性の違いによる異なる料金設定はよくみられる。

　前述のように，価格の引上げにより売上が増えるかどうかは，需要の価格弾力性に依存する。需要の価格弾力性は，財・サービスに依存するとともに，購入者の属性にも依存する。前述のように，市場の需要曲線は，買い手の需要の総和として構成されているが，そのなかには多様な属性の買い手が含まれている。個々の買い手の需要曲線はさまざまな形状をとるが，大人と子供・学生のように属性ごとに個々の需要曲線を足し合わせると，属性の違いにより異なる形状を示す可能性がある。

　属性別にみると，大人のほうが子供・学生よりも，同じ品質の財・サービスであっても高価格を許容することが可能であろうし，価格に対して非弾力的であると考えられる。

　売上に関しては，弾力的な買い手に対しては，価格を引き下げることにより売上が増加する。これに対し，非弾力的な買い手に対しては，価格を引き上げることにより売上が増加する。

　また，観光の需要者には異なる発地の旅行者が含まれているが，第1章の需要分析においてみたように，訪日旅行における動機の違いにより，アジアの旅行者と欧米の旅行者では異なる消費の傾向が示され，異なる形態の需要曲線をもつと考えられる。そのため，旅行者の国籍・地域により価格差別を設定することにより，売上を最大化することができるであろう。

　なお，マーケティングでは，属性により消費行動が異なることが研究されているが，価格弾力性に影響を与える属性の違いを把握し，適切に価格を設定すると，売上や利益が増加することが期待される。

(3)　時点の違いによる価格差別

　生鮮食料品の販売においては，スーパー等の閉店間際に価格を割り引くことはよくみられる。観光に関連する産業でも，航空やホテル・旅館では，逆に早い時期，あるいは直前に割引を行うこともある。このような時点の違いにより，企業は異なる価格を設定することがある。

　生鮮食料品のような耐用期間が非常に短期の財・サービスでは，翌日や数日のうちに大きく価値が減少する，あるいは無価値になってしまう。このような財・サービスは，廃棄コストがかかることを考慮すると，価格を維持して売れ

　デジタル化の進行により，供給する財・サービスについて，企業はそれを購入した買い手の属性や購入時間等のデータを大量に収集できるようになった。財・サービスを供給する企業や，上記データを処理するシステム会社等によるビッグデータの収集・解析が進み，時期や買い手の属性等に応じて価格を変化させるダイナミック・プライシングの導入が進んできている。航空運賃，宿泊料金等のように，観光に関連する分野でも導入されているケースが多い。

　航空会社では，サービスの利用時期，購入者の属性，チケットの購入時期，航空便の変更等を反映して変動する料金が設定されている。

　宿泊については，多くのホテルや宿泊や民泊の事業者の情報を掲載しているプラットフォーム事業者もダイナミック・プライシングを導入している。Airbnbは，事業者の希望条件と数多くのデータを総合的に判断しながら推奨料金を作成している。料金決定要因は70以上に及んでおり，主な要因は，エリアの人気度，シーズン，リスティングの人気度，リスティングの記載情報，予約履歴，レビュー履歴である[21]。また，Airbnbは，長期滞在や大人数での宿泊を予定する特定の優良顧客[22] に対しても，掲載されている料金よりも低い料金を提示するスペシャルオファーと呼ばれる仕組みも有している。

　観光施設でも，ユニバーサル・スタジオ・ジャパン（USJ）は，2019年1月に季節の需要の変動を考慮したダイナミック・プライシングを導入している。東京ディズニーリゾート（TDR）でも，2021年3月より時期や曜日ごとにチケット価格を変動させている。

　また，スポーツ観戦においても，チケット販売においてダイナミック・プライシングが導入されている。プロ野球では，2016年から福岡ソフトバンクホークスがヤフーと共同で実証実験を行い，その後多くの球団で導入されている。Jリーグでも，2018年よりセレッソ大阪，ガンバ大阪，川崎フロンターレ等のクラブで導入が進められている。

残るよりも，価格を引き下げ，できるだけ売りつくしたほうが売上や利潤の増加につながると考えられる。

　ホテル・旅館等では当日の宿泊に対しては，安い料金を提示することがある。固定費用の割合が大きく限界費用の増加が小さい財・サービスを供給する業種においては，できるだけ多く数量を供給させること（稼働率を高めること）に

よって利潤を得やすくなるからである。

5-3. 価格差別を行うことができる条件

　前述のような価格差別は，売り手の生産者余剰を増加させることができるが，それが実現されるにはいくつかの条件が満たされなければならない。

　たとえば，企業が買い手の属性に応じた価格差別を実施した場合，特定の財・サービスを低い価格で販売する場合と高く販売する場合が併存するため，ある需要者が低い価格で購入して，高くても購入したい需要者に転売する裁定を行う可能性がある。したがって，売り手には，このような裁定の機会を発生させないため，消費する本人であるかを確認する方法が求められる。そのため，学生であることのような個人の属性に応じて価格が設定される価格差別では，それを証明してもらうことになる。学生割引の場合は，財・サービスの購入やその消費の際に学生証を提示してもらうことが行われる。

注 ——————

1　数量を説明変数に価格を決定するこの関数は，逆需要関数と呼ばれる。

2　買い手独占のような市場も存在するが，本書では紙幅の関係からとくに言及しない。

3　完全競争市場において，取引価格が需要と供給を一致させる均衡価格に調整されること。

4　このような費用構造には，規模の経済性があるといわれる。

5　ラーナーの独占度とも呼ばれる。

6　ゲーム理論では，利得表と呼ばれる。

7　他の寡占市場のモデルについては，参考文献に掲げた他のミクロ経済学の文献を参照してほしい。

8　宿泊業では，サービス内容での差別化が存在するという仮定で議論を進めている。

9　このような財・サービスの消費を決定する複数の要因と価格との関係を考察する関数は，ヘドニック関数と呼ばれる。

10　公正取引委員会のホテルに関する市場の画定では，サービスの内容により，宿泊に加え，レストラン，宴会，ウェディング等のサービスを提供するフルサービス，宿泊に特化したリミテッド・サービスという異なる分類がある。なお，市場の画定については，本章第3節を参照のこと。

11　具体的には，色，デザイン，味の甘さ・辛さ等の違いを指す。ホテリング等のモデルにより分析されている。

12　SSNIP は，スニップと呼ばれている。

13　和訳は公正取引委員会［2017］に基づく。

14　公正取引委員会［2017］に基づく。

15　公正取引委員会の以下の「一定の取引分野の例」によると，小売業においても業態の違いによる

地理的範囲は大きく異なっている。https://www.jftc.go.jp/dk/kiketsu/toukeishiryo/index_files/1806torihikibunnya.pdf

16 地域限定旅行業者のような，特定の地域のサービスを提供する事業者の場合は，狭い地理的範囲が想定される。

17 上記の「一定の取引分野の例」では，フルサービス・ホテル，リミテッド・サービス・ホテル，旅館については，「市町村」を地理的範囲としている。

18 ただし，ラグジュアリー・ホテルや老舗旅館のように，サービスの特異性やソフトな力がある場合には，集客力が強くそこへの訪問自体が観光の目的になる可能性があろう。

19 第8章では，地方公共団体による宿泊税の導入に関する余剰分析に言及する。

20 競争政策においては，消費者余剰が減少することは問題視されることがある。

21 airbnb の推奨料金については，以下を参照のこと。
https://blog.atairbnb.com/smart-pricing-locale-ja/

22 奥瀬［2019］によると，スペシャルオファーを活用できる顧客の条件としては，人数・期間等の宿泊に関するものだけでなく，事業者へのレビューも考慮される。

引用・参考文献

Airbnb 「中の人が語る，『スマートプライシング』のメカニズム」
　　https://blog.atairbnb.com/smart-pricing-locale-ja/

花薗誠［2018］『産業組織とビジネスの経済学』有斐閣

依田高典・林秀弥［2006］「市場画定」柳川隆・川濱昇編『競争の戦略と政策』有斐閣，所収

公正取引委員会［2016］「平成27年度における主要な企業結合事例について　事例9 ㈱ファミリーマートとユニーグループ・ホールディングス㈱の経営統合」

公正取引委員会［2017］「企業結合審査の考え方について（参考資料）」平成29年12月6日事務総長定例記者会見配布資料

公正取引委員会［2019］「平成30年度における主要な企業結合事例　事例12 小田急電鉄㈱による㈱ヒューマニックホールディングスの株式取得」

Mankiw, N. G. [2012] *Principles of Economics*, 6th ed., South-Western Gengage Learning.（足立英之・石川城太・小川英治・地主敏樹・中馬宏之・柳川隆訳［2013］『マンキュー経済学I　ミクロ編（第3版）』東洋経済新報社）

永田良・荻沼隆・荒木一法［2019］『標準ミクロ経済学（第2版）』東洋経済新報社

小田切宏之［2019］『産業組織論——理論・戦略・政策を学ぶ』有斐閣

奥瀬喜之［2019］「価格戦略の拡張——エアビーアンドビー」西川英彦・澁谷覚編『1からのデジタル・マーケティング』碩学舎，所収

Stabler, M. J., A. Papatheodorou and T. M. Sinclair [2010] *The Economics of Tourism*, 2nd ed., Routledge.

Stiglitz, J. E. and C. E. Walsh [2006] *Economics* 4th ed., WW Norton & Company.（藪下史郎・秋山太郎・蟻川靖浩・大阿久博・木立力・宮本亮・清野一治訳『スティグリッツ　ミクロ経済学（第 4 版）』東洋経済新報社）

山本史門［2019］「観光と文化」後藤和子・勝浦正樹編『文化経済学――理論と実際を学ぶ』有斐閣，所収

第II部

観光産業

第4章 仲介業
空間を越える取引ツール

はじめに

　第2章で述べたように，地理的に離れた非日常圏への旅行を実行するには，買い手（旅行者）は自身の居住地（発地）から旅行地（着地）までの情報を入手し，自身のニーズに合致する財・サービスの売り手を見つけ出し，取引する必要がある。同様に，売り手である旅行地に立地する宿泊施設や移動のための運輸業者も，自身の財・サービスを購入しようとする旅行者を見つけ出し，取引する必要がある。旅行における買い手と売り手を結びつける（仲介する）経済主体が，旅行業者である。

　本章では，旅行における仲介機能を担う旅行業者を取り上げるが，まず旅行業法に基づき，法令で規定されている旅行業者や旅行業者代理業等の業務内容について説明する。

　次に，旅行業者のような仲介業の機能について言及する。前述のように，観光では需給の地域が離れているため，情報の非対称性が存在することや，必要な手続きや手配が円滑に行いにくいというような問題があるが，これらを解消するものとして仲介機能を有するマルチサイド・プラットフォーム（multi side platform：MSPF）が存在する。本章では，プラットフォームは，コミュニケーションや取引の基盤となるものを指すこととする。なお，昨今の急速なデジタル化の進展により，MSPFは，多様な分野においてウェブサイトによる迅速な取引を可能にしている。MSPFでは，他のサイドへの間接ネットワーク効果が働くことにより，売り手と買い手の両サイドの利用者数が螺旋的に増加していくことになる。

　最後に，間接ネットワーク効果を考慮した場合に，MSPF事業者が価格の設定をどのようにすべきかを検討する。

1. 観光における仲介機能と旅行業法

　旅行業法は，旅行業等を営む者に対して登録を求め，あわせて旅行業等を営む者の業務の適正な運営を確保するとともに，旅行業協会の適正な活動を促進することにより，旅行業務に関する取引の公正の維持，旅行の安全の確保および旅行者の利便の増進を図ることを目的として制定されている。

1-1. 旅行業に関する規制

　旅行業法においては，報酬を得て以下のような行為を営もうとする者は，観光庁長官または都道府県知事による旅行業または旅行業者代理業（以下「旅行業者等」という）の登録を受けなければならないとされている。

- 旅行の目的地および日程，運送・宿泊等のサービスの内容ならびに旅行者が支払うべき対価に関する事項を定めた旅行に関する計画の作成，当該計画における運送・宿泊等のサービスに関わる契約を旅行者と運送・宿泊等の事業者との間で締結するなどの行為
- 旅行者の案内，旅券の受給のための行政庁等に対する手続きの代行その他旅行者の便宜となるサービスを提供する行為
- 旅行に関する相談に応ずる行為

　このように，旅行業者等は，買い手である旅行者，売り手である旅行地産業・運輸業等の企業（サプライヤー）とを仲介し，代行する機能等を担うことが規定されている。旅行業者等の業務としては，旅行業法では，企画旅行と手配旅行が存在し，個々の売り手と買い手をマッチングさせるだけでなく，複数の売り手の宿泊サービス，運送サービスを組み合わせたプランとしての旅行商品（企画旅行）も提供している。ちなみに，デジタル化の進展が著しい昨今では，航空便をはじめとする交通手段と宿泊施設を旅行者の好みに応じて自由度高く組み合わせることができるダイナミック・パッケージと呼ばれる旅行商品の提供も浸透しつつある[1]。

1-2. 旅行業者等の区分と業務範囲

　ここでは，企画旅行と手配旅行に言及した後に，旅行業者等の区分と業務範囲について概説する。

⑴ 企 画 旅 行

　旅行業法における企画旅行には，募集型と受注型が存在する。

　募集型企画旅行は一般的にはパッケージ・ツアーやパック旅行と呼ばれるもので，旅行業者があらかじめ，旅行の目的地および日程，運送や宿泊などの旅行サービスの内容と旅行代金を定めた旅行に関する計画を作成し，パンフレットやインターネット等で旅行者を募集して実施する旅行のことである。

　受注型企画旅行は，旅行者からの依頼により，旅行業者が旅行の目的地および日程，運送や宿泊等の旅行サービスの内容と旅行代金を定めた旅行に関する計画を作成・提案し，実施する旅行のことで，修学旅行等が該当する。

⑵ 手 配 旅 行

　手配旅行は，旅行業者が旅行者の委託により，旅行者のために運送や宿泊等の旅行サービスの提供を受けることができるよう手配を引き受ける委任契約のことである。旅行業者は旅行日程に従って旅行サービスを手配するだけでなく，旅程を管理する義務を負う。

⑶ 旅行業者等の区分と業務範囲

　旅行業者は，業務の範囲により，第一種旅行業者，第二種旅行業者，第三種旅行業者，地域限定旅行業者に区分される（表4-1）。また，これらの業務について実施できる業務の範囲と登録を行う行政庁が異なる。昨今の旅行業法の改正では，観光による地域活性化の観点から第三種旅行業者の業務範囲の拡大や地域限定旅行業者の創設が実施された。

　旅行業者代理業は，登録を受けることにより所属旅行業者の旅行業務を取り扱うことができるもので，観光圏内限定の旅行業者代理業者も存在する[2]。

　2018年1月より，表4-1の区分に旅行サービス手配業が加わった。旅行サービス手配業は，日本国内において以下のようなランドオペレーター業務を行う場合に，都道府県知事の登録が必要となる業務である。

- 運送（鉄道，バス等）または宿泊（ホテル，旅館等）の手配
- 全国通訳案内士および地域通訳案内士以外の有償によるガイドの手配
- 免税店における物品販売の手配

　なお，2018年1月以前に旅行業登録のある事業者は，重複しての登録を受ける必要はない。

表 4-1　旅行業者等の区分と業務範囲

旅行業等の区分		登録行政庁(申請先)	企画旅行			手配旅行
			募集型		受注型	
			海外	国内		
旅行業者	第一種	観光庁長官	○	○	○	○
	第二種	主たる営業所の所在地を管轄する都道府県知事	×	○	○	○
	第三種	主たる営業所の所在地を管轄する都道府県知事	×	△(隣接市町村等)	○	○
	地域限定	主たる営業所の所在地を管轄する都道府県知事	×	△(隣接市町村等)	△(隣接市町村等)	△(隣接市町村等)
旅行業者代理業		主たる営業所の所在地を管轄する都道府県知事	旅行業者から委託された業務			

観光圏内限定旅行業者代理業(観光圏整備実施計画において認定を受けた宿泊業者)	観光圏整備計画における国土交通大臣の認定	旅行業者から委託された業務(観光圏内限定,対宿泊者限定)

（出所）　観光庁サイト「政策について（旅行業法）」より作成。

1-3.　旅行業者等の推移

　旅行業者数の推移は，表 4-2 のとおりである。

　海外の募集型企画旅行を実施できる第一種旅行業者は，2010 年代半ばまで減少傾向だったが，近年は年による増減はあるが横ばいである。これに対し，第二種旅行業者は 2010 年代半ば以降は増加の傾向にある。地域振興のための着地型旅行[3]の普及を目的に 2013 年 4 月に新設された地域限定旅行業者は，2019 年まで増加傾向にある。

　登録を受けある一社の旅行業者（地域限定旅行業者を除く）の旅行業務を取り扱うことができる旅行業者代理業者は，減少傾向にある。

　最後に，2018 年より登録が必要になった旅行サービス手配業者は，19 年には増加している。

1-4.　観光における仲介機能の必要性

　次に，観光における仲介機能の必要性について，買い手，売り手，市場の 3

表 4-2　旅行業者数の推移

年	第一種 旅行業者	第二種 旅行業者	第三種 旅行業者	地域限定 旅行業者	旅行業者 代理業者	旅行サービ ス手配業者
2010	769	2,744	5,891	―	879	―
2011	738	2,785	5,837	―	880	―
2012	726	2,799	5,749	―	872	―
2013	701	2,869	5,738	―	837	―
2014	696	2,777	5,625	45	835	―
2015	697	2,776	5,524	77	810	―
2016	708	2,827	5,668	118	779	―
2017	704	2,914	5,789	144	750	―
2018	688	2,980	5,816	200	706	717
2019	691	3,022	5,803	267	675	1,102

（注）　2018 年以外の各年は 4 月 1 日現在。2018 年は 5 月 1 日現在。
（出所）　日本旅行業協会サイト，日本交通公社［2019］より作成。

つの観点から言及する。

(1)　買い手にとっての必要性

　買い手（旅行者）が，自身の居住地（発地）から離れた非日常圏の旅行地
（着地）を旅行する場合（とくに初めての訪問の場合）には，旅行地の観光スポ
ットや宿泊施設，観光施設等の施設，観光ガイド・通訳等のサービスについて，
よく知らないケースが多いであろう。そのため，旅行者は，旅行地の情報を入
手し，どの企業・個人の財・サービスを利用するかを選択しなければならない。
　例として，宿泊施設をもとに説明する。旅行地にいくつかの宿泊施設がある
場合，そのなかから自身のニーズにあったものを探そうとすると，個々の宿泊
施設に問い合わせて，価格，立地，部屋の面積等の施設の特徴，夕食・朝食の
有無等を確認することは，労力を要する作業となる。その作業の代わりに，旅
行業者に問い合わせたり，ウェブサイトで検索するほうが，買い手は効率的に
自身のニーズにあう宿泊施設を選択できるであろう。

(2)　売り手にとっての必要性

　宿泊施設等の売り手（サプライヤー）は，遠い地域に居住する旅行者に情報

を提供し，予約してもらう販売促進のための行動をとらなければならないが，そのためには労力や費用がかかることになる。とくに，外国人に対しては，売り手は母国語ではない言語でのコミュニケーションが求められることがあり，よりいっそうの負担となるであろう。また，とりわけ，知名度の低い小規模なホテルや旅館，民泊事業者等は，効果的なプロモーションを実施することが困難であろうし，自社サイトを開設してもあまりアクセスしてもらえないであろう。

　上記のような問題を抱える売り手にとっては，仲介機能を有する旅行業者を活用することを通じて，適切な費用の範囲内[4]で，より多くの買い手（旅行者）との接点をもつ機会を得やすくなるであろう。とくに，小規模な施設の事業者が大多数であると考えられる民泊では，MSPF を活用することにより，買い手に自身の施設にアクセスしてもらう可能性が増加することが期待される。

(3) 市場にとっての必要性

　需要曲線は，価格が高いと需要量が少なく価格が低くなるにつれ需要量が増加する右下がりになることが一般的であるが，財・サービスに関する十分な情報がない場合には，そのような形状にならないことがある。「安かろう悪かろう」といわれるように，一般的には，財・サービスの価格が高ければ品質がよく，価格が低ければ品質が悪いと思われている。消費者のなかにはこのような懸念を抱く者がおり，著しく安い価格帯になると，需要曲線[5]の需要量が減少するようになると考えられる。このような買い手に財・サービスの十分な情報がない「情報の非対称性」と呼ばれる状況では，需要曲線が後方屈曲的になることにより市場均衡の水準が低下し，旅行地やそこに存在する宿泊施設や飲食店，観光施設等の財・サービスの供給量が過小となる可能性がある（図4-1）。

　そのため，仲介機能を有する旅行業者が，旅行者に必要な情報を提供することを通じて，情報の非対称性の解消に一定の役割を果たし，屈折した需要曲線を完全情報の状態に近づけることが期待される。具体的には，旅行業者が，旅行地に向かうための交通手段，旅行地における交通手段（二次交通），旅行地の宿泊施設，観光施設，名所・旧跡等の観光スポット等の情報を提供することで，旅行の手配を行ったり，企画旅行についての情報を提供することである。

図 4-1　情報の非対称性の場合の需要曲線と市場均衡の変化

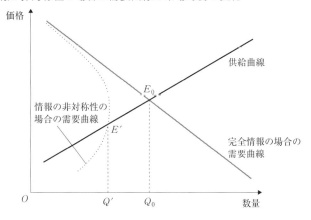

2. 仲介機能とマルチサイド・プラットフォーム

　前述のように，観光では，買い手である旅行者と売り手であるサプライヤーが離れた地域に存在するため，これらの経済主体に対し情報を提供し，両者の取引を成立させる仲介機能が必要となっている。まず，仲介機能に対する，昨今のミクロ経済学での特徴に触れたうえで，旅行以外の分野も含め仲介機能の担い手について言及する。

2-1. マルチサイド・プラットフォームの要件

　多数の売り手と多数の買い手を仲介する機能は，昨今のミクロ経済学においてマルチサイド・プラットフォーム（MSPF）と称され，注目される研究分野となっている。このような MSPF は，ミクロ経済学において以下のように特徴を有するものとされている。
- プラットフォームは，2つ，あるいはそれ以上の異なるサイドを有し，それぞれのサイドに利用者が存在する。
- プラットフォームでは，2つ，あるいはそれ以上の異なるサイドに対し直接の情報のやりとり・取引等を可能にしている。

2-2. 仲介機能の担い手

　プラットフォームを構築し，仲介機能を担おうとする業種・業態は，旅行業者以外でも多数存在する。小売では多くの売り手の多様な商品を大量に多数の買い手に販売するスーパーマーケットや百貨店の業態がある。金融でも，多数の企業の有価証券（株式・債券等）を多数の投資家との間で売買の取次ぎや引受けを行う証券会社がある。住宅・オフィス等では，不動産の所有者とこれらを探している消費者を仲介する不動産仲介業がある。

　観光においては，買い手と売り手の仲介機能は，従来は主に旅行業者の店舗が担ってきた。旅行業者の店舗では，旅行者からの依頼を受け，宿泊施設や運送（鉄道，バス，航空機等）を手配したり，旅行業者の企画した企画旅行を募集すること等が一般的であった。ちなみに，旅行業者の仲介する機能としては，情報を提供するだけでなく，宿泊施設や交通手段の予約・手配という手続を行うことも挙げられる。国際観光では，上記に加え，パスポート，ビザ，現地通貨の手配等の手続きも必要になることがある。さらに，サービスの購入者に随行し，添乗員が旅行をサポートするサービスが求められることもある。ちなみに，先に紹介したスーパーマーケット，百貨店，証券会社，不動産仲介業等でも，実在する店舗を通じてオフラインのMSPFによる取引が確立されている。

2-3. デジタル化とマルチサイド・プラットフォーム

(1) デジタル化によるマルチサイド・プラットフォームの普及

　昨今では，デジタル化の急速な進展とともに，インターネット上のウェブサイトによるオンラインでの仲介機能を担う事業者が多数出現するようになった。インターネットによる取引は，前述の業種・業態にとどまらずゲーム，音楽・映像配信，通信販売等の多様な分野に広がり，一般的なものになってきている。また，インターネットを活用することを通じ，仲介機能はスピード面でもコスト面でも効率的なものになった。この結果，Amazon.comのように，国際的に巨大な電子商取引のデジタルMSPFを構築する企業が登場している。

　観光における取引においても，Booking.com，Expedia等のデジタルMSPF事業者[6]が出現するようになった。ちなみに，インターネット上だけで取引を行う旅行業者は，オンライン・トラベル・エージェント（online travel agent：OTA）と呼ばれる。

　わが国においても，楽天[7]，リクルート[8]等によるOTAが出現しているが，

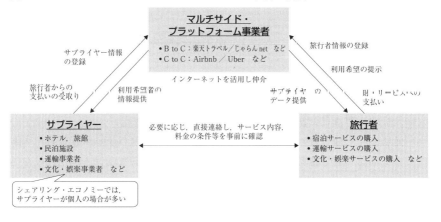

図4-2　マルチサイド・プラットフォームによる取引の概要

既存の旅行業者がウェブサイトによる取引を促進するようになっている。

　OTA をはじめインターネット取引を拡大させる枠組みとして，図4-2のようなデジタル MSPF が広まってきている。OTA だけでなく，従来から旅行者とサプライヤーの仲介機能を担ってきた既存の旅行業者も，両者をマッチングできるウェブサイトを構築している企業が多くなっている。

　OTA を含む旅行業者は，デジタル MSPF を通じて宿泊施設の手配の仲介だけでなく，企画旅行の商品も販売している。企画商品は，航空便をはじめとする交通手段と宿泊施設を任意に組み合わせることができるダイナミック・パッケージという形態で提供されることもある。

　なお，ウェブサイトを介して売り手と買い手の取引の仲介を行う事業者は，場貸しサイトやメタサーチという形態であれば，必ずしも旅行業法の旅行業者の登録をする必要はない。

　場貸しサイトは，宿泊施設や交通機関，旅行業者等に，旅行商品の紹介・申込みなどに関する情報提供の場として運営されるウェブサイトで，申込みや支払い等は，旅行者と宿泊施設・交通機関，旅行業者等で直接行われる。

　また，メタサーチとは，複数の検索システムや情報源を横断的に検索し，これらをまとめた検索結果を得ることができるシステムで，他の OTA のサイトや場貸しサイトにある宿泊施設や旅行商品の情報を一覧できるようにして，旅行者に対し多数の商品の内容や価格等を比較しやすいようにみせる形態も存在する。

(2) デジタル・マルチサイド・プラットフォームとシェアリング・エコノミー

　上述のように，デジタル MSPF は，B to C[9] 型を中心に普及していったが，昨今ではシェアリング・エコノミーの浸透により個人事業主等を含めた C to C[10] 型も登場してきている。シェアリング・エコノミーとは，ある個人・企業が所有する施設・設備，サービス等を他の個人・企業が必要なときにシェアして活用することである。既存の施設・設備等をシェアして利用する形態の普及は，個人の小規模な投資でも市場に参入することを可能にしている。とくに，既存住宅の一部を宿泊用に活用する形態は，近年民泊として広く知られるようになった。

　ちなみに，「住宅宿泊事業法」が施行される 2018 年 6 月以前は，日本では民泊に関する制度が未整備であったにもかかわらず，15 年には日本の Airbnb に掲載された施設に宿泊したインバウンド・ゲストの数は約 130 万人となっていた。これは，デジタル MSPF である Airbnb の仲介が，有効に機能した結果と考えられる。

　法令がなかったにもかかわらず民泊が普及した事態を受け，政府は適切な民泊の普及を図るために法制度化を進め，2017 年 6 月に住宅宿泊事業法が成立した。現在は，法令で規定された民泊物件は増加し，観光庁によると[11]，2019 年 9 月 30 日時点での住宅宿泊仲介業者等[12] が取り扱う民泊物件数は，延べ 9 万 6648 件となった[13]。

　観光においては，民泊以外でも，シェアリング・エコノミーの形態の取引が広がってきている。移動に関連しては，カーシェアリングやタクシーやマイカーを共同で利用する形態も出現している[14]。ほかにも，施設・スペースでは，手荷物の預かり用のスペース，海のレジャーのためのボートのシェア，さらに能力・スキル等では，観光ガイドのシェア等のようなシェアリング・エコノミーのサービスが提供されている。

　なお，民泊，ライドシェアをはじめとするシェアリング・エコノミーの普及に拍車をかけた背後には，Airbnb，Uber 等のようなデジタル MSPF の存在がある。デジタル MSPF は，インターネットを通じて，従来よりも迅速にその需要を見出し仲介させる機能を有するため，個人を含め小規模な事業者も多数市場参入できるようになった。その結果，民泊のケースでは，Airbnb が急速に拡大し，紹介可能な客室数は既存の大手ホテル・チェーンを超える水準に達している。

3. 旅行者の旅行形態と情報収集，予約手段

第2節では，仲介機能やMSPFについて述べたが，ここでは，買い手である旅行者がよく用いる旅行形態，旅行計画の際の情報源，予約の手段等について言及する。

観光庁「旅行・観光消費動向調査」によると，2019年の国内旅行における旅行形態では個人旅行の割合は宿泊旅行では88.0%，日帰り旅行では90.3%となっている。また，海外旅行では個人旅行が64.4%を占めている。このように，昨今のわが国の旅行者は，パック・団体旅行ではなく個人旅行を選好するようになっている。

個人旅行では旅行者個人が旅行計画を立てる必要があるが，その情報源としては，国内旅行・海外旅行とともにトップは「ネットの検索サイト」である。国内旅行では「宿泊施設のホームページ」がこれに続くのに対し，海外旅行では「旅行会社のパンフレット」「旅行ガイドブック」の紙媒体が続いている（表4-3）。

予約によく使う方法では，国内旅行においては「ネット専門の旅行予約サイト」が最も多く，2番目，3番目に多い方法もウェブサイトが続いており，ウェブサイトを用いることが主流になっている。これに対し，海外旅行においては「旅行会社の店舗」が最も多く，2番目に多い方法も「旅行会社のウェブサ

表4-3　旅行計画の情報源と予約によく使う方法

		国内旅行		海外旅行	
旅行計画の情報源	ネットの検索サイト	69.5%	ネットの検索サイト	35.5%
	宿泊施設のホームページ	51.0%	旅行会社のパンフレット	32.4%
	旅行会社のパンフレット	42.3%	旅行ガイドブック	31.3%
予約によく使う方法	ネット専門の旅行予約サイト	46.4%	旅行会社の店舗	25.7%
	宿泊施設のウェブサイト	31.4%	旅行会社のウェブサイト	15.8%
	旅行会社のウェブサイト	29.6%	ネット専門の旅行予約サイト	14.2%

（注）　実施した調査は，表に記載以外の選択肢も存在し，回答は複数選択できる方式である。

（出所）　日本交通公社［2019］より作成。

　取引の成約前の段階において，売り手は財・サービスについての情報を買い手に提供し，購入に納得してもらうための活動が必要になる。旅行業法においては，上述のように，旅行業者が相談を受けた旅行を検討している者から相談料を徴収することは認められている。しかしながら，現実には，成約前の情報提供に関する費用は，無料となっている場合が多い。

　当然のことではあるが，取引成約前の情報提供には担当した従業員の人件費等がかかるため，企業はその費用をなんらかの方法で回収しなければならない。費用を回収する方法は，主に，成約前の情報提供に関わるサービスのカテゴリーを設けその費用を直接徴収するか，販売する財・サービスの価格に転嫁するかになる。旅行相談料は，前者にあたるであろう。

　たとえば金融業をはじめとした他のサービス業において，情報提供によるコンサルティングによる収入を目指す企業が多くなっている。旅行業者でも，手数料収入からコンサルティング収入へとビジネス・モデルの転換が目標に掲げられるようになった。

　なお，情報提供による収入を得るためには，ニーズに応えた情報を提供し，旅行者の選択をサポートできることが求められるであろう。公益財団法人日本交通公社［2019］によると，旅行業者の店舗の利用が多いのは，国内旅行に比べ海外旅行であることから，海外旅行に関連する情報には一定のニーズがあるものと考えられる。逆に，国内旅行では，ウェブサイトを利用することが主流であり，デジタルMSPFを利用することで十分ということであろう。

　もし，あまりニーズがないということであれば，成約前の情報提供の有料化は，店舗への足が遠のくことになり，単に買い手が利用しなくなるだけでなく，売り手（サプライヤー）がそのMSPFを利用しなくなることも考えられる。つまり，間接ネットワーク効果が，MSPFにとって逆に作用する可能性がある。したがって，店舗での相談料を徴収することは，必ずしも収益を高めることにつながらないであろう。

　それでは，収益性を高める必要のある旅行業者にとって，どのようなコンサルティングが考えられるであろうか。MSPFでは，旅行者ではないサイド（たとえば，宿泊施設）の利用者に対するコンサルティングが存在すると考えられる。MSPFは個人のアクセス，購入等の大量のデータを分析することから，宿泊施設等のサプライヤーとって有用な示唆を見出すことができるであろう。とくに，

> デジタル化されている場合は，データの処理・解析が容易になる。旅行業者にと
> っての情報提供の有料化・コンサルティングの方向性は，事業者向けにあるので
> はないだろうか。

　イト」となっており，旅行業者がよく活用されている（表4-3）。
　以上のように，日本人の間では，国内旅行を中心に，デジタル MSPF の活
用が普及してきている。

4. マルチサイド・プラットフォームの特徴

　デジタル MSPF は，利用者数が増加すると発生する「ネットワーク外部性」
が働くことで，その効用・価値が増加するが，本節では MSPF が利用者に与
える影響に関する特徴について説明する。

4-1. ネットワークと外部性

　まず，ネットワーク効果の議論に先立ち，「ネットワーク」と「外部性」に
ついて簡単に触れる。
　ここで用いるネットワークとは，コミュニケーションや取引の基盤となるプ
ラットフォームを利用する共通の属性を有する個人・企業等のグループを指す
こととする。プラットフォームは，オフラインの店舗によるものもあれば，情
報通信技術を活用したシステムによるものもあるが，以降では後者を中心に議
論を進める。ちなみに，MSPF における共通の属性とは，商取引における売
り手・買い手を指すことが多い。
　次に，外部性とは，個人・企業がある取引を行うときに，その取引が取引当
事者以外の第三者に影響を及ぼすことである。便益を享受できる場合は正の外
部性（外部経済）と呼ばれ，損失を被る場合は負の外部性（外部不経済）と呼ば
れる。
　ネットワーク外部性とは，ネットワークにおける個人・企業のプラットフォー
ムの利用者数が多くなればなるほど，外部性が大きくなる効果である。図
4-3 で示すように，ネットワーク外部性には，直接的なものと間接的なものの
2種類が存在する。以降において，直接ネットワーク効果と間接ネットワーク

図 4-3　直接ネットワーク効果と間接ネットワーク効果

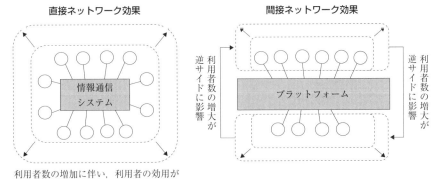

直接ネットワーク効果

情報通信
システム

利用者数の増加に伴い，利用者の効用が
高まり，利用者数がいっそう増加

間接ネットワーク効果

プラットフォーム

利用者数の増大が逆サイドに影響

利用者数の増大が逆サイドに影響

効果について説明する。

4-2. 直接ネットワーク効果

　電話，FAX 等の情報通信サービスは，その利用者が増加すればするほど利用価値が大きくなる。たとえば，電話では，利用者が1者しかいない電話網は誰とも通話できず無価値だが，他の1者が加入すると相互に通話できるという利用価値が発生する。さらにもう1者が加入すれば，2者の相手に通話できる状態となり，利用価値がより増加する。ネットワークの個人・企業に対しコミュニケーションや取引等のサービスを提供する基盤となるプラットフォームは，利用者が多ければ多いほど利用価値は増加し，普及率が一定の水準（クリティカル・マス）を超えると「加入しないと不便なので加入しないわけにはいかない」というインセンティブが働くことになる。このように，「ネットワーク外部性」は，財・サービスそのものの性能には関係なく利用者数によって利用価値が変化する外部性である。利用者数の増加により，その利用者と同じ属性のグループが享受できるネットワーク外部性は，直接ネットワーク効果と呼ばれる。

　インターネットの普及により出現した Facebook，Twitter，Instagram，LINE 等のような SNS[15] においても，利用者数が多くなると個人・企業とつながる機会が増えるため，直接ネットワーク効果が大きくなる性格を有する。

　なお，直接ネットワーク効果は，複数のサイドをもたないプラットフォームにおいても発生する。

4-3. 間接ネットワーク効果

間接ネットワーク効果は，2つ以上の属性のグループが取引する MSPF において生じるネットワーク効果である。その効果について，旅行を計画している旅行者と宿泊施設との取引を仲介する宿泊予約システムを例に説明する。

買い手である旅行者の宿泊予約システムの利用者数[16] が増加し一定数（クリティカル・マス）を超えた場合には，売り手である宿泊施設の情報を検索したときの購入の可能性が高まるため，宿泊施設の宿泊予約システムの利用価値が高まるという外部性が，間接ネットワーク効果である。

同時に，この効果は，MSPF の他のサイドでも発生する。売り手である宿泊施設の宿泊予約システムの利用者数が増加すると，買い手である旅行者にとっては選択肢が増加し，買い手自身の希望に応じた宿泊サービスを購入できる可能性が高くなるという間接ネットワーク効果がもたらされる。

4-4. マルチサイド・プラットフォームが与える影響

上述のように，買い手のサイドの利用者数が増加することで，売り手のサイドに対する間接ネットワーク効果が発生し，利用者数が増加する。この結果，売り手のサイドの利用者数の増加によって，買い手のサイドに対する間接ネットワーク効果が発生し，利用者数が増加する。間接ネットワーク効果が逆サイドに対して相互に影響することから，両サイドの利用者数が螺旋的に増加していくことになる。

そのため，MSPF においては需給の両サイドにおいて間接ネットワーク効果が働き螺旋的に利用者数が拡大していくことから，複数の MSPF 間の優劣が明確になると，買い手・売り手ともに地滑り的に有力 MSPF を利用するようになり，一気に寡占化・独占化することがある。

MSPF がもたらす恩恵は，とくに，知名度の低い小規模な事業者にとって大きいと考えられる。ブランド力がある有力なホテルチェーンでは，自社のサイトでも予約を得ることが可能であるかもしれないが，知名度の低い小規模なホテルや旅館，さらに民泊事業者にとっては，MSPF に登録することを通じて多くの買い手（旅行者）との接点をもつことができる可能性がある。とくに，小規模の事業者がほとんどであると考えられる民泊のケースでは，上述の点でのメリットが大きいであろう。そのため，Airbnb は急速に拡大することになり，紹介可能な客室数は既存の大手ホテル・チェーンをはるかに超える水準に

達している。

5. マルチサイド・プラットフォームの価格設定

　第4節でみたように，MSPF には間接ネットワーク効果から螺旋的に両サイドの利用者数あるいはアクセス数が増加する傾向があるため，MSPF 事業者はこの間接ネットワーク効果を考慮して価格設定を行う必要がある。本節では，旅行者と宿泊施設との取引を仲介する宿泊予約システムを念頭に価格設定を検討する。

　企業が利潤を最大化することを前提とすると，MSPF 事業者は，宿泊予約システムにおける買い手と売り手の双方のサイドから利潤を得る可能性があり，双方の和を最大とする価格の設定を検討する必要がある。

5-1. ラーナーの公式の変形

　利潤を最大化する場合には，第3章におけるラーナーの公式で，プライス・コスト・マージン（マージン率）が需要の価格弾力性の逆数に一致する式を示したが，同式は，マージン率に関連して間接ネットワーク効果（外部性）を考慮すると，次のように変形できる[17]。下式では，旅行者のアクセス数を n_t，取引手数料を $p_t(n_t)$，旅行者への財・サービスの限界費用を MC_t とし，旅行者にとっての間接ネットワーク効果がもたらす外部性 E_t は，サプライヤーの利用者数 n_s により規定される関数を $E_t(n_s)$ とし，旅行者の需要の価格弾力性を η_t としている。

$$\frac{p_t(n_t) - (MC_t - E_t(n_s))}{p_t(n_t)} = -\frac{\mathrm{d}p_t(n_t)}{p_t(n_t)} \bigg/ \frac{\mathrm{d}n_t}{n_t} = \frac{1}{\eta_t}$$

ちなみに，サプライヤーのサイドの式は，以下のようになる。

$$\frac{p_s(n_s) - (MC_s - E_s(n_t))}{p_s(n_s)} = -\frac{\mathrm{d}p_s(n_s)}{p_s(n_s)} \bigg/ \frac{\mathrm{d}n_s}{n_s} = \frac{1}{\eta_s}$$

　上式に基づくと，複数のサイド（たとえば，旅行者のサイドと宿泊施設のサイ

ド）におけるマージン率は，間接ネットワーク効果がない場合には，需要の価格弾力性の低い（非弾力的な）サイドをより高いマージン率にし，それに応じた価格を設定することが望ましいが，MSPF では間接ネットワーク効果があるため，事業者がそのような設定を行うことは必ずしも望ましいとはいえなくなる。そのため，以降では，需要の価格弾力性，間接ネットワーク効果に着目して議論を進める。

5-2. 需要の価格弾力性を考慮した価格の設定

　需要の価格弾力性は，第 1 章において財・サービスの必需性により変化することが示されたが，必需性は MSPF の需要者の属性にも依存する。本項では，宿泊予約システムのように，買い手のサイドと売り手のサイドがある場合において，MSPF 事業者がどのように価格を設定すべきかを検討する。

(1)　買い手のサイド

　多くの個人がプライベートで旅行する場合には，宿泊サービスは，利用する機会が年に数回程度に限られるため，必需的な財・サービスではなく，贅沢品と考えられるであろう。したがって，プライベートな旅行の情報収集や予約を行う個人を買い手サイドの利用者とする場合，宿泊サービスの需要の価格弾力性は高いため，価格を低く設定することが望ましいであろう。これに対し，頻繁に出張するビジネスマンにとっては，宿泊サービスは必需的な財・サービスといえるであろう。たとえば，MSPF 事業者が，買い手サイドの利用者をビジネスマンに絞った法人向けウェブサイトを運営する場合には，需要の価格弾力性は低いため，価格は高く設定することも可能となるであろう。しかしながら，売り手にもたらされる間接ネットワーク効果は，買い手の利用者数の多さにより発生するため，ビジネスマンが利用する機会が少ないと判断される場合には，このように絞り込まないほうがよいかもしれない。

(2)　売り手のサイド

　売り手である宿泊施設にとって，宿泊予約システムが販売促進の主要なツールで必需的な財・サービスであるならば，需要の価格弾力性は低いと考えられる。したがって，MSPF 事業者は，売り手サイドのマージン率，価格を相対的に高く設定することができる。

5-3. 間接ネットワーク効果を考慮した価格の設定

　MSPF事業者は，正の外部性の間接ネットワーク効果が働く場合には，それがない場合よりも少ない費用で利用者数を増加させることができる。その結果，MSPF事業者は，限界費用を下回る水準に価格を設定でき，間接ネットワーク効果の大きさによっては，価格を無料にすることも可能となる[18]。ただし，間接ネットワークによる外部性は正のものだけとは限らず，負の場合には一部または全部の利用者や活用を検討している者がMSPFを活用しなくなることもある。

　ここでは，宿泊予約システムを例に，MSPF事業者がどのように価格を設定するべきかについて，買い手と売り手のぞれぞれのサイドから生じる間接ネットワーク効果に分けて検討する。

(1) 買い手のサイドの価格の設定

　宿泊予約システムでは，一般的に，買い手である旅行者の利用者数が多くなると，売り手である宿泊施設は旅行者との間でより多くの取引機会が得られるため，売り手に対する正の外部性の間接ネットワーク効果が働く。後述する買い手の場合とは異なり，宿泊施設にとっては，間接ネットワーク効果による負の外部性はとくに発生しないものと考えられる。

　間接ネットワーク効果を考慮し，MSPF事業者は，買い手のサイドの価格を無料に設定するとしよう。その場合は，買い手のサイドからの利潤は期待できなくなる。その一方で，宿泊予約システムの売り手のサイドでは，間接ネットワーク効果がよりいっそう働くことから，より多くの宿泊施設が宿泊予約システムを利用するようになり，売り手のサイドからの利潤が増加することが期待できる。したがって，MSPF事業者は，買い手のサイドの価格を大きく引き下げる，あるいは無料にすることを選択できる。

(2) 売り手のサイドの価格の設定

　宿泊予約システムでは，一般的に，宿泊施設の利用者数が多くなると，買い手に対する正の外部性の間接ネットワーク効果が働くが，負の外部性が働くケースもあると考えられる。売り手の利用者数が多くなると，買い手の選好にあわない宿泊施設が含まれることもあるであろう。検索の結果，あまり人気のない宿泊施設も抽出され，その施設の内容の確認に時間をとられることは，買い

手にとっての負の外部性になる。また，MSPF 事業者は利用者数を維持・増加させるために，買い手をウェブサイトに誘導するために，電子メールを発出することがある。誘客行為や広告が頻繁に行われると，買い手のなかには悪い印象を受ける者が出てくるであろう。こうなると，負の外部性の間接ネットワーク効果が発生することになる。

　負の外部性を考慮すると，宿泊施設のサイドから生じる間接ネットワーク効果は，旅行者のサイドよりも小さくなる可能性があるため，売り手のサイドの価格を大きく引き下げること（無料にすることを含む）は，適切ではないであろう。

5-4. 宿泊予約システムの現状

　上述のように，需要の価格弾力性，間接ネットワーク効果を考慮すると，買い手である旅行者のサイドの価格を引き下げることが適切であろう。しかしながら，外部性である間接ネットワーク効果は，その影響を認識していても実際に把握することは難しいこともあり，現実的には考慮されていない可能性もある。また，MSPF 事業者は，MSPF の運営上の戦略や販売促進等の他の条件をもとに，価格を設定するとも考えられる。

　実際のところ，宿泊予約システムでは，価格はどのように設定されているのであろうか。宿泊予約システムにおいては，MSPF 事業者は，旅行者からは取引が成立しても，手数料等は徴収せず，宿泊施設から手数料をとることが一般的である。高松ほか［2015］によると，ウェブサイトによる場貸しモデルは，旅行者からは手数料を徴収していないが，MSPF 事業者は宿泊施設からは 6～8% の販売手数料を徴収しているようである。なお，販売手数料の水準は，従来の店舗を主体とする旅行業者よりも低いものとなっている。

　上述のように，旅行者のサイドから発生する間接ネットワーク効果により，旅行者のサイドの価格を無料とし売り手のサイドからの利益を得ようとすることは，MSPF 事業者ではよくとられる企業行動である。さらに，旅行者に対しては動画のような情報を無料で提供するケースもあるが，その背後にはやはり間接ネットワーク効果がある。

　ちなみに，MSPF 事業者に高い価格を設定されると，取引にかかる費用の負担がかさみ，宿泊事業者の経営が悪化する懸念が生じる。しかしながら，悪化するかどうかは，販売手数料の引上げ分の費用を買い手に転嫁できるか[19]に

かかってくるが，それについては第8章における議論を参照してほしい。

注 ─────────

1　IT系旅行業者と航空会社との連係で実施されている。

2　「観光圏の整備による観光旅客の来訪及び滞在の促進に関する法律」に基づく旅行業法の特例措置として，「観光圏内限定旅行業者代理業者」制度がある。

3　旅行者の受け入れ先が，地元ならではのプログラムを企画し，参加者が旅行地現地で集合し解散する観光プログラムのこと。

4　高松ほか［2015］によると，旅行業者はサプライヤーから契約に基づく販売手数料を収受しており，従来，一般的な販売手数料率は，国内における交通機関で5%未満，宿泊施設で10～15%程度，国際航空券で7%であった。

5　この需要曲線においては，財・サービスの品質は均質ではなく，違いがあることが前提となっている。

6　MSPFには，リアルな店舗における相対での取引をオフサイトで行うものもあるため，とくにウェブサイトを活用している場合にはデジタルMSPFと呼び，「デジタル」を追加した表現を用いることとする。

7　楽天株式会社は，2014年4月に楽天トラベル株式会社を吸収合併し，「楽天トラベル」サイトを運営している。

8　株式会社リクルートは，「じゃらんnet」を運営している。

9　business-to-consumerの略。企業と個人（消費者）間の商取引，あるいは，企業が個人向けに行う事業やサービスなどのこと。

10　consumer-to-consumerの略。商取引の分類を表す用語の1つで，個人間，とりわけ一般消費者同士の間で行われる商取引のこと。また，個人間の取引を仲介する事業やサービスなどのこと。

11　2020年3月31日に，以下の資料が報道発表された。

https://www.mlit.go.jp/kankocho/content/001337745.pdf

12　住宅宿泊仲介業者等には，住宅宿泊仲介業者73社（海外事業者：15社，国内事業者：58社）および住宅宿泊事業法に基づく届出住宅の取扱いのある旅行業者6社（すべて国内事業者）の計79社が含まれる。

13　民泊については，第5章で詳しく記述しており，参照のこと。

14　交通に関する第6章で詳しく記述しており，参照のこと。

15　social networking serviceの略。個人間のコミュニケーションを促進し，社会的なネットワークの構築を支援する，ウェブサイトを通じたサービスのこと。

16　オフラインのMSPFでは，買い手の利用者がオンラインのように登録されていないケースもある。しかしながら，消費者の来場が多い店舗あるいはそのような店舗網を有する企業においては，売り手のサイドに対する間接ネットワーク効果が働くと考えられる。

17　この式の変形に関して，詳しくは花薗［2018］を参照のこと。また，独占市場を前提としている。

18　MSPF事業者が，あるサイドの利用者に対し無料にしても，他のサイドの利用者からの収入

（例：広告料）で補塡する方法がある。

19　地上波の民放は，視聴者から受信料を徴収せず広告収入で番組を放送している。広告主は，広告費を財・サービスに転嫁していると考えられる。

引用・参考文献

花薗誠［2018］「ネットワーク効果と消費者・企業行動」花薗誠『産業組織とビジネスの経済学』有斐閣，所収

公正取引委員会［2020］「（令和2年2月28日）楽天株式会社に対する緊急停止命令の申立について」https://www.jftc.go.jp/houdou/pressrelease/2020/feb/200228.html

日本交通公社［2019］「旅行年報　2019」

小田切宏之［2019］『産業組織論──理論・戦略・政策を学ぶ』有斐閣

大橋弘・大久保直樹・池田千鶴・大木良子・荒井弘毅・品川武・橋本庄一郎・瀬戸口丈博・工藤恭嗣［2015］「プラットフォームビジネスの特性の分析と合併審査上の課題」CRPCディスカッション・ペーパー CPDP-62-J

消費者庁［2016］「オンライン旅行取引サービスの動向整理」（平成28年度消費者庁委託調査業務）

Stiglitz, J. E. and C. E. Walsh［2006］*Economics*, 4th ed., WW Norton & Company.（薮下史郎・秋山太郎・蟻川靖浩・大阿久博・木立力・宮本亮・清野一治訳［2013］『スティグリッツ　ミクロ経済学（第4版）』東洋経済新報社）

高松正人ほか［2015］「旅行業」林清編著／日本観光学会監修『観光産業論』原書房，所収

吉川満［2017］「シェアリングエコノミーにおける競争政策上の論点」CRPCディスカッション・ペーパー CPDP-65-J

第 **5** 章 | 宿泊施設・観光施設
変わりゆく「ステイ」の姿

はじめに

　本章は，ホテルなどの宿泊施設および観光施設を対象とする。宿泊施設はますます多様化し変貌を遂げている。その変化は，観光のかたちを質・量ともに大きく変えつつある。そこで，本章においては，宿泊施設および観光施設の現状をまず概観し，その観光に対するインパクトと課題について述べる。

1. 宿泊施設の動向

1-1. 宿泊施設の定義と利用状況

　そもそも，宿泊施設（facility）とは何か。ホテルという言葉は，ラテン語の hospitale に由来し，もともと巡礼者や旅人に提供される宿泊所を意味していた。そして，1789 年のフランス革命後，これまで貴族たちがもっていた邸宅が次々に接収されて市民に開放されるが，やがてそれはホテルと称されるようになった。一方，日本においては，1868 年に東京・築地，軍艦操練場跡に開業した築地ホテル館がホテルの始まりであるといわれる。洋式の設備を備えた宿泊施設の誕生は，文明開化の象徴といえるものであった。

　現代の宿泊施設は，単に設備の充足だけで足りるものとは考えられていない。人々が国境を越えて自由に往来するようになるにつれ，より安全に，より快適に宿泊できることが求められるようになってきた。世界観光機関（UNWTO：United Nations World Tourism Organization）は，安全（security），健康（health）および衛生（sanitation）が宿泊施設に不可欠な要素であるとしている。

　わが国においては，宿泊施設はどのように定義されているのであろうか。旅館業法をみて確認しよう。

図 5-1　延べ宿泊者数の推移

（出所）　観光庁「宿泊旅行統計調査　2018（平成30）年１月～12月分（年の確定値）」より作成。

　まず，「宿泊とは，寝具を使用して（宿泊）施設を利用すること」をいう（同法第2条第5項）。そして，宿泊施設は，次の4つに分類される。すなわち，①ホテル（洋式の構造および設備を主とする施設），②旅館（和式の構造および設備を主とする施設），③簡易宿所（宿泊する場所を多人数で共用する構造および設備を設置する施設），そして④下宿（施設を設け，1カ月以上の期間を単位とする宿泊料を受けて人を宿泊させる施設）である（同法第2条2項～4項）。

　このことから，宿泊施設とは，旅行者に対して，一時的かつ有償で寝具を貸与する施設をいう。「宿泊産業の定義は，国際的には確立していないが，宿泊・飲食その他付帯的サービスを商品とする業態」（香川［2007］）といわれている。

　次に，宿泊施設の利用状況をみてみたい。

　図 5-1 は，日本の延べ宿泊者数の推移（2018年の確定値）である（観光庁「宿泊旅行統計調査」）。これをみると，近年，全体の宿泊者数が増加基調にあるなかで，とくに外国人利用客の割合が順調に伸びており，インバウンドが日本全体の宿泊者数を押し上げていることがわかる。

　外国人宿泊者が一般にロングステイ（海外においては，「移住」「永住」ではなく，帰国を前提にした2週間以上の長期海外滞在型余暇であること，国内においては，1週間以上の滞在であること）の傾向をもつことも宿泊者数増加の一因とみ

てよい。世界的にみると，海外での長期滞在というライフスタイルは海外で誕生した。その海外ロングステイ推定人口は，1992年の約90万人から2017年の約170万人まで増加しており，その数が2倍近く増加した（ロングステイ財団 [2018]）。

さらに，宿泊施設の利用状況を「客室稼働率」から捉えてみよう。

2019年の宿泊施設の客室稼働率（速報値）は，前年比0.9ポイント増の62.1％となった（観光庁「宿泊旅行統計調査」）。宿泊施設別の内訳をみると，シティホテル0.8ポイント減の79.4％，ビジネスホテル0.1ポイント減の75.4％，リゾートホテル0.3ポイント増の58.6％，旅館0.7ポイント増の39.5％，および簡易宿所0.1ポイント減の30.1％となっている。

さらに，宿泊施設の数および雇用者数についてみてみよう。

総務省・経済産業省「平成28年経済センサス—活動調査」によると，宿泊施設のうちホテル・旅館は事業所数3万3235事業所，従業員数52万8827人，簡易宿所が1799事業所，8808人である。また，下宿所はそれぞれ935事業所，従業員数2749人で，「その他の宿泊業」が3732事業所，33623人となっている。ホテル・旅館が事業所数，従業員数とも最大規模を誇っていることがわかる。

そして，宿泊施設の市場規模（2018年推計値）は，ホテルが1兆5040億円，旅館が1兆4010億円となっている（日本生産性本部 [2018]）。

1-2. 多様化する宿泊施設

世界的にみると，宿泊施設は，経済の進展に伴う余暇の充実，宿泊目的の変化に伴い，さまざまなタイプのものが生まれている。小さなロッジやバックパッカー向け宿泊施設からレジャータイプの家族向けホテルに至るまで，多岐にわたる宿泊施設は世界の至るところでみることができる。現代では，カジノ，ゴルフ，スキー，ウォーターパークなどの利用者専用のホテルも珍しくない。

トレンドとしては，グローバル・ブランド（アコー，インターコンチネンタル，マリオット，錦江飯店，ヒルトンなど）を冠したホテルによるチェーン化が目立つ（Jafari and Xiao [2016]）。外国人旅行者の増加，国境を越えたM&A（企業の合併・買収）や資本の自由化がその背景にある。

今日，さまざまな宿泊ニーズが存在する。規制緩和の流れのなかで，わが国においてもニーズに対応したさまざまな宿泊施設が生まれている。国家戦略特

別区域（国家戦略特区）における旅館業法の特例（いわゆる特区民泊）は2013年から始まった制度である。この制度は，国家戦略特区において，対象施設が一定の要件に該当することについて，都道府県知事が認定することにより，旅館業法の適用が除外されるという制度である。この制度では，滞在に適した施設を賃貸借契約に基づき一定期間以上使用させ，滞在に必要な役務を提供する事業として政令で定める要件に該当することが必要である。政令で定める主な要件としては，宿泊日数が2泊3日から9泊10日までの範囲において自治体の条例で定める期間であること，滞在者名簿が施設等に備えられ，これに滞在者の氏名，住所，職業その他の厚生労働省令で定める事項が記載されること，施設の周辺地域の住民に対し，当該施設が国家戦略特別区域外国人滞在施設経営事業の用に供されるものであることについて，適切な説明が行われていること，施設の周辺地域の住民からの苦情および問い合わせについて，適切かつ迅速に処理が行われること，などがある。

　この特例の制度化と前後して，旅行業法の簡易宿所に関する事業規制の明確化，ホテル・旅館の事業規制の明確化も並行して進められた。なかでも，観光のあり方に多大なインパクトを与えているものの1つが民泊である。そして，もう1つはIR（統合型リゾート）およびそれに包含される大規模宿泊施設である。

　そこで，次にこの2つのタイプを取り上げ，具体的に説明しよう。

1-3. 民泊：宿泊施設のレボルーション

　民泊という用語は，いつ頃登場したのであろうか。

　1964年の東京オリンピックのときに，民泊は生まれた。当時のわが国は，宿泊施設が不足していた。それを補うために，政府（当時の運輸省）および東京都は一般家庭に宿泊施設の提供を呼びかけ，それが最初といわれている。

　一般に，民泊とは，住宅（戸建住宅やマンションなどの共同住宅等）の全部または一部を活用して，旅行者等に宿泊サービスを提供することをいう。

　民泊が拡大し始めたのは2013年である。その背景には，近年急増する訪日外国人旅行者の多様なニーズへの対応，急増する空き家の利活用，情報通信技術（ICT）を介して空き室を短期間で貸与したい人と宿泊したい旅行者とをマッチングするビジネスが世界的に拡大してきたことなどが挙げられよう。

　もっとも，公衆衛生の確保，地域住民等との紛争防止に配慮したルールづく

図 5-2　民泊の外国人延べ宿泊者数

（出所）　観光庁「宿泊旅行統計調査」，観光庁「住宅宿泊事業の宿泊実績」より作成。

り，無許可営業への対応などの必要性も生じている。そこで，2017 年に一定
のルールのもと，健全な民泊サービスの普及を図ることをねらいとして住宅宿
泊事業法（以下，民泊法）が成立したが，17 年の民泊の数は 2200 件であった[1]。
民泊施設数は 2020 年 1 月時点で 2 万 3000 件となり，3 年で約 10 倍の規模を
数えるまでになった。

　上述のように，2017 年に民泊法が成立したが，これにより，住宅の所有者
は，旅館業の許可を得なくても，都道府県知事に届け出さえすれば，年間 180
日を限度として，有料での宿泊を業として提供できるようになった[2]。合法化
された民泊は，レボリューションとも呼べるほど，その規模・内実を大きく変え
たのである。

　このようにして，事業への規制が明確にされるとともに，住宅宿泊仲介業者
に対する規制は広がった。たとえば，住宅宿泊仲介業者は，観光庁への登録が
義務づけられている。観光庁は，必要に応じて彼らを監督する。また，消費者
保護の観点から，住宅宿泊仲介業者は，宿泊者に対し契約時に契約内容を説明
する責務が課される。そのほか，違法物件の斡旋が禁止されるなど，仲介業と
しての適正な事業の履行が求められている[3]。

　民泊の特徴は，一般的な傾向として捉えれば，訪日外国人旅行者の利用が主
である点にある。観光庁の「住宅宿泊事業の宿泊実績」「宿泊旅行統計調査
（速報値）」によれば，図 5-2 に示されるように，外国人が民泊宿泊者全体に占
める割合，外国人の延べ宿泊者数とも，増減があるものの，総じて増加基調に
ある。民泊の利用で外国人の滞在が長期化すれば，インバウンド消費額の増加

も期待できよう。

1-4. シェアリング・エコノミーが促すさまざまな宿泊形態

　現代社会の特徴の 1 つは，ICT や人工知能（AI）などを活用する第 4 次産業革命が進行していることにある。そのなかでシェアリング・エコノミー（共有経済ともいう）が台頭してきた。

　いま，有効活用されないまま眠っている不動産があるとしよう。この遊休資産を必要としている人たちがいるかもしれない。インターネットを介して，遊休資産を彼らに対し貸借・売買・交換するのは合理的な経済活動といえる。こうした経済活動をシェアリング・エコノミーという（第 4 章も参照）。

　これまで，旅行者が安全で安心な宿泊場所を探し求めようとした場合，その対象は旅館業法に基づいて政府が許可したホテルや旅館に限られていた。ところが，インターネットによる情報の流通が一般的になると，人々は情報を自由自在に情報を受け取るだけでなく共有したり，さらには主体的に発信したりし始めた。

　たとえば旅行者は，ある宿泊施設に今まで何人が泊まったことがあり，リネンが整備されているかどうかといったことを，ビッグデータからさまざまなデバイスを通じ確認できるようになった。そして，旅の途中であれ，旅の終わりであれ，人々は自由に，サイトにレビューを書き込んだり，口コミを投稿したりする。それに対して，別の旅行者が応答することも珍しくない。

　こうして，旅行者同士が互いに評価を加え，情報を交換しあうことによって，観光資源の価値が高まっていく。こうした評価制度は，市場経済における信用格付け評価制度とは異なり，インターネット・コモンズにおける，ある種の社会関係資本の格付けとして機能しているといってよい。

　リフキン（Rifkin［2014］pp. 402-403）はこう述べている。

　　主要な協働型のソーシャルネットワークではほぼ例外なく，会員の信頼性を格付けする評価制度を設けている。市場経済における各人の支払能力を格付けする従来の信用格付け制度とは異なり，評価制度はコモンズにおける各人の社会関係資本を格付けすることを目的とする。……市場経済における信用格付けサービスによく似た，インターネット・コモンズにおける評価サービスは，活動を規制したり，承諾された規範の遵守を確実にしたり，社会的信頼を構築するために重要な仕組みとなりつつある。

すなわち，リフキンによれば，会員制度のソーシャル・ネットワークを前提として考えた場合，対象の施設やサービスがいかなるクオリティや信頼性を備えているかどうかはインターネット上では判別しにくい。そこで，会員メンバー相互が評価しあい，評価結果はメンバーにうまく伝達・共有されることが必要である。それは，ある種の判断材料をメンバー間に与えることにつながるからである。その評価しあう土台として，彼はインターネット・コモンズを位置づける。つまり，インターネット・コモンズにおいては，ウェブ空間がいわば共有地となり，メンバーは自由自在に往来することとなる。

　現代では，シェアリング・エコノミーの発想を活用して，さまざまなニーズに応じた宿泊施設が登場している。ファミリーなど大人数で宿泊できる一棟の貸し出し，小さなバンガローのルームシェアなどはその例である。シェアリング・エコノミーの考え方を用いれば，多人数での旅行の際，1人当たりの宿泊費が抑えられる利点が生まれるであろう。情報空間を通じて，予算制約に応じた宿泊先を探し出して，1つの物件を宿泊人数で除すればよいからである。

1-5. 交流欲求の深化：旅行者と地域住民との交流

　民泊法が整備され民泊の普及が期待されるなか，民泊が広がりをもつためのポイントとして，旅行者と地域住民が継続的に交流することが考えられる[4]。

　民泊利用のリピーターが増え，訪問者と地域住民とのふれあいが深まれば，継続的な交流への欲求は高まっていく。では，どのような交流型の宿泊形態があるのか具体的に考えていこう。

(1)農泊——観光者が農家の住宅に宿泊する形態は典型的な農泊である。農泊には，宿泊施設としてホテルを建設するケースや休校・廃校をリノベーションして宿泊施設に転用するケースもみられる。

　　特徴として，農業体験など周辺地域と一体となったさまざまな体験プログラムが提供されることが多い。たとえば，栃木県の大田原市においては，田植えや農産物の収穫などの農業体験と民泊を組み合わせたプログラムが人気を博している。こうした農泊は，受け入れ農家に収入源をもたらし，関連旅行業等の収入増加にもつながる。さらには都市・農村間の交流が増えることで，農泊は地域の活性化にも貢献するといえよう。

(2)古民家泊——これは，古民家でかつ空き家となった遊休施設を宿泊施設として利活用する形態である。その一例は，限界集落の古民家をNPO（非

営利団体）が改修し，それを宿泊施設として再生するケースである。さらに，古民家泊と里山文化プログラム（里山散策や里山の食事を楽しむなど）を組み合わせて，地域の再生と観光客の増加をつなげる取り組みもみられる（たとえば，兵庫県の篠山市）。

(3)城泊——城への宿泊を認める形態が該当する。欧米などでは，古城での宿泊体験は珍しくない。城という空間を恒常的な宿泊施設とするのが城泊である。城を中心とした祝祭が催されることも多く，このとき城は，宿泊者と地域住民と触れあいの場となる。わが国では愛媛県の大洲市などにおいて，城泊の事業化への取り組みは始まっている。

(4)寺泊——宿坊・僧坊の施設を一般観光者向けに宿泊施設として提供するのが寺泊である。本来，寺は信仰の場であり，巡礼の旅に赴く人々のデスティネーション（目的地・行先）でもある。寺泊では，一般観光者に対して宿坊が開放され，宿泊者らは写経や座禅などを体験する。この場合，宿泊者は，僧侶らとさまざまな交流の機会をもつ。和歌山県の高野山，滋賀県の三井寺などは，その例である。

城泊・寺泊による歴史的資源の活用事業は，訪日外国人旅行者6000万人等の目標実現に向けて，全国各地に点在する城や社寺を日本ならではの文化が体験できる宿泊形態として活用することで，訪日外国人旅行者の長期滞在・消費額増を図ることが目的とされている。

観光庁実施の観光振興事業費補助金（城泊・寺泊による歴史的資源の活用事業）交付要綱（令和2年4月6日）によると，城泊と寺泊はともに，以下の4つのいずれかの事項を満たしたものとされている。

(1)旅館業法上の旅館業の営業許可

(2)住宅宿泊事業法上の住宅宿泊事業者としての届け出

(3)イベント民泊ガイドラインに基づくイベント民泊として開催地の自治体からの承認

(4)その他自治体からの承認

このうち，(2)と(3)は民泊に位置づけられる。(1)については，それがホテル営業・旅館営業であれば，民泊とはいえない。したがって，城泊・寺泊には，民泊も含まれるが，民泊でないものも含まれると考えられている。

このように今日，多様な宿泊形態が存在する。その特徴は，宿泊施設が祭りなどさまざまな地域固有資源と結びつけられ，交流の拠点に位置づけられるケ

ースもみられる点にある。こうした交流型観光は，民泊と結合することで新たな人流を生み，地域再生への扉を開く可能性を秘めている。

1-6. 観光振興と統合型リゾート

IR（integrated resort：統合型リゾート）とは，カジノのほか，ホテル，映画館，劇場，国際会議場等のコンベンション施設，ショッピング・セール，レストランなどが集まる複合施設を指す。

そもそもカジノ（casinos）はギャンブル（ゲーミング）であり，刑法上合法ではない（賭博罪）。IR は，特別法を制定してカジノを合法的な観光振興の1つに位置づけるもので，カジノをホテルなど他の観光施設の収益エンジンとして活用していく仕組みである。

アメリカのラスベガスは IR の象徴的存在である。砂漠の地，ラスベガスには，12万9000室を超える巨大なホテル群が並び立つ。カジノ・ホテルと呼ばれるものがそれで，ラスベガスのカジノは，自らの顧客を収容するためにカジノ・ホテルを建設した（佐々木［2009］11〜12頁）。

また，カジノ産業はカジノ・プレーヤーに対してバスツアーを催行することも多い。毎夜，マジックやショーなどのエンターテインメントが用意され，人々は非日常的なナイト・ライフを楽しむ。IR はこのような需要を取り込むことで，高いホテル稼働率を実現する。ラスベガス観光コンベンション協会によると，2018年のラスベガスのホテル稼働率は88.2％にも及ぶ。

IR は今や，ラスベガスだけでなくマカオ，シンガポール，モナコ，メルボルンなど，海外の多くの国際観光都市でみられる。なかでもシンガポールは，日本政府が参考にするモデルの1つである。

そこで，シンガポールの観光施策についてみておこう。シンガポール政府は2005年にカジノを解禁して，2カ所の IR 候補地を指定した。その際に政府は，資金力のある IR 事業者に対して，カジノを運営できる免許と引き換えに，2カ所の MICE[5] 施設の建設を請け負わせた（マリーナ・ベイ・サンズ：4870億円，リゾート・ワールド・セントーサ：5220億円）。このようにしてシンガポール政府は，巨額の投資が必要となる MICE 施設を整備していく。そして2010年に，シンガポールの IR は高級ホテルや大型商業施設などを備えて開業したのである。

次に，日本の動きについて概観していく。

2016 年に議員立法として，特定複合観光施設区域の整備の推進に関する法律（以下，IR 推進法）が成立した。これを受けて 2018 年に，特定複合観光施設区域整備法（以下，IR 整備法）が誕生した。これにより政府は，国内 3 カ所を限度に，国際競争力の高い魅力ある滞在型観光拠点の整備を目指すこととした。

　すでに触れてきたように，IR は巨額の投資を必要とする。それゆえ IR を誘致し推進する立場は，経済的ベネフィットを重視する傾向が強い。それは投資に対する大幅な収益を見込むからである。国内外からの訪問客がもたらす外部効果，カジノ税収入による財政への寄与などへの期待は大きい。

　他方で，ギャンブル依存症の増加，青少年への悪影響，治安悪化，労働倫理の欠如，さらにマネー・ロンダリングなど反社会的勢力との関わりなどの懸念も指摘されている[6]。それとともに，テロや紛争，感染症など多くの壊滅的な出来事で需要の急激な減少に見舞われうるのも IR の問題点といえよう。2008年秋の金融危機によって，カジノ・ビジネスは，アメリカのラスベガス，アトランティック・シティおよび中国のマカオなど世界規模で一時停滞し，かつカジノ大企業の M＆A も行われた（佐々木［2009］）。

　これに対し，依存症対策などの社会的費用を計測し，それと便益とを比較衡量したうえで後者が前者を上回り，ゆえに IR を肯定的に理解する研究（佐々木［2018］）が展開されている。こうした効率性に基づく立場は，国際比較の視点，たとえばオーストラリア政府の費用‐便益分析（Australian Government Productivity Commission［2010］；第 7 章も参照）による政策決定を踏まえたものである。たしかに，政策決定を透明で客観的な基礎のもとに置くことは民主主義にとって重要で，その点では IR も例外でない。

　もっとも，日本にはギャンブルの種類が比較的多く[7]，公営競技の場外券売場設置をめぐり環境規制に関わる紛争は各地で発生している。分配や衡平といった他の諸価値と効率性とが対立したとき，それらをすべて統合した経済的福祉の基準を示すことは現実的に不可能である。これらの諸価値が対立するとき，効率性基準を用いての政策決定が正当化されるのは倫理的合意しかないと唱えたのは，イギリスの経済学者，ミシャンであった（Mishan［1982］）。

　上述の点を前提にすれば，持続可能性の見地から，さらに議論が深められる必然性は生まれる。わが国の特殊性を考慮に入れるとき，なおカジノに対する不信が根強く，IR 整備への懸念が小さいものとはいえない[8]。

IRで最もインパクトを受けるのは観光産業である。なかでも宿泊産業への影響は大きい。IR整備法にかかる政令（特定複合観光施設区域整備法施行令）では，宿泊施設において，①すべての客室の床面積の合計がおおむね10万m²以上であること，②最小の客室の床面積，③スイート・ルームのうち最小のものの床面積および客室の総数に占めるスイート・ルームの割合について，国内外の実情を踏まえ適切なものとすることが求められている。

2. デジタル・マルチサイド・プラットフォーム・マーケット

2-1. 旅行業者

現代の特徴として，旅行代理店は，事業ドメインと経営資源をオンライン・マーケットに集中させつつある。それを実現するのがデジタル・マルチサイド・プラットフォームである（マルチサイド・プラットフォームに関しては第4章参照）。

オンライン・マーケットが生まれた理由は，主に3つある。

第1は，地域のツーリズム事業者からのニーズである。たとえば，地方のツーリズム事業者が世界中に情報発信しようと考えたとする。この場合，一元的で多言語かつデジタルのオンライン・プラットフォームがあれば，旅行業者はそこに接続しさえすればよい。事業者は，これにより広く世界中に地域のコンテンツを発信できるようになる。

オンライン上で一元的に商品やサービスが取引されることは，国境を越えて多くの人々が利益を享受することになる。このことを可能にするプラットフォームへの期待が，オンライン・マーケットの生まれた第2の理由である。情報空間にプラットフォームを形成することによって，事業者と消費者の取引（BtoC）は可能になる。また，事業者は，訪日外国人や日本人の顧客に対して，多面的なサービスの提供をできるようになる。のみならず，「事業者と事業者と消費者」との取引（BtoBtoC）の深化も期待できよう。たとえば，グローバルなオンライン・エージェントや旅行中の旅行者がこのチャンネルを利用することができるようになると，旅行者向けサービスへのアクセスや利便性が飛躍的に高まるであろう。

アメリカ・オレゴン州のポートランドは，マイクロ・ビジネスを起業するために この地に移住してくる人が後を絶たない。ベンチャー型ホテル企業，タイニー （Tiny Digis Hotel）を展開するパム・ウェストラもその1人で，ミシガン州から ポートランドに移住し，ホテルの経営者となった。定年退職後，第二の人生とし てホテル経営を選んだ彼女のビジネス・モデルは，いたってシンプルである。彼 女は，トレーラー・ハウスをホテルに転用し，そこに家具を持ち込み，空調を施 した。すべてのルームにはデッキがあり，腰を掛けるスペース，キッチン・エリ ア，ミニ冷蔵庫，質の高いリネンとコンフィ社の枕を特徴とするクイーンズ・ベ ッド，フル・シャワーと水洗トイレが備わる。

ポートランドには，とくに目立った観光名所や娯楽施設があるわけではない。 ただし，自然が豊かで，そこから生まれる，人を引きよせるポテンシャルがある。 しかも，ここで暮らす住民は，何ごとも仲間や家族そして友人たちと協働して自 分たちで工夫して作る。そうした DIY（do it yourself）のスピリットがこのまち に宿っている。

この都市の訪問者は，DIY 文化を体感しノウハウを吸収したいと考える。名 所旧跡をみたり買い物をするだけではなく，非日常の体験を求める訪問者にとっ て，DIY のスピリットに根ざすポートランドが心地よいのではないか。彼女は そう語るのである。

第3に，人手不足の問題がある。

日本銀行の全国企業短期経済観測調査の雇用人員判断 DI により，人手不足 の状況を確認してみる。飲食サービス業を含む「宿泊・飲食サービス」では， 2012 年以降，人手不足が叫ばれ続け，他の産業よりもさらに人手が不足してい る（観光庁［2019］86 頁）。この打開策としてオンライン・マーケットが注目 されたのである。2022 年時点で，コロナ禍により，一時的に人手不足感は 解消されてはいるが，長期的にみれば，観光人材が十分に足りるとは考えにく い。

2-2. デジタル・マルチサイド・プラットフォーム・マーケットの 展開

ここでは，デジタル・マルチサイド・プラットフォーム・マーケットの今後

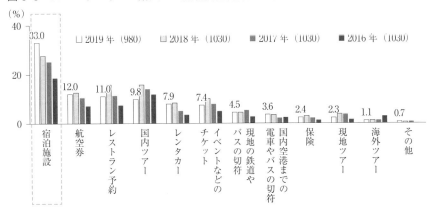

図 5-3　スマートフォンで購入した旅行関連商品の割合

（注）　括弧内の数字は回答者数
（出所）　JTB 総合研究所「スマートフォンの利用と旅行消費に関する調査」（2016〜2019
年）より作成。

の展開を考えてみたい。

　ライフスタイルについていえば，今日，消費者の多くはスマートフォンやタ
ブレットなどを手にしている。それに伴い，旅行商品は，今まで以上に手軽に
ネット経由で購入されてきている。そして，消費者は，個人旅行が増えるなか
で自ら自由に旅行プランを組み立て，よりシンプルなサービスを求める傾向を
もつ。

　JTB 総合研究所の「スマートフォンの利用と旅行消費に関する調査」によ
ると，2013 年の調査開始以来，スマートフォンでの旅行予約や商品購入は継
続して増加している（図5-3）。

　とりわけ，消費者が過去１年の間にスマートフォンで購入した旅行商品の内
訳をみると，「宿泊施設」だけが増加し，他の商品の割合は軒並み低下してい
る。「宿泊施設」は33.0％であり，２位の「航空券」（12.0％）を20 ポイント以
上も上回っている。

　今後も，デジタル・マルチサイド・プラットフォーム・マーケットは拡充し
ていくとみてよい。ICT や人工知能が導入されると，消費者はスマートフォ
ンで予約からチェックアウトまでシームレスに行うことになる。消費者は公式
アプリで予約でき，スマートフォンをルームキーやチェックアウト時の事前決

済として使用できるようになるであろう。

　一方，旅行業者は，オンラインでの予約，決済から変更・取消しまで消費者の選択をデータとして記録・保存・活用し，商品開発やサービス向上に用いることが可能となる。旅行事業者はICT，人工知能をはじめとする技術革新を受容しつつ，消費者の潜在的なニーズをつかみ取る。旅に出ようとする消費者に対して，旅行業者は旅をパーソナライズする情報提供・手続き等（例．ダイナミック・パッケージ）もサービスのなかに追加する。このような方向性は，第4次産業革命のもと，ますます模索されていくと思われる。

3. 宿泊産業の課題

3-1. 労働生産性の改善
　次に，宿泊産業が抱える問題について検討しよう。まず，労働生産性（productivity）の低さがある。

　図5-4は，業種別の労働生産性の比較を示している。これによれば，「宿泊業，飲食サービス業[9]」の労働生産性が他の業種のそれに比べ低いことは明らかである。

　そもそも生産性とは，生産活動における投入に対する産出の割合のことで，労働生産性は一定量の財・サービスの生産に要する労働投入量（労働者数×労働時間）によって表示・測定されるものである（第2章も参照）。労働生産性は，より少ない労働投入量でいかに付加価値額を生み出したかという，生産要素の投入（インプット）の業務効率化で捉えるのが一般である。

　ホテルをケースに考えてみたい。ホテルは，顧客にルーム（客室）を提供して，宿泊サービスを生産（供給）する。これを産出（アウトプット）と呼ぶ。ホテルが宿泊サービスを産出するためには，ホテルという建物とサービスを提供する労働者（ホテリエ）を活用しなければならない。これらは，生産要素の投入（インプット）である。

　労働生産性は，次の式で求めることができる。

$$労働生産性 = \frac{付加価値額（アウトプット）}{労働者数 \times 労働時間（インプット）}$$

図 5-4　労働生産性と労働構成比（規模別，業種別）

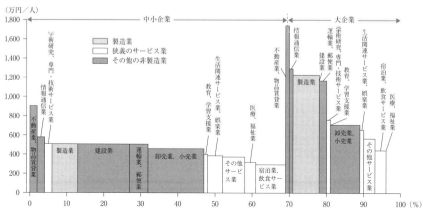

（出所）　中小企業庁［2016］より作成。

この式から，労働生産性を高めるには以下の 3 つの方法があることがわかる。

(1)分母つまりインプットを小さくする。

(2)分子の付加価値額を大きくする。

(3)分母を小さくするとともに，分子を大きくする（つまり，インプットを小さくするとともに，アウトプットを高める）。

　栗原［2019］のインタビュー調査によれば，宿泊産業の現場において，ICT を用いた宿泊施設の労働生産性向上が示唆されている。労働生産性の向上には，まず資本の投下が必要であるが，そのうち情報関連資本の生産性寄与の可能性は高いとされる。そのポイントとして，次の 3 点が挙げられている。

(1)IT は場合に応じて使い分ける——自動チェックインによる経費削減など

(2)IT を活用する人材育成——アプリを活用した接客英語スキルの向上など

(3)SNS のクチコミ管理——従業員によるクチコミ管理とフィードバックの徹底など

　そのほか，IT 活用に伴うホテルの生産性向上の取り組みとしては表5-1 の内容がある。

　IT 活用による生産性向上の取り組みの利点は，サービスの生産者（供給者）側の費用の削減だけではない。IT の活用は，語学力を補い接客を円滑にするなど，旅行者の顧客満足度を高めることにもつながる。

　さらに近年は，ビッグデータ（第 9・11 章も参照）や人工知能の活用の進展

表 5-1　IT 活用に伴うホテルの生産性向上の取り組み

インプットを小さくする	宿泊日報のデータベース化。会計と給与計算システムの連携。ロボット・スタッフによるフロント業務，複数の宿泊予約サイトの一元管理
アウトプットを大きくする	一例としてブログ等を活用した情報提供
インプットを小さくすることと，アウトプットを大きくすることの両方を追求する	接客サービス向上につなげるための IT 活用（たとえば，ホテルの顧客データベースの効率化など）

が著しいが，これらを用いて宿泊料金の最適化を実現する試みも進んでいる。その手段が「ダイナミック・プライシング」である（第3章も参照）。これは，宿泊産業が需要の価格弾力性（あるサービスの価格が変化すると，そのサービスに対する需要と供給がいかなる程度の割合で増減するか）を予測するものである。ホテル・旅館の宿泊料金をリアルタイムに変え，宿泊産業の収益・利益を最大化するのは，ダイナミック・プライシングの応用である。ダイナミック・プライシングは，宿泊料金を機動的に提示することを可能にしている。

3-2. テクノロジーの発展と顧客満足

　これまで触れてきた ICT などテクノロジーの発展は，消費者のホテル利用に急速な変化をもたらした。ホテルにおける ICT や人工知能の導入は，たとえば顧客がスマートフォンで予約からチェックアウトまでシームレスに行い，スマートフォンをルームキーやチェックアウト時の事前決済に用いることを可能にする。ロビーには自動チェックイン機や手荷物ロッカーが備えられることで，顧客はフロントの対面サービス抜きにスムーズに客室に入ることができる。客室には，多言語対応のスマート・スピーカーが設置されることで，顧客はホテル・サービスに関する質問を容易にできるようになる。

　しかし，その一方でそうした変化の波に追いつくことが難しい，あるいは拒否反応を示す人々がいることもまた事実で，そうした消費者が実際に不利益を受けることも存在する。また，ユーザー・データの収集は，観光や交流行動の「監視」が進むという懸念があり，それにより観光で非日常性を享受したいという期待を台無しにする危険性もある。

　こうしたテクノロジーがもつ複雑な問題は，テクノロジーが必要とされるにもかかわらず，それをマネジメントすることの難しさを意味している。この問題をいかに考えるべきであろうか。

テクノロジーと観光との関係性については、観光学者、ブラガらの次のような意見も存在する（Ratten et al. [2019] pp. 8-9）。

> 旅行者の訪問地の選択に際しては、いうまでもなく交通等の面での利便性は重要であるが、むしろ人々がより求めている要素は、くつろぎや癒しにつながる健康である。こうした健康への志向のトレンドに応えるものが、人気の観光地には存在する。そのような観光地は、持続可能な環境抜きに成り立たない。持続可能性は経済、社会そして環境と関わり、観光地として発展を目指すにはこれらの要素を取り込み、統合していくことが重要となる。こうした統合を進めるためには、たとえば企業、政府そしてツーリズムに関連する市民、そうしたステークホルダーが適切に議論・検討を深めることが必要となる。

健康志向やそれ生み出すライフスタイルを観光地のセールス・ポイントとして打ち出すためには、宿泊産業だけで、それが実現できるわけではない。衛生面における配慮、清潔さ、消毒、健康チェックなどの公衆衛生はもとより、澄んだ空気、安全でおいしい水や食材は、健康志向のライフスタイルに不可欠で、これらはロボットや人工知能が制御して生み出されるものではないであろう。また、リラックスや癒しを求めようとすると、質の高い文化的体験が必要と考えられるが、こうした体験はテクノロジー、宿泊産業だけではプロデュースできず、企業、政府そしてツーリズムに関連する市民等のステークホルダーの協力から生まれるものも多い。そのため、今後、宿泊産業は観光地の一員として健康の要素を中心に多面的な観点から顧客満足度を考えることが求められよう。具体的には、地域の食材にこだわった料理や音楽、アートを通じて、宿泊客と地域の人々が集い、つながる場所を宿泊施設が提供することが重要となるであろう。また、今日、成熟社会の深化とともに、文化・健康・環境に対する旅行者の関心が強まっているため、宿泊施設での滞在にも健康志向のライフスタイル、文化体験といった新しい要素を打ち出すことが有効であろう。

したがって、テクノロジーについては、過度に依存する必要はないが、前述のような観点から、企業や市民、政府などが相互の協力の促進や旅行者へのセールス・ポイントの打ち出し等を中心に、適切にその活用を検討していくことが求められるであろう。

注 ————————

1　この 2200 件とは，届け出たうちで受理された件数である。届け出数はもっと多い。

2　同法では，住宅所有者が自ら居住しない場所を宿泊者に貸与する場合，住宅宿泊管理業者に住宅の管理を委託することが認められている。ただし，管理委託の場合，住宅宿泊管理業者は国土交通大臣登録が必要とされる。

3　仲介業者による住宅宿泊協会が設立され，違法民泊の撲滅，民泊産業の健全な発展とわが国の観光産業全体の拡大が目指されている。

4　イベント民泊は，年数回程度（1 回当たり 2〜3 日程度）のイベント開催時において，宿泊施設の不足が見込まれることにより，開催地の自治体の要請等により自宅を提供するような公共性の高いものについて，旅館業に該当しないものとして取り扱い，自宅提供者において，旅館業法に基づく営業許可なく，宿泊サービスを提供することを可能とするものである。ちみなに，2018 年度のイベント民泊ガイドライン改定において，イベント民泊の実施の要件に旅行者と地域の住民との交流を促進することという点が追加された。

5　MICE は，会議（meeting），奨励旅行（incentive travel），国際会議（convention），展示会・イベント（exhibition / event）という 4 つの用語を組み合わせた造語で，IR の中核を形成する施設群となる。

6　内閣府の外局としてカジノ管理委員会が設置され，カジノ事業者の免許審査，カジノ事業の規制や監督，ギャンブル依存対策などが取り組まれる。

7　公営ギャンブルだけでも競艇，競輪，競馬，オートレースの 4 種類があり，その場外売り場も都市部を中心に数多く点在する。

8　たとえば，横浜市は当初 IR 誘致を見送る方針とされたが，一転して誘致を目指す決定が下された。その規模や経済的ベネフィットは日本最大と予想されていたが，一方で地元住民団体の反対が少なくなかった。その後，2021 年 8 月の市長選で IR 誘致反対派の候補が当選し，誘致撤回の方針が示された。

9　ただし，この統計では，宿泊業が飲食業とまとめられており，宿泊業固有の生産性を論ずるには注意を要する。しかし，一般的傾向としては，宿泊業の生産性の低さが指摘されている。

引用・参考文献

Australian Government Productivity Commission [2010] *Gambling Productivity Commission Inquiry Report*, vol. 1.

中小企業庁［2016］「2016 年版中小企業白書」

Jafari, J. ed. [2000] *Encyclopedia of Tourism*, Routledge.

Jafari, J. and H. Xiao eds. [2016] *Encyclopedia of Tourism*, vol. 2., Springer.

JTB 総合研究所「スマートフォンの利用と旅行消費に関する調査」（2016 年〜2019 年）https://www.tourism.jp/tourism-database/survey/2019/11/smartphone-2019/（2019 年）

香川眞編／日本観光学会監修［2007］『観光学大事典』木楽舎

観光庁［2019］「平成元年版 観光白書」

栗原剛［2019］「宿泊施設のIT活用と生産性」第58回 ESRI 経済政策フォーラム 2019年11月25日報告ペーパー

ロングステイ財団［2018］『ロングステイ調査統計2018』ロングステイ財団

Mishan, E. J. [1982] "The New Controversy about the Rational of Economic Evaluation," *Journal of Economic Issues*, vol. 16.

内閣府サイト　https://www.cao.go.jp/

中林さとみ［2020］「デジタルテクノロジー——観光業界の回復・再活性化に最適な手法」観光庁・在日米国大使館・領事館商務部共催「日米ホスピタリティ・マネジメント，ウェビナー」（2020年8月20日開催）

日本政策投資銀行［2020］「DBJ・JTBF アジア・欧州豪訪日外国人旅行者の意向調査（第3回新型コロナ影響度特別調査）」https://www.dbj.jp/topics/investigate/2020/html/20200818_202801.html

日本生産性本部［2018］『レジャー白書2018——余暇市場69兆9310億円，前年比0.2%増』

Ratten, V., V. Braga, J. Álvarez-García and M. de la Cruz del Rio-Rama [2019] "Tourism Innovation: The Role of Technology, Sustainability and Creativity," in V. Ratten, V. Braga, J. Álvarez-García and M. de la Cruz del Rio-Rama eds., *Tourism Innovation: Technology, Sustainability and Creativity*, Routledge.

佐々木一彰［2009］「カジノ」A. ピザム監修責任／中村清・山口祐司日本語版監修『ホスピタリティマネジメント事典』産業調査会事典出版センター，所収

佐々木一彰［2018］「ゲーミング産業の社会的コストの検討」『余暇ツーリズム学会誌』第5巻

白坂蕃・稲垣勉・小沢健市・古賀学・山下晋司編［2019］『観光の事典』朝倉書店

Rifkin, J. [2014] *The Zero Marginal Cost Society: The Internet of Things, the Collaborative Commons, and the Eclipse of Capitalism*, Palgrave Macmillan.（柴田裕之訳［2015］『限界費用ゼロ社会——〈モノのインターネット〉と共有型経済の台頭』NHK出版）

山崎茂雄編［2016］『町屋・古民家再生の経済学』水曜社

第**6**章 観光と交通
経済学的視点からみる基本的性質

はじめに

　本章では，観光において欠くことのできない重要な構成要素の1つである交通について，観光との関わりを踏まえながら，経済学的視点から捉え，その基本的性質と，そこから引き出される今日的論点を抽出し，読者がこの問題に対して考察を深められるようにしたい。

　近年，AI（人工知能）の発達によってヴァーチャル・トラベル（仮想上の観光）も高度化し，関連業者はその需要の獲得に努め，成功を収めてきている。しかし，本来は実際に観光地，あるいは観光地とまではいかなくても日常とは異なる空間を訪れることを通して，その対象の素晴らしさに感動し，または新たな自己をその体験を通じて発見することによって精神的な高揚を経験し，それを通じて人間としての成長を遂げていくことを可能とするのが観光という行為である。したがって，移動手段のあり方は観光の「成否」を大きく左右するものであり，観光の発展を図ろうとするのであれば，交通のあり方についてもそれに沿った形で十分な考察がなされ，現実的にそれを最大限有効に活用できるような施策を実施していかなければならない。しかし，2000年代に入って以降，交通産業は規制緩和政策・自由化政策が展開されていくなかで，十分にこうした本義が顧みられることなく，全般的に衰退傾向をたどってきている。だからこそ，ここでは，交通の本質を理解し，その健全なあり方を実現するための政策の方向性を探っていくうえでの適切な視点を身につけてくれることを読者に求めたい。

1. 観光の重要なインフラとしての交通

1-1. 観光におけるインフラストラクチャー

　観光は，現代社会において経済を振興するだけでなく，人々に新たな活力をもたらし，生きがいを創造するなどして高齢者の健康維持にもつながることで福祉・医療にかかるコストを引き下げる。つまり，福祉・医療政策にも結びつくなど，多岐にわたる役割を果たす潜在的可能性をもっている。そして，それが顕在化したときの社会的なプラスの効果はきわめて大きくなることが期待できる。

　観光のこうした潜在的可能性を顕在化させるには，観光関連産業が健全に，そして持続的に営業を行っていくことが重要であるが，それが可能となるよう，観光面におけるインフラストラクチャーを十分な形で整備し，環境の変化に従って，絶えずそのありようが適切なものなのかを見直し，必要に応じて改変していかなければならない。

　インフラストラクチャー（infrastructure）という用語は，あえて日本語に訳せば「社会共通基盤」となるが，一般的には「インフラ」と略して使用されることが多い。英語の構成が示すとおり，社会を底辺から支えるものであり，それなしには社会がうまく機能しない，社会生活の土台となるものである。

　インフラという用語を知っていて，普段の生活のなかでも使用する人であっても，その多くは道路や橋といったハードなものを連想するのではないかと思われる。しかし，インフラはハードに限ったものではなく，形のないソフト面でのインフラも多々存在する。そして，むしろそちらのほうが重要になる場合も近年は多くなっている。

　なお，観光におけるインフラを考えるにあたっては，観光政策や観光関係者の間で用いられているインフラの概念に従い，他の分野で用いられているインフラの概念よりも広く踏まえて論じていくこととする。

　観光におけるハード面のインフラには，次のようなものがある。

- 観光の対象となる自然・文化遺産など
- 移動手段
- 宿泊施設
- 各種予約システム（在庫管理システム）

これに対してソフト面では次のようなものが考えられる。

- 観光関連法規（観光政策）
- 言語
- ホスピタリティなどの人材教育

こうしたインフラの整備は，民間の力だけで行うことが難しい場合が多い。それは，インフラは「公共財」としての特性をもつ場合が多いからである。

市場で主に貨幣を媒介としてやり取りされる商品のことを「財」という。財には「私的財」「共有資源」（準公共財）そして「公共財」という3つの種類がある。一般に市場でやり取りされるのが「私的財」である。これに対して，「公共財」は文字通り社会的に必要とされるものであり，「共有資源」（準公共財）は両者の中間的な性質をもつ。

公共財は2つの特性をもつ。「非競合性」と「非排除性」である。

「非競合性」とは，同じ財を複数の消費者が同時に消費できるということを意味する。ある消費者が消費することによって他の消費者の消費量が減少することはない。たとえば教育について考えてみよう。あるクラスにおいてある生徒が教育を受けているからといって，他の生徒が受ける教育の程度が下がるわけではない。

「非排除性」とは対価を払わなくても財を消費できることをいう。つまり，「ただ乗り」（フリーライダー）を排除することができないということである。

こうした性質があるため，公共財を民間事業者が建設して，そこから収益を上げようとしても，利用者から十分な対価を徴収することができない。一方，事業を始めるための投資額は大きいので，それを回収できない。そのため，最終的には国が社会的必要性に鑑みて整備していくしかないことになる。その代表的なものが道路などである。空港や鉄道に関しては，競合性，排他性などの性質をもつものの，現代社会において，それなしには経済・社会活動が十分な形で機能しないという意味において，公共財であるとみなすことができるだろう。そして，後にみるように，空港や鉄道には，初期投資が膨大なものとなることから，やはり国が基本的に整備を行うことになる。

1-2. インフラとしての交通機関

さて，こうした観光インフラのなかでも，移動手段である交通機関はとりわけ重要である。観光には必ず実際に動くこと，つまり「リアル」な移動を伴う

からである。最近では，高度情報技術を応用したVR（ヴァーチャル・リアリティー）ゴーグルを利用して，実際に世界各地の観光地を訪れたような気分になることができるようになったが，それはあくまでも本来の観光からみれば副次的なものであり，最終的にはその地を実際に訪れてみたいという欲求につながっていくことが自然な流れである。

　この点に関しては，文化経済学という学問分野のなかで論じられている。ノーベル経済学賞を受賞したアマルティア・センなどは，文化が成熟し，人間が本当によいものを享受しようとすれば，それはそのコピーを鑑賞することで満足することから離れて，実際にそのものに触れ，その本物のよさを感得していかなければならないとしている。このように，観光の本質も，実際に各地を訪れ，その場の素晴らしさを直接感じ取ることが重要なのである。

　交通手段といってもさまざまある。国際観光の面では一般的に航空が主たるものとなるが，ヨーロッパ域内のように陸続きでしかも1つの国の国土がそれほど広大ではない地域間のなかでの国際観光では，鉄道や車も大きな役割を果たしている。国内観光においても同様であるが，国内の場合には各国の置かれた状況によって交通手段は大きく異なってくる。

　交通機関のうち，航空や鉄道は，その発展段階の初期から成熟期に至るまで，事業化していくためには巨額の初期投資が必要であった。そのため，利用者が受容できるような水準での運賃を設定するためには，市場を独占するほどの供給量が求められた。さもなければ，運賃をほとんどの人々が利用できないほど，高額に設定せざるをえないからである。また，独占的状況を形成するまでの段階で，事業者間の激しい競争が行われば，その競争に参加しようとする事業者が多ければ多いほど敗者も増えることになる。交通事業は先述のように，成熟期までの段階では，初期投資の額が巨大なものとなるので，競争の敗者の数が多くなれば，それだけ無駄になる資金の額も大きくなる。それは社会損失の大きさと捉えることができる。こうした事態が予想されるのであれば，事業者間の競争による社会的損失が発生しないよう，航空などの交通事業開始の段階から，ある事業体に市場における独占を認め，他の事業参入の希望者に対して，その参入を認めないことが国としての合理的施策ということになる。これが「自然独占」といわれるものである。

　自然独占を認めることによって，競争の落伍者によって生み出される経済的損失は回避できるが，その反面，独占によって不当な利益が追求されるように

なっては本末転倒である。そこで，日本の航空事業の場合，価格については認可制を導入し，不当な運賃設定がなされないよう，行政の監視・監督が行われた。それと同時に，ある程度の収益性を担保する代わりに，その収益を将来の成長のための投資の源泉に回すこと，さらに公共性があるものの，不採算の路線も運航させることを義務づけた。後者は，「内部補助体制」である。

　日本の航空産業は，第二次世界大戦の敗戦の結果を受け，世界の航空市場において大きな後れをとったが，こうした成長政策がとられたこと，そして主に1960年代の高度経済成長期の恩恵を受けて急成長を遂げたことで，世界のトップクラスの航空会社にまでランクアップしていった。そして，ここまで成長すると，航空会社にとっては，従来の規制政策が逆にさらなる成長の足かせとなってくる。また，利用者の側も，サービスの質などにおいて独占政策の弊害を訴えるようになる。

　こうしたなか，アメリカでは，1970年代後半から，市場活力を最大限発揮することでスタグフレーション（stagflation；経済不況になれば，物価は下落するのが通常であるが，不況であるにもかかわらず，物価が高留まりする現象のこと）の問題を解決すべく，大胆な規制緩和（de-regulation；正確に訳せば規制撤廃）を実行していくことになる。

1-3. コンテスタブル・マーケット論

　その理論的背景となったのがコンテスタブル・マーケット論（contestable market theory；競争可能な市場理論）である。これは，市場において仮に独占・寡占的な状況が生じていたとしても，新規参入と撤退のコストが低ければ，独占的な価格は形成されず，競争市場におけるメリットは維持されるので，規制をする必要はないという理論である。具体例を考えると，こうした状況で，もし既存の独占的企業が不当に価格を引き上げようとすれば，それよりも低い価格で需要を奪おうとする企業が新規参入し，それに対して既存の企業が対抗行動をとる前に素早く撤退するという「ヒット・アンド・ラン」戦略をとることが予想される。このようなことになると，既存の企業にとっては，対抗行動をとったりすることにコストがかかり，不利益を被ることになるので，そうした事態が生じないように，たとえ独占・寡占的な地位にあっても，独占・寡占的行動はとらないという考え方である。

　この理論をもとに，アメリカでは規制緩和（撤廃）政策が航空分野を先駆け

として進められていき，ヨーロッパや日本にも大きな影響を与えるようになった。そして，日本では，公営企業の民営化という形をとっていく。

　ただし，航空分野における競争促進政策は，最近に至るまで実質化してこなかった。それは，首都圏空港における発着枠が供給制約の状態にあるからである。日本の経済は，東京への一極集中構造の状態にあり，近年，地方経済の弱体化とともに，その状況が強まっている。それは日本をめぐる国際交通の流れにも大きな影響を及ぼしている。航空会社としては，当然大きな需要が見込まれる市場に路線を張りたいと考える。しかし，羽田空港や成田空港は，すでにJAL，ANA がかなりの発着枠を確保しており，残りの配分枠は限られている。たしかに，管制技術の向上や，滑走路の運用時間帯の延長，飛行ルートの見直しなどによって，発着枠の増加が図られてきてはいるが，競争環境を劇的に改変するような規模の増加には到底なっていない。

1-4. 限られた資源の配分方法

　そこで，限られた貴重な発着枠をどのように配分すれば最も社会的に望ましいかという問題が生じてくる。これはまさに経済学的課題である。経済学とはそもそも稀少性のある財をどのように社会的に配分すれば，社会総体として最大限の満足度を得ることができるか（厚生水準の最大化）を考える学問である。発着枠の配分問題はまさに経済学的思考の対象とすべき問題である。

　実際の配分は航空各社からの要望をもとに，政府が配分を行っている。この場合には，政府の裁量権をどこまで正当なものとみなせるかが論点となる。政府が市場に関する情報を有し，それを正確に分析することで最も合理的な判断を下すことが現状の配分方式の前提となる。これは「大きな政府」の考え方である。

　「大きな政府」論については，時代の変化とともに市場構造も変化し，政府に最も正確で重要な情報が集まるとは限らなくなったという見方から，市場での判断に委ねたほうがより合理的な判断ができるという考え方へと変化していった。前出の規制緩和は，そうした考え方の変化を反映したものでもある。こうした考え方は対置的に「小さな政府」論と呼ばれている。

　発着枠の配分に関しては，オークション方式を導入することが考えられる。いわゆる入札制度であり，各航空会社からの支払可能性によって枠を配分していく方法である。政府による配分の場合には，制度的には発着枠を獲得するた

めの費用は航空会社の側には発生しない。そのため、航空会社としては、たとえ即時的に必要でない発着枠であっても、将来のために、もしくは、ライバル企業が当該発着枠を獲得できないようにするために、実際の需要よりも多く発着枠を獲得しようとする。その結果、当座使用しない発着枠が発生し、社会的に損失がもたらされることになってしまいかねない。

　一方、オークション方式によれば、航空会社はよほど財務的に余裕がない限り、必要以上の発着枠を購入しようとはしないだろう（たしかに投機目的で購入しようとする可能性はある。その場合には、他の航空会社への転売を禁ずるようにすればよい）。しかし、オークション方式を採用した場合に問題点として残るのは、規模が大きく資金力があるところが多くの発着枠を購入してしまい、新規参入しようとする中小の企業に対する大きな参入障壁となってしまうことである。これに対しては、購入できる枠数を制限することが対策として考えられるが、そうなると、その枠数をどのように定めるかという点において、行政の裁量権が働くことになり、現状と同じような問題点が残ることになる。

　また、高額で発着枠が購入された場合、購入した航空会社は、そのコストを運賃に転嫁する可能性が出てくる。そうなると、航空会社ではなく、その利用者に負担がかかってくることになり、社会的便益は大きく損なわれることになる。そこで、公共性の高い路線については過度に高い運賃が設定されないよう、プライス・キャップ規制（上限価格の設定）がなされることがある。ただし、この上限規制も、行き過ぎたものとなった場合、安全面のコストを切り下げて低運賃化を図ろうとする危険性もあることを認識しておかなければならない。

　さらに、すでに既存の航空会社が保有している発着枠についてはどうすべきか、という現実的な問題もある。すべてをいったん返却させてすべてオークション方式によって配分し直すというのは現実性に乏しい。こうした航空会社は、従来、発着枠を利用して航空輸送に貢献してきたことは確かであるのに対し、新たに発着枠を獲得することによって航空事業を開始しようとする企業は、はたして持続的に航空事業を行っていけるかどうかは未知数である。このように、実績を評価するということも重要なことであり、羽田空港や成田空港など、混雑空港の発着枠の保有状況がいかに寡占的な状況にあるとしても、一概にそのあり方を批判することはできない。

　こうしたオークション形式をめぐる議論は何も航空に限ったことではない。後に取り上げるバスなどに関しても同じような問題が生じている。昨今、地方

自治体は，人口減少に伴う財政の窮乏化対策の一環として，地方公共交通に関して，入札制によって民間事業者にその運営を委ねるという試みが各地で行われている。その際問題となるのは，価格面だけで業者が選定されてよいのかということである。

　もちろん，入札時においては，価格面以外でも，さまざまな評価項目が存在する。しかし，そのウェイト・ブリのあり方がどこまで地域の実情にあっているのかを評価することは実際には難しいことが多い。というのは，地方行政においては，交通を専門とする部門の数が少ないため，評価能力に限界があることが往々にしてみられるからである[1]。そのため，最もわかりやすい評価項目である委託コストの低さが最優先され，また，これによって財政負担も最も軽減されることがわかりやすく示されるので，最安値を提示した事業者が選定されることになる。こうした事業者は新規参入者であることが多く，実際に事業を行ってみると採算がとれないことに気づき，短期間で事業を放棄してしまうことがある。その一方で，従来から当地の足を支える努力をしてきた既存業者は，価格面での競争に敗れ，事業を中断することで，それまでの経験的蓄積が雲散霧消することになってしまう。これも大きな社会的損失である。

　地域の移動手段を確保することは，これから地方の高齢化がさらに進んでいくことからきわめて重要な政策目的となる。そして地方生活が豊かなものとなれば，日本の観光誘致政策もより多様な可能性をもつことになる。観光政策はあらゆる交通手段のあり方と結びついているのである。

2. 国際観光における交通

　本節では，観光において大きな役割を果たす交通機関別（モード別）にその現状と今後のあり方についてみていくことにしたい。

2-1. 航　空
(1) アライアンス

　先述のように，観光において航空の占める比重はきわめて大きなものである。翻って考えてみれば，とくに国際観光では，航空のありようが観光のあり方を規定するといっても過言ではないともいえよう。

国際化が進むなかで，航空会社は国外に新たな市場を求めることができるようになった一方で，さまざまな課題に直面することになる。

　国際化の進展は，従来とはまったく異なった文化・商習慣を有する国との間でビジネスを行うことを指向するようになるが，これにはかなりのリスクを伴うことも確かである。直接投資によってビジネスを拡大していこうとすれば，経営判断の自由は確保できても，相手国に対する理解不足が大きな問題を生み，結果的に事業がうまくいかず，大きな損失を被ることになりかねない。

　こうしたなか，航空会社の新たな経営戦略として登場してきたのが「アライアンス」（alliance；企業間連合）である。

　アライアンスは航空に限ったことではなく，自動車業界などでも行われているものである。各航空会社が単独で国際市場を制しようとするのではなく，世界の主な市場の代表的な企業との間で提携関係を樹立し，連携し，その総合力をもって国際市場を制していこうというものである。アライアンスに属する航空会社は，各々がベースを置く市場においてすでに競争力を獲得しており，新たに各社が単独でその市場に参入する場合に直面しなければならないリスクを考慮しなくて済むし，すぐにその企業の競争力を利用して大きなビジネス・チャンスを獲得することができる。さらに，買収ではなく，提携関係を結ぶことによって，お互いの独立性を保持しながら共闘していくことは，提携関係にあるグループ全体の緊張関係を持続させ，経営に緩みのない状態を保持することが可能となる。また，ある地域の市場がなんらかの事情で壊滅的な打撃を被った場合，その地域の航空会社との関係を清算することで，直接投資を行い，そこから撤収する場合よりもはるかに容易に，かつコストをかけずにリスク回避を行うことができる。

　こうした戦略は，経済学においては「連結の経済性」として説明できる。連結の経済性が可能となるためには，アライアンスに加盟する航空会社の間で絶えず正確で迅速な情報流通を行うことが可能でなければならない。それを可能としたのがインターネットの普及であり，メールの一般化である。航空事業におけるアライアンスが登場してきたのは 2000 年前後であり，ちょうどインターネットの国際的な普及時期にあたる。

　また，航空機や燃料など，個々の航空会社の需要をアライアンスとして一括して売り手に発注することで価格交渉力が強まり，より安く購入することができるというメリットもある。

こうして，国際航空市場ではスターアライアンス，ワンワールド，スカイチ
ームという３つのアライアンスが形成された。それらはいずれも，国際航空市
場の３つの大きな柱であるアメリカ，ヨーロッパ，アジアの主要な航空会社を
中核として形成されている。

　当初のアライアンスは，メンバーとなる航空会社の数を絞っていた。それは，
メンバーとなる航空会社の質，つまりサービスのよさや安全性といった水準が，
総合的なものとしてアライアンスのブランド価値を形成するからである。

　その後，国際航空市場が拡大し，国際流動がより活発になるにつれ，アライ
アンスに加盟する航空会社の数も増加していった。新たな市場に進出していく
に際して，その市場にパートナーとなる航空会社を求めていった結果である。
そうなると，アライアンスのなかでリーダーとなる航空会社とフォロワーとな
るその他多くの航空会社との間にスタンスのずれが生じてくる可能性が大きく
なる。実際，先述したような燃料などの共同調達は行われていない。

(2) LCC

　一方，1990 年代後半になると，EU（ヨーロッパ連合）統合に伴う航空政策の
自由化が進み，競争が促進されていくなかで，LCC（low cost carrier）が台頭
してくる。コストを最大限切り詰めることで安い運賃を提供し，より多くの顧
客を獲得することで利益を上げていこうというモデルである。その原型となっ
たのは，LCC が一般的になるはるか以前の 1971 年から運航しているアメリカ
のサウスウエスト航空である。航空会社の経営は，景気の波によって大きな影
響を受けやすい。景気が悪くなると，企業やビジネスパーソンは，不要不急の
出張は取りやめたり，あるいはビジネスクラスを使っていたのをエコノミーク
ラスに変えたりして経費節減を図るからである。そうしたなかにあって，サウ
スウエスト航空は創業以来，黒字経営を続けている。このことから，サウスウ
エスト航空の経営は経営学の世界でも注目され，研究されてきた。そして，サ
ウスウエスト航空の強みは航空産業独自のものに加え，他の業界でもあてはま
るような企業経営そのもののなかにあるということが見出された。つまり，
ES（employee satisfaction；従業員満足度）の向上を図るということである。

　LCC の世界的台頭はヨーロッパのライアンエアー（Ryan Air），イージージ
ェット（Easy Jet）に始まり，その後アジアなどに広がっていった。そして
LCC は世界の観光需要の増大にも大きく貢献してきている。現在，とくにそ

の発展が著しいのはアジアと中南米である。アジアにおける LCC はその経済発展と呼応して観光産業を押し上げる原動力となっている。

ただ，近年は LCC 同士の競争が過熱し，市場も飽和状態になりつつある。LCC のなかには，激しい競争に耐えることができず，倒産するところも出てきている。こうしたなか，中長距離路線への進出によって活路を見出そうとする LCC も現れてきた。

LCC は本来，短距離路線を多頻度で運航することを基本的なモデルとしている。そうすることが，機材の稼働効率を高めるうえで最もよいからである。中長距離になると機材の運用効率を上げることが難しくなる。また，LCC ではなるべく多くの乗客を「詰め込む」ために，座席と座席の間が狭くなる。乗客にとっては，短距離であればなんとか我慢できても，中長距離になると長時間にわたって窮屈な状態に置かれることに耐えられない人も多く出てくるだろう。実際にエコノミークラス症候群が発生する懸念も出てくる。そうなると，どうしても個々の乗客のための占有空間を広げなければならず，提供座席数も減らさざるをえない。

従来型の航空会社（FSC：full service carrier）も，みすみす市場を LCC に奪われるような状態をよしとはしない。自らも無駄なコストを削減しつつ，より魅力的なサービスを提供することで顧客をつなぎとめ，あるいは上位の顧客層をより多く取り込もうとしている。こうした FSC と LCC の競争は，そのターゲットとするマーケットが明確に区別できるようであれば航空需要全体の拡大につながるが，同じ市場での奪いあいになる可能性もある。

いずれにせよ観光が発展していくうえで，国際観光を中心に航空産業の動向は大きな鍵となる。今後も技術進歩を取り入れ，航空産業は大きく変容を遂げていくだろう。そして，それに伴って観光のスタイルも変化していくことが予想される。

2-2. 船　　舶

富裕者層が世界一周など，長期の旅に出る場合，船舶（フェリー）での船旅に人気がある。豪華客船であたかも陸上の豪華な観光遊戯施設にいるような感覚でゆっくりと時間を過ごしながら世界の観光地を回る。豪華客船の場合，より高額な価格帯の客室が売れ筋である。

その一方，日本では近年，インバウンド観光客を積極的に誘致し国内での消

　2020 年 1 月に中国武漢市を発端として新型コロナウイルスが世界中に拡散し，経済活動にも大きな影響を与えている。そのなかでも，初期の段階での豪華客船ダイヤモンド・プリンセス号内での感染者の発生と，その後の洋上隔離の措置をめぐっては国際的にも大きな注目を集め，その措置の是非について議論がなされることとなった。ダイヤモンド・プリンセス号以外にも，乗客のなかに新型コロナウイルスの感染者が出たウエステルダム号が各国から寄港を拒否され，最終的にやっとカンボジアに受け入れられるということも大きく報道された。これにより，フェリーに対するイメージの悪化は，当分の間避けられないものとなった。航空機の機内のほうが密閉性は高く，ウイルスが乗客の間で感染する可能性は高くなるが，いったん感染者が出た場合の影響は，多くの乗客が長期間にわたって限定された空間で過ごす船上のほうが問題が大きくなることを，今回のケースは示したことになった。

　以前にも SARS（重症急性呼吸器症候群）が同様のパニック状態を引き起こしたことがあるが，その後国際的流動性はさらに高まっており，拡散の速度，度合いも飛躍的に大きくなっている。こうした「イベント・リスク」にどのように対処していくかは，国際交通を担う事業者，そして政府担当者にとってきわめて重要で，かつ緊急性を要する課題である。

費の拡大を図ることに努めているが，そのなかで中国人観光客による「爆買い」が大いに注目された。そして，より多くの買い物をするための手段としてフェリーが活用されるようにもなった。飛行機を利用するよりもはるかに多くのものを持ち帰ることができるからである。

　日本ではとくにアジアから近い九州にこうしたクルーズ船を利用した観光客が訪れた。ただ，このような観光客は，クルーズ船に宿泊し，訪れるところも大型家電量販店など限られており，当該地域経済への貢献はきわめて限られたものとなり，クルーズ船で訪れる多くの観光客に大きな期待を寄せていた地元の人々を落胆させることになった。

3. 国内移動における交通

3-1. バス：運賃と安全性

(1) バスをめぐる課題

　団体旅行においてはバスによる移動が欠かせない。同時に，日々の暮らしにおいてもバスは公共輸送手段として大きな役割を果たしている。また，バスは一度に多くの人々を輸送するので，マイカーやタクシーなどの個別性の高い輸送手段に比べて環境にやさしい交通手段だと一般に見なされている。ただし，バスがどのような場合でも環境にやさしいとはいえない。たとえば地方のローカル路線では，乗客がほんの数人しかいない，あるいは1人もいないのにスケジュール上バスを運行させなければならないケースもある。そのような場合には，マイカーなどに比べて車体の大きいバスはより多くの燃料を消費することから，環境にはより大きな負荷をかけることになる。

　日本では近年，インバウンド旅行客が増えていることを受け，貸切バスの需要も増えている。そこで，路線事業と貸切事業の両方を行っているバス会社では，貸切の部門でなるべく収益を上げ，不採算部分の路線バスの経営を下支えするといったところが出てきている。一方で，2002年に行われた道路輸送法の規制緩和によって，バス事業への新規参入がしやすくなったことから，零細企業もバス事業に進出し，過当競争が生じた結果，運賃が低下し，バスの運転者の所得水準・労働条件も悪化していった。その結果，若者層からの人材供給が厳しくなり，バスの運転者の高齢化，そして人員不足の状況が進んでいった。

　ここで重要なのは，適正な運賃水準とはどのようなものであるべきかということである。ただ単に安ければよいというものではない。交通事業においては安全性を確保することが最も重要な使命となる。もし運賃が過度に低く設定された場合，それによって十分な収益を得ることができず，そのしわ寄せとしてバスの運転者のような直接安全を担う交通労働者の労働条件が悪化するようなことがあれば，過労運転や，運転経験の浅い運転手を起用せざるをえない，などの事情によって事故を引き起こしてしまい，尊い人命が失われることになってしまう。実際，2016年1月に軽井沢で起きたスキーバスの転落事故は，このような問題が顕在化したケースとして位置づけられる。

(2) 情報の非対称性とその解決策

運賃が安全性を確保したうえでの適正なものとなっているかどうかは，消費者にはなかなか判断がしにくい。このような状況を経済学では「情報の非対称性」という（第1章も参照）。バス事業者には当然実情は把握しているが，そのサービスの受け手の側にはそれがわからないことが「非対称性」という言葉で示されているのである。このような状況を市場において放置することは望ましいことではない。ここでは行政の介入が必要になってくる。

ただ，行政もすべての情報を入手し，理解できるわけではない。かといってすべてを規制することによってコントロールすることも非効率性を生み出すことになってしまいがちである。競争原理の導入は，市場の効率化を図るうえではやはり必要なことである。

そこで，競争原理と安全性の担保を両立させるためには，監査体制を充実させていくことが求められる。つまり，競争のルールにきちんと則って事業を行っているかどうかをしっかりと監視・監督していくことが重要である。

ただし，社会的監査をどのように行うかは難しい問題である。市場が大きければ大きいほど，公平かつ正確な監査を行うことは難しくなる。監査要員として大量の人員を投入することが望ましいが，どれだけの人数であれば適正であるといえるのかは断定できないし，数が多ければよいというものではなく，高度な専門的知識も必要である。それに，何よりも，予算制約の問題があり，多くの監査要員を確保することは実際的に難しい（とはいえ，競争原理を追求しているアメリカでは，日本とは桁違いの人数の監査要員を置いている）。

また，最近では乗務中に携帯電話を使用していて問題だとして，一般市民からクレームがなされることも多くなっている。このように，どうしても大手のバス会社のほうが，車両が多いために目立ってしまい，中小企業よりもより厳しい監視下に置かれるという不公平性についても考慮する必要がある。さらには，匿名での監査行為（クレーム）は，ライバル会社の足を引っ張るための行為である場合も否定できない。また，民間に監査行為を委託することになれば，それだけ公的部門の職務負担が軽減されると見なされ，予算の減額，組織の縮小につながる可能性もある。したがって，そのようなことは，組織の維持を至上命題と考える行政組織では到底行うことができないだろう。

そもそも社会的監査を一般市民の手に委ねることには問題が残る。実際に自転車の違法駐輪や歩きたばこの禁止などに対して，民間にその取締行為を委託

しているところがあるが，どこまで法的権限をもたせて強制的に取り締まることが可能であるかが問題となる。そのため，違法行為の取り締まりを実際に行う際に，権限をめぐって取締者と被取締者との間でもめることも多い。

　このように適正に社会的監査を行うことはなかなか難しいが，規制をできるだけ廃して競争促進によって経済的効率性を高めていこうとするのであれば，監査制度の充実は欠かせない。現実的な方法としては，抜き打ち監査を行い，問題があった場合の罰則を厳格化することであろう。法令を遵守しなかったときのリスクを大きくすることで，企業が脱法行為を行うことを抑止するのである。

　安全性の問題については，その維持・確保については費用がかかるということを消費者にはっきりとした形で認識させる必要がある。「可視化」されなければ，実際にそのための経済的負担を消費者はとろうとしないのが現実である。これが食品の場合であれば，品質管理が完全に行われていなければ，直接的に，場合によっては即時的に人体に悪影響を及ぼすので，消費者もその品質には敏感になり，過度に安いものについては警戒感をもって接することになるだろう。しかし，バスなどの交通機関については，重大な事故が起こって，それをマスコミが大々的に報じた際には，安全に対するコストの問題について考えるけれども，そうした報道が沈静化していくに従って，そうした意識も薄れ，より安いものを選ぶようになっていく。これは，事故に遭遇する可能性があまりないということから起因しているのである。

　また，どのバス会社がどのような形で安全に対する取り組みを行い，それにどれくらいのコストがかかっているのかが一般的にわからないということも，消費者がバス会社を選択するうえでよりよい判断ができない原因となっている。これに対して，安全対策のコストを会計的に明示する「安全会計」という考え方が導入されようとしたことがあるが，残念ながらいまだ普及していない。その要因としては，安全を取り入れた会計基準の設定が難しく，一般化することが難しいことが考えられる。一例としては，安全は運転者などの労働条件・環境にも大きく左右されるが，それをどのような形で会計基準に盛り込むのかは難しいことが挙げられる。

　バス協会など，業界団体による優良会社に対する認証制度も行われているが，デフレ状況では，どうしても割安のバス会社が選ばれやすい。対策としては，行政の側からある程度の運賃水準のガイドラインを示し，それを大きく逸脱す

るような場合には，それが可能になることを事業者に立証させるような制度が行われているが，この方式を精緻化していくことが当面重要ではないかと考えられる。

(3) 自動運転の試み

なお，バスの運転者不足の対策として，自動運転化の試みが行われている。とくに地方では，路線バスの運転を自動化する社会実験が行われている。ただ，バス輸送については，高齢者を中心に，社内における転倒事故が多く発生しているという問題がある。この点については，本社などから遠隔でモニター監視するとしているが，転倒事故についてはその場で迅速に対応することが必要であり，実際にその場に責任ある者がいないことには大きな問題がある。さらに，道路空間は車だけでなく，オートバイや自転車など，多様な交通手段が混在している。それらがすべて高度技術を通して連携しているわけではない。当然，お互いに想定できないような動きをするので，それに臨機応変に対応できるかどうかは，いかに自動運転の技術が高度化したとしても難しいところであろう。

そして何よりも，技術に不具合があったときの対応，またそれに伴って事故が発生した場合，だれにその責任が帰せられるのかを判定することが難しい場合も出てくる。たとえば，GPS の製造者なのか，自動車メーカーの責任なのか，運航管理者の問題なのか，あるいは相手方の問題なのか，といったようなことである。この問題は保険の設定にもつながってくる。自動運転化は技術的には可能であったとしても，このように，法をはじめとする社会制度設計の面で時間がかかり，実際の導入に時間がかかるのが通例となる。

3-2. タクシー：ライドシェアなどの新しい動向

地理不案内，また初めての海外での電車やバスといった公共交通機関を利用するには大きな不安があるような旅行者にとって，タクシーは重要な移動手段となる。

しかし，日本ではタクシーはいまだ贅沢財だと見なされる傾向が強い。これには，規制によって守られているために運賃が高いので，規制緩和を進め，競争原理を導入することで運賃を下げ，より利用しやすいものとしていくべきだという主張が規制改革を進める政府の委員会などからなされている。その一方で，それは日本のタクシーの世界一の品質・サービスと，それを可能にしてい

る労働環境を破壊するものであるというタクシー事業者・労働者の主張もあり，両者の間で激しい議論が行われている。

　そうした状況を背景として，タクシーの新たなあり方をめぐって，近年，ライドシェアという新しい形態の個別輸送サービスが登場し，各国で発展を遂げてきていることに注目が集まり，日本での導入が検討されている。

　ライドシェアは，「シェアリング・エコノミー」という概念に基づいたサービスである。第4章でも述べたようにシェアリング・エコノミーとは，文字通り「共有経済」であり，人々が所有しているものを社会全体として有効に活用するために，所有者がそれを利用しないときに，それを必要とする人々に対してそれが利用できるようにしていこうというものである。こうした考え方自体は目新しいものではないが，インターネットなど情報技術（IT）の進歩によって，あるサービスを必要とする人とそれを供給できる人，つまり需要と供給のマッチングが従来では考えられなかったような効率的なやり方で行うことができるようになったことが革新的なのである。

　こうした技術的プラットフォームの上に，さまざまな新しいビジネス・モデルが構築されていった。その代表的なものが，ライドシェアである。車によって移動したい人と，その時間に自分の所有する車を使って需要者が希望する移動サービスを提供できる人をマッチングさせることで，社会的移動需要により効率的に対応していこうというモデルである。この場合，プラットフォームとなる仲介者は，移動サービスを提供しようとする人を登録させ，彼らから登録料，また毎回のサービス提供時に仲介料をとることで収益を得る。日本では後で述べるような理由で解禁されていないが，海外では，タクシーよりも一般的に安く，しかもすぐに配車されるという利便性を評価して，人々はライドシェアを利用するようになった。

　ライドシェアの主な事業者としてはアメリカのUber，Lyftが有力である。また，アジアではGrabが競争力を発揮している。

　しかし，ライドシェアにはさまざまな問題があることも明らかになってきた。

　まず，利用者の側からみた問題としては，運転者の信頼性がある。従来のタクシーのように，運転者は旅客輸送に対する特別な訓練を受けたわけでもなく，身元も完全には保証されていない。この点に関しては，ライドシェア側からは，登録時にきちんと身元の調査をしているとしているが，実際には乗客に対する強盗やレイプ事件が多発している。そして，ライドシェア最大手のUberは，

　タクシーを公共交通手段とみなすのであれば，ダイナミック・プライシングを採用していることも論点となる。ダイナミック・プライシングとは，需要量の変動に応じて運賃を変動させることである（第3章も参照）。これは，私的なサービスについては理にかなったものではあるが，公共性を帯びたサービスの場合には是非が問われるところである。なぜなら，需要量が少ないときには運賃が安くなっていいが，需要量が高くなると，運賃が跳ね上がってしまい，資力のないものはサービスの提供を受けられなくなってしまう。

　日本では，高齢化が進み，認知症の問題などで自家用車を運転できない高齢者が増加するなか，タクシーは高齢者の移動手段として重要な社会的役割を果たすことが期待され，そのための制度整備も進められている。以前であれば，タクシーはお金に余裕がある人たちの乗り物と捉えられることが一般的であったが，現在では公共交通として認識されるべきものとなっている。そうであるならば，その運賃は誰もがいつでも気軽に利用できるようなものでなければならない。

2019年にレイプなどの事件が多発していることを認めるレポートを公表した。いわばヒッチハイクと同じようなリスクが存在しているのである。

　さらには，車両の整備や運転者の健康管理がきちんとなされているかという問題もある。とくに日本では，こうした管理は法人タクシーにおいて厳格になされている。個人タクシーについても，法人タクシー会社に長年勤務し，その間優良な運転者として認められた者に対して個人タクシーを営業する権利が認められるので，こちらもきちんとした管理を行うことが期待できる。しかし，ライドシェアについては，仮に遠隔モニターが実施されても，数多くの民間の登録ドライバーに対して管理が厳格に行われるのかについて疑問が残る。

　一方，ライドシェアのサービスの提供者，つまり運転者の側については，職業的地位の不安定性の問題がある。「ギグ・ワーカー」という言葉がある。会社の社員としての制約に縛られることなく，個人で自由に仕事を請け負い，報酬を得ていく者のことを意味している。「ギグ」というのは一種のスラングであり，ジャズなどで気の向いたプレイヤーがその場で一時的に演奏を行うことを表すところから由来している。

　自分の働きたいように働けるというのは文句なく素晴らしいことのように思われるが，実際には個人事業主として位置づけられるため，会社員であれば享

　ライドシェアについては，AI（人工知能）によるマッチング・システム自体がもつ問題性もある。本文で後でも言及するが，AIを活用すること自体は時代の趨勢であり，それ自体を批判することは的を射たものとはいえない。ライドシェアの場合でいえば，サービスを必要とする人とサービスを供給できる人を瞬時に，最適なルートでマッチングさせることができるのは，AIなくしてはできないことである。しかし，AIは常に中立的であるとは限らない。AIの設計者が，自らに有利になるような仕組みを組み込んだとしても，そのバイアスの存在を外部から見抜くのはほぼ不可能であるといってもよい。AIの内部構造はブラックボックス化しているのである。Uberに関しては，こうしたバイアスもあり，運転者が不当に搾取されることによって会社が「不当な」利益を上げているという報告がなされている（ローゼンブラッド［2019］）。技術は中立的であるという思い込みは危険である。

　先にも言及したように，公正な市場であるためには，市場に参加する者すべてに対して，やり取りする財についての正確な情報が共有される必要がある。これを「情報の完全性」「情報の対称性」という。しかし，ここでみてきたように，情報技術・機器が発達したからといって，情報の完全性が達成されるとは限らず，むしろ「ブラックボックス化」することで，市場における不平等性が拡大する危険性が高まるリスクも増大している。言い換えるならば，情報リテラシー能力の格差を意味する「デジタル・ディバイド」の問題ともいえるだろう。

　こうした問題が起こることを回避するのは困難ではあるが，やはり社会が総体的にこうした問題があるという事実を認識し，関心を高め，監視の目を強化していくしかないのではないかと思われる。そして，情報伝達において虚偽的行為が発見された場合の厳罰化を行うことで抑止効果を高めていくことが求められる。

受できる社会保険の恩恵を受けることはできない。事故などを起こして入院したりすれば，それはすべて本人の責任となり，休業補償などは一切なく，一気に生活破綻の危機になりかねない。また，個人事業主としての扱いであるがゆえに，賃金の支払条件においても，毎年の契約更新時において大幅に引き下げられてもどうしようもないということになってしまう。

　こうした点においてアメリカではUberの運転者をめぐる裁判が行われ，Uberはその登録下にある運転者を正規社員として雇用しなければならないと

いう判決が下された[2]。

3-3. 鉄道：環境対応と料金設定

　鉄道は環境にやさしい交通手段として近年，その利用が促進されているが，国際化が進むことによって，案内表示における多言語化などの課題も出てきている。

　2019 年にスペインのマドリードで行われた COP25（気候変動枠組条約第 25 回締約国会議）に際し，当地を訪れようとした環境運動のリーダーが，航空機を利用して移動することを環境保護の観点から選択せず，大きな話題となり，1 つのムーブメントを起こした。いわゆる「フライト・シェイム」である。

　これに対して，ヨーロッパの航空会社からは，自ら鉄道への需要誘導を行うところが出てきた。つまり，近距離路線であれば，自社の航空便を利用するのではなく，提携する鉄道会社を利用するよう勧めるのである。これも鉄道会社と航空会社が一体的に運用されているがゆえに可能となることである。

　環境負荷を軽減させるといった大義のために，このようにある交通手段（モード）から他の交通手段（モード）に需要を誘導していくことを「モーダル・シフト」という。日本でも，環境問題への対策と同時に，運転者不足の問題もあり，トラック輸送から鉄道による貨物輸送に供給体制をシフトさせていこうという試みがなされてきた。また，鉄道の路線があるところでは貨物列車にそのままトラックを積み込み，集荷地点から駅まで，そして駅から最終目的地までの間をトラックで輸送することで，環境負荷を軽減しようという試みも社会実験として行われている。

　しかし，こうした試みは日本ではあまりうまくいっていない。日本の鉄道では，1987 年の国鉄の分割・民営化に際して上下分離方式[3]が導入され，その結果誕生した JR 貨物は，インフラ部分（下部）をもたず，JR 各社からレールを借り運行を行うことになった。JR 貨物以外の会社は，自らの主たる収益源である旅客輸送を優先したため，JR 貨物は，旅客輸送便の合間を縫っての運行となり，同じ路線，同じ距離においても，要する時間に格段の差が生じることになった。東京・大阪間の輸送の場合，貨物列車であれば 12 時間程度かかるが，トラックでははるかに短い時間で同区間の運送を行うことができる。陸上貨物輸送では，速達性が求められることが多いので，貨物列車による輸送はどうしても選択されなくなってしまうのである。

だからといって，国などが強制的にモーダル・シフトを断行しようとすれば，社会全体の経済効率性が低下してしまうことになる。適切な競争原理は維持していかなければならない。そして，何よりも何を選ぶかは利用者の自由である。その際に，正しい選択ができるような市場環境を整えることが必要なのである。そこで重要となるのは，環境負荷に対する社会的コストを適切に反映した形での運賃設定・料金設定になるようにすることである。従来，環境負荷に対する社会的コスト[4]は市場価格を形成する際に見逃されてきた。その結果，その財の価格は本来あるべきものよりも低く設定されることから，社会的に過剰な需要が生じ，そのことが環境負荷を大きくすることになってしまう。このような状況を経済学では「外部不経済」と呼ぶ。市場の外に置かれた環境負荷への評価を市場内部に取り込み，社会的に適切な需要の水準に戻すことが求められる。

　また，環境保護対策と経済振興策は，両立されなければならない。いくら環境保護が重要だからといって，そのために人々の生活が行き詰まり，生きていくことができなくなれば本末転倒である。環境保護と経済成長の両立を目指すあり方を持続可能な発展（sustainable development）という。交通分野において持続的経済成長を実現するためには，燃料効率の向上などの技術革新や，クリーン・エネルギーの開発・導入などを進めることが求められる。

　さらに2015年9月の国連総会で，2030年に向けた具体的な行動指針としてSDGs（持続可能な開発目標）が採択された。このなかには日本で進められようとしている働き方改革の方向性も盛り込まれているが，先に述べたバスの場合のように，日本の交通・運輸業界は，コロナ禍における一時的な状況を別として，ほぼ全面的に人手不足の問題に直面している。そのため，時間外労働の削減についても，同業界は当面の間，それを進めることは困難であるとして政策実施の猶予期間が設けられているほどである。安全の確保，そして将来に向けた人材の確保のためには労働環境の改善，それによる新規採用などによって優秀な人材をこの業界に確保していく必要があり，そのためにも，働き方改革を進めるとともに，適切な労働コストを織り込んだ運賃設定・料金設定を行っていかなければならない。

4. これからの交通

　前節の最後に取り上げたことと関連するが，今後の観光政策においては，
「持続性」という概念を強く意識する必要がある。

　これまでの観光政策は，ともすればより多くの観光客を誘致することを最優
先としてきた。その結果，政策がうまく機能すると経済効果は上がるものの，
その土地の魅力である自然資源や文化が多くの来客のためにダメージを受け，
長期的に観光地としての競争力を失っていくことになりかねない。実際にコロ
ナ禍が発生する前には，「オーバー・ツーリズム」の問題は日本でも深刻にな
っていた。今後，コロナ禍が終息し，再度インバウンドが急増したときに，と
くに異なる文化をもつ訪日旅行者の受け入れについては，どのようにして受け
入れていくべきかということについて，あらためて議論を重ね，検証していく
必要がある。

　交通の分野においては，安全の確保が何よりの使命となるが，その点におい
て昨今問題となってきたのは，自然災害時などの緊急時における外国人への対
応である。言葉の問題，また，宗教上あるいは文化の違いによる食事の問題な
ど，多くの難しい問題が生じてくる。

　とくに空港で足止めされた場合にこうした問題が顕著になってくる。実際，
2018年9月には台風21号の強風に押し流されたフェリーが連絡橋に衝突して
破損し，空港島が孤立した状況になったケースがあり，19年10月には，台風
19号の影響で大量の欠航便が発生したために，北海道の千歳空港において大
量の滞留者が発生したケースがあった。こうした際の対応マニュアルが有効に
機能していないという問題が明らかとなっている。

　言葉の問題については，自動翻訳機能のついたスピーカーなどが開発され，
すでに導入されてきているが，どこに行けば，あるいは誰に聞けば正確な情報
が入手できるのか，あるいは刻々と変わる状況の変化に対して，どのようにす
れば最新の情報の伝達を行うことができるか，といった問題については，今後
早急にその対策を練り上げ，訓練を通じて解決していかなければならない。と
くに緊急時にはスマートフォンが使用できなくなることを想定した対策となっ
ていなければならないことに留意しなければならない。

　今後は，コロナ禍の問題のように，予想できないようなイベント・リスクが

起こることを前提に，常にフレキシブルな対応ができるような体制づくりが求められる。

注 ————————————

1　このことは日本の交通政策がマイカーを中心として展開されてきたことの帰結と見なされる。高度経済成長期において，日本はその機動性のよさからマイカーを交通手段の主軸に据えた。国民の側もマイカーを利用する割合が増えてきた結果，交通行政に対する要望も，マイカーを中心とするものとなっていく。地方行政は住民の要望に沿ったものとなるため，そこに重点が置かれるようになり，従来の公共交通に対する行政の比重は低下していった。

2　この判決に対して，アルバイトとして Uber に登録している運転者のなかから，自由に働く機会が奪われるとして反発の声があがっていることも確かである。

3　上下分離方式とは，鉄道や空港経営などで用いられる手法で，線路や滑走路などのインフラの部分（下部）と，運行・運航に関わる部分（上部）とを切り離して運営し，会計も分離することで，上部の部分に競争原理を導入し経営効率を高めようとするものである。

4　たとえば排気ガスを出すことによって汚染された空気によって病気になったりすると，その人に対する医療費が発生し，その医療費の一部は社会的負担に賄われる。

引用・参考文献

ローゼンブラッド，A.（飯嶋貴子訳）［2019］『ウーバーランド——アルゴリズムはいかに働き方を変えているか』青土社
戸崎肇［2017］『観光立国論——交通政策から見た観光大国への論点』現代書館

第III部

地域政策と観光

第7章 観光と地域振興
地域へのインパクトの分析

はじめに

そもそも観光は，都市・地域の活性化や再生に貢献するものであろうか。

たとえば，観光やレジャーといった余暇を楽しむ需要が地域経済を潤し，観光産業を興す原動力となりうることは容易に推察できよう。観光は，雇用機会の拡大だけでなく，国境や県境を越えた交流を生み，相互理解を増進させる意義をもつ。

しかしながら，ある地域に観光目的でどれくらいの人数が訪ねてきて，実際その地域内でいくら消費されたのか，交流によって何がもたらされたのか，それについての答えを具体的に把握できなければ，明らかに観光が地域にインパクトを与えたとはいえないであろう。

観光の地域への影響を考える場合，都市であれ，規模の小さな地域であれ，その土地の状況を的確に把握しつつ，信頼性の高いデータに基づき，多角的・客観的に判断することが重要である。そこで，本章においては観光が地域にどのような変化を与えるのかについて，さまざまな角度からみていくことにしよう。

1. 地域振興の歩みと「地域」という概念

1-1. 戦後の地域振興と観光

戦後の国の政策や地域の動きにおける変化をみると，地域振興（reginal development）において，観光は大きな存在感を示しつつある。

まず地域とは何かが問題となるが，『広辞苑』第7版によると，それは「区切られた土地。土地の区域」を意味する。そして，振興とは，「ふるいおこし

て物事を盛んにすること。また，盛んになること」である。このことから地域振興は，その土地に生きる人々が豊かに過ごせるように地域を活性化すること，およびその活動ということになる。

　わが国で地域振興が注目を集めるようになったのは，地方から大都市への人口移動が盛んになった戦後の高度経済成長期においてである。地域間の経済格差が顕著となった1960年代から国土の均衡ある発展が目指された。やがて全国総合開発計画が策定され，これに基づく政策が打ち出されると，次第に地方に工業団地が建設されていった。重化学工業を中心とする工業発展こそが，地域経済の発展を導くと考えられたのである。

　この間，高速交通網や港湾整備などの大規模なインフラ建設が進められていったが，バブル経済の崩壊や円高などに伴う産業空洞化は，財政危機を招くとともに，インフラ整備主体の開発主義からの転換を余儀なくさせた。

　やがて，地域の実態に即した内発的発展を志向する動きがみられるようになる。成熟化を迎えた1980年代に，大分県の平松守彦知事が一村一品運動を展開したのは，象徴的な出来事であった。その運動は，それぞれの地域で誇りとなりうるものを住民が発見し，育て上げて特産品として国内外に売り出すというもので，たちまち大きな反響を得た。

　この一村一品運動は，温泉地区も視野に入れていた。たとえば，大分県の湯布院や別府温泉が一村一品運動と映画祭や芸術祭などの文化事業とをクロスさせながら，交流人口の増加を図り，成功を収めたことはよく知られている。

　2010年代以降では，農・畜産品などに限らず，観光と地場産業製品の展示・販売とを組み合わせ，地域振興の柱に位置づける取り組みも目立つ。ものづくりの現場の公開は，もともとイギリスで盛んであったが，わが国でも産地での職人の仕事現場の公開や工場見学と観光とを結合する動きがみられる。新潟県燕市・三条市（工場の祭典），福井県鯖江市・越前市（RENEW，手しごと観光）などの例（杉村ほか［2019］）は，その先駆といってよい。

　このように，地域振興では，産業空洞化の流れのなかで観光という要素を抱え込みながら，新たな展開が模索されているのである。

1-2. 地域概念の拡張

　観光という視点で「地域」を捉えた場合，観光経済学においては，4つの空間スケールに区分される。前項で扱った地域は，都道府県や市区町村を単位と

した空間スケールである。これよりさらに詳細に考えるのが地域スケールである。これは，町内会や1街区，1集落レベルを対象とする。一方，国家を一単位と考えるのが国家スケールであり，地球規模のそれは国際スケールである。

世界的にみて，地域概念は冷戦明けの1990年前後から変わり，広域的に把握される傾向をもつようになった。欧米では1992年に単一市場としてのヨーロッパ連合（EU），そして北米自由貿易協定（NAFTA）が相次いで誕生した。また，アジアにおいても，1989年にアジア太平洋諸国によるアジア太平洋経済協力（APEC）が結成され，97年のアジア通貨危機以後，ASEAN（東南アジア諸国連合）サミットに日本・中国・韓国といった3カ国が参加している。これらは，国家や国境という枠を乗り越え，その経済圏のなかで観光を捉えるアプローチにほかならない。

たとえば，EUの地域内観光振興の取り組みに欧州文化首都（European Capital of Culture）がある。これは，域内の都市が1年間集中して文化事業を展開するというもので，文化首都に選ばれた別々の2都市は協働してさまざまなプログラムを提供する。この制度が始まった理由は，文化事業が観光需要を誘発し，EU域内の経済に大きな影響を及ぼすと考えられるようになったからである。言い換えれば，欧州文化首都の展開は，交流人口増を生み，衰退した都市のイメージを高めるなど都市再生に貢献するという派及効果が見出されたからにほかならない（外部性については第4章も参照）。

一方，APECにおいては，観光が域内の経済成長に与える影響の大きさを加盟国が共有し，域内観光振興に向けた議論が深められている。2000年には，APEC観光憲章が採択された。そこでは，①観光ビジネスや投資の障壁の排除，②移動人口や需要の拡大，③持続可能な観光マネジメントの実現，④観光の意義や重要性についての認知向上が目標として掲げられている。

Badie et al.［2011］は，とくに東アジア地域主義（East Asia regionalism）の項目を設け，地域経済圏としての東アジアに着目している。そして，日本の潜在的地域リーダーとしての役割が言及されている。今後，東アジア地域の経済的つながりが深まり，それに比例して日本を含めた東アジア地域の観光への期待も強まっていくであろう。

2. 持続可能な観光に向けた展開

2-1. 持続可能な観光とは何か

　今日，気候変動の危機，都市と農村の格差拡大など，大きな岐路にわれわれは立っている。そのなかで，持続可能な観光に向けての取り組みは，国内外ですでに始まっている。

　国連世界観光機関（United Nations World Tourism Organization：UNWTO）は，観光を経済の成長エンジンと位置づける。一方で，包括的発展や環境の持続可能性の観点から観光の促進に努めるとしている。知られるように，UNWTO は，IUOTO（International Union of Official Travel Organizations）を前身に 1975 年に創設された国際機関である。2003 年 12 月からは，UNWTO は国際連合の専門機関としての役割を担っている。

　国際連合では，1987 年に「環境と開発に関する世界委員会」（ブルントラント委員会）が持続可能な開発の定義として，「将来の世代のニーズを満たす能力を損なうことなく，今日の世代のニーズを満たすような開発」と規定した。1992 年の国連「第 1 回環境と開発に関する国連会議」（地球サミット）では，持続可能な観光における指標開発のための国際的タスクフォースの結成が決まり，2004 年には，UNWTO によって「観光地のための持続可能な観光指標・ガイドブック」が発表された。そして，2015 年の持続可能な開発サミットにおいて，「持続可能な開発目標」（SDGs）とともに国連「持続可能な開発のための 2030 アジェンダ」が採択され，17 の持続可能な開発目標と 169 の項目が発表された。そのなかで，包摂的で持続可能な経済成長，持続可能な消費と生産，海洋および海洋資源の持続的な活用に関係する目標 8，12，14 において「観光」がそれぞれ明記された。

　UNWTO は，観光開発における持続可能性の意義および原則を明らかにしている。それによれば，持続可能な観光とは，訪問客，業界，環境および訪問客を受け入れるコミュニティのニーズに対応しつつ，現在および将来の経済・社会・環境への影響を十分に考慮する観光を指す。とくに最近，持続可能な観光地マネジメントの推進が唱えられるようになっている。その背景には，上に述べた世界的な持続可能な観光への関心の高まりとともに，近年，観光客の増加に伴い，地域社会や環境への負荷が増大している点が挙げられる。これらの

課題に対応するためには，観光開発と地域の持続可能な開発とのバランスが考慮されなければならない。訪問客，地域住民相互に配慮した持続可能な観光に向けて，その取り組み，政策の質的転換が求められるようになったからである。

　観光開発は，自然環境，社会文化，経済の3つの側面からのアプローチが可能とされる。長期的な持続可能性を保障するには，これらの3つの側面が適切に均衡を保たれなけれはならない。そして，それが具体的に達成される条件として，UNWTO は以下の3点を示している。

- 生態系の維持を図り，自然遺産および生物多様性の保全，観光開発の要となる環境資源の最適な利用を図ること。
- 地域の文化遺産および伝統的価値を保持し異文化間の理解や寛容性に努め，ホスト国の社会・文化的な真正性を尊重すること。
- 雇用の安定と所得の確保の機会が保たれること，それとあわせて社会的サービスを含むホスト国の貧困克服に貢献し，あらゆるステークホルダーに社会的・経済的な利益が公平に配分される，そのような実現性をもつ長期的経済運営が確保されること。

　では，日本においては持続可能に向けた取り組みがいかなる展開をみせているのであろうか。次に日本の最近の状況について具体的に触れることにしよう。

2-2. 持続可能な観光へ向けた取り組み：日本の例

　日本における観光立国政策の始まりは，2003 年 1 月に小泉首相が第 156 回国会施政方針演説において訪日外国人旅行者の倍増目標を打ち出したことにある。そして，観光庁が設置されたのは 2008 年である。

　2006 年は，観光政策の大きな転換点であった。この年に観光政策の基本的考えや方向性を明示した「観光立国推進基本法」が成立したからである。同法は，観光立国に関する基本理念，国および地方公共団体の責務，施策の基本事項などを定めている。とりわけ 21 世紀の日本の発展に観光立国の実現が不可欠で重要であるとされた。国に対しては環境の整備に必要な施策を講じ，「観光立国推進基本計画」策定が求められることになる。本法の施行の前後には，地方自治体も相次いで地方観光条例を制定する動きがみられた。そこでは地方においても，観光計画策定の必要性と観光振興による地域活性化がうたわれている。

　観光は，その期待どおり，多様で複合的な地域振興効果をもたらすのであろ

うか。

　観光庁は，観光立国推進基本法を土台に，観光地域づくりを主要施策に取り込み，この課題に応えようとしている。

　その１つは，観光圏の提唱と整備であった。2008 年に「観光圏の整備による観光旅客の来訪及び滞在の促進に関する法律」(以下，観光圏整備法) が制定された。これ以後，「観光圏」(ニセコ観光圏，浜名湖観光圏など) という新たな圏域が生まれることになる。観光圏整備法は，観光地が広域的な連携のもとで観光圏の整備を図ることにより，国内外の観光客が２泊３日以上滞在できるエリアの形成を目指すことを内容とする。区域内の連携を基礎に置きつつ，地域の観光資源活用などが視野に入れられている。観光コンテンツや魅力的な宿泊施設の整備，着地型旅行商品の開発・販売などが，その具体例である。こうして，国際競争力の高い魅力ある観光地づくりが進められ，それにより地域の幅広い産業の活性化や交流人口の拡大による地域の発展が展望された。

　さらに，2012 年には，「観光圏地域づくりプラットフォーム」が設置され，観光地域づくりマネージャーらによる戦略的事業のマネジメント体制が構築されることになる。現在では，北海道から九州に至るまで新観光圏が認定され，国の補助制度などの対象に指定されている。この方向性は，やがて後の日本版 DMO (destination management organization) と結びついていく。日本版 DMO は，地域の「稼ぐ力」を引き出すとともに地域への誇りと愛着を醸成する「観光地経営」の視点に立った観光地域づくりの舵取り役として，多様な関係者と協同しながら，明確なコンセプトに基づいた観光地域づくりを実現するための戦略を策定するとともに，戦略を着実に実施するための調整機能を備えた法人である。DMO は，地域に存在する観光資源に精通し，地域と協同しながら観光地域づくりを行う法人組織として，欧米で発展してきた (厳密にいえば，地理的な観点から DMO は国，州，市町村，コミュニティの各レベルで存在するが，本章ではローカル・コミュニティを単位とした組織とする)。そこではハード，ソフト両面の専門家たちが協同を軸に資金調達，調査・研究活動，戦略的マーケティング，観光プロジェクトの推進・評価などを通じて地域の発展を志向する。

2-3. 持続可能な観光の未来：オランダの例

　観光は，地域に対してさまざまなインパクトを与える。UNWTO は，観光は成長速度が最も速い産業で，雇用や輸出などに貢献するものであるとしてい

る。それと同時に，一方でホスト・コミュニティに対して，観光はマイナスの影響をもたらすことも明らかにしている。交通渋滞，文化遺産やその周辺の環境劣化といった負の外部性（いわゆるオーバー・ツーリズム問題）がそれである。UNWTO は，持続可能な観光を通じて，観光と現在の文化やクリエイティブ産業との連携を強化すること，観光を通じた地域再生のあり方に向き合うべきことを示唆している（『年次報告 2015』）。

　観光庁は，観光が地域経済に与える影響を把握するため，「観光地域経済調査」結果を発表している。2010 年に試験調査が行われ，11 年に予備調査，12 年に本格調査が実施された。それによれば，地域内の産業連関を通じた観光の波及効果が認められている。その反面，観光行動の季節性の偏在，観光収入が宿泊産業に偏る傾向もみられた。観光が地域に対して有するアンビバレントな側面をいかに考えるかが問題となる。

　この点で，オランダの取り組みが参考になる。2019 年，オランダ政府観光局（Netherlands Bureau for Tourism and Congresses：NBTC）は，「2030 Perspective」（以下，「2030 年への展望」）をまとめた。そのなかで持続可能な観光に向けた新方針が示されている。オランダでは，これまで誘致プロモーションが観光戦略の中心をなしてきたが，今後は旅行者数という量的な側面よりも受け入れ側のコミュニティにもたらす便益が重視されるようになった。

　この新方針の策定に向けて，オランダ議会は 2018 年よりオーバー・ツーリズム問題や持続可能性など今日の観光を取り巻く諸課題に関する議論を重ねてきた。そして，NBTC は，旅行産業のみならず，内外のオピニオン・リーダー 100 人以上から意見を求め，幅広い検討を加えてきたのである。「2030 年への展望」は，こうした議論の集大成というべきものであった。

　UNWTO によれば，世界の旅行人口は 2030 年までに現在より約 5 億人増の 18 億人に達すると予想されている。旅行者の地域にもたらすインパクトを無視できない時代に，われわれは近づいている。一方，旅行者の訪問先には偏りがある。NBTC がまとめた予測でも，2030 年の訪問客数は，たとえば沿岸地域が 17 年比 56.0％ 増に対し，アムステルダムを除く内陸地域は 31.0〜39.0％ 増にとどまるとされている。

　こうした背景のもとでは，今後ますます人気観光地や都市で，雪崩のように押し寄せる観光者と住民との摩擦は増えるかもしれない。その一方で，観光者がもたらす社会的・経済的な利益の享受に地域差が生じ，コミュニティ間の格

差は広がるであろう。NBTC はこうした著しくアンバランスな社会構造を懸念し始めている。

　ツーリズムがもたらす便益を最大化し，一方で負荷を最小化することが重要であるが，上に述べた問題解決には観光地のプロモーションだけでなく地域マネジメントが必要となる。したがって，いかにして観光者と地域住民との間に起きる対立を制御し，地域を発展に導くかが検討されなければならない。

　NBTC は，「持続可能で，あらゆるオランダ国民にとって恩恵をもたらす未来型ツーリズムの実現」を 2030 年までの達成目標に掲げた。従来，経済合理主義のもとで観光者と企業の利害が重視され，ホスト・コミュニティの住民の利益が軽視されていたという。このことへの反省を踏まえ，住民第一（レジデント・ファースト）の方針が打ち出されている点は印象的である。それは，ツーリズムではその裾野が広く，ステークホルダーは多岐に及ぶからで，それぞれの利害が相反する局面も多い。

　それゆえ，NBTC が述べるとおり，住民の生活や環境への負のインパクトを把握する必要がある。具体的には，データ活用および行政・産業界と住民とのオープンな倫理的対話が重要となる。

　また，観光政策の決定局面において，あらゆるレベル，すべての分野で，行政や産業界だけにとどまらず，地域住民の参画を徹底させることが必要であるという。旅行者についても，量的側面よりも質的側面が重視されている。ホスト側の地域の発展と安定に観光が寄与することは，目指すべき方向性である。したがって，有害な客層につながる宿泊施設やエンターテインメントの規制も視野に入れられている。

　そのうえで，オランダでは 5 つの優先課題と 3 つの必須条件が指摘されている。

　まず優先課題については 2030 年までの観光政策において，①地域間の均衡を重視すること，②国内各地への観光需要を分散すること，③交通アクセシビリティを改善すること，④排ガス削減や資源再利用などサステナビリティ対策を強化すること，⑤ホスピタリティを強化すること，の 5 つの戦略が掲げられている。

　具体的には，公共交通機関の利用を促進し，国内の公共交通機関を海外からより予約しやすくすること，環境に配慮したサービスを奨励し，そうでないものに対しては課税すること，そして職業教育や雇用条件の改善などが最優先の

ポイントに挙げられている。

　また，目標達成に不可欠な3つの条件が示された。第1の条件は，「政府」が積極的に関与し横断的な協力体制を構築することである。それぞれの関係者が自らが関わる特定分野だけにとどまらず，より広い視野をもつことができるようになるからである。またツーリズムは幅広い分野が関わる。それゆえ，相反する利害関係がある場合，公的な立場からの判断が必要となる。

　第2の条件は，「産業界」に関することであり，官民はもとより異業種間の連携強化である。現在，直面している課題は，長期的な対応が必要だったり，幅広い分野に関連していたり，調査・研究が必要な問題が多いため，これに取り組むためには，大規模な予算や資源が必要であり，地域や産業を越えた協力体制が不可欠とされている。

　第3の条件は，全国レベルでの「データの整備」の重要性である。現行の各種データは部分的で，入手できるタイミングにラグが生じるケースもある。したがって，地域や国が連携し，不足するデータに関する調査を実施するなどして，ツーリズム・データの構築に努めることが必要である（データの扱いについては第9章も参照）。それらは，競争力の向上，政策決定などに役立てるべきであるとされている。

　持続可能な観光の発展に向け，オランダにみられるようなエビデンス・ベースの観光地マネジメントは，今日，世界的潮流となっており，さまざまな組織や地域が官民連携のもと，指標化とデータの集積を試みている。なぜエビデンス・ベースの政策形成が求められるのかといえば，計測できないものは，改善できないからである。

　UNWTOは，持続可能な観光の発展には，①関係するステークホルダーの参画，②強い政治的リーダーシップ，③観光の影響をモニタリングする継続的な取り組みが必要とする。

　そのために，経済，社会・文化，環境ごとに12の基本的課題（観光の経済的便益，訪問客による混在の管理，固形廃棄物の管理など）および29の基礎的指標（観光客数，公共の場に廃棄されたごみの量など）が例示されている。そして，18の観光地特性（沿岸地帯，山岳地域，都市など）ごとに推奨される指標が提示されている。UNWTOは，それらの指標の作成，計測手法の具体化，データ収集・分析，モニタリングの実施を推奨している。

　そして，観光地単位で指標に基づく観光地づくりの活動を行うネットワーク

として，「持続可能な観光地づくり推進国際ネットワーク」(International Network of Sustainable Tourism Observatories：INSTO）が組織されている。

　もっとも，観光地特性に応じた指標化とモニタリングが機動的に図られるためには，それらを実施する専門的人材が不可欠であるが，人口の少ない観光地にとって，これは大きな課題である。また，それぞれの地域の固有性に基づき，どのような観光地を目指すべきかという方向性が第一に検討されるべきで，そうした方向性抜きに，エビデンス・ベースの政策形成は困難と思われる。持続可能な観光の発展という観点からは，方向性の検討の過程において重要なことは，その地域が社会に広く開かれていて，住民・観光産業・大学などステークホルダーが自由に参画することが保障されているという点にあるといえよう。

3. 地域主権の観光地域づくりに向けて

3-1. 具体的課題

　これまでみてきたように，観光は雇用創出などを通じて地域発展に貢献する可能性をもつ。一方で，ローカル・コミュニティとの関係性のなかで，住民の生活の質をいかに保つかという課題もみえてきた。持続可能な観光の実現に向け，具体的にいま何が必要なのか。

　グローバリゼーションそれ自体は善でも悪でもない，輸送費と通信費の大幅な低下が世界中の国と人間を緊密に結びつけ，民主化を促し，多くのメリットをもたらしたと述べたのは，J.E.スティグリッツであった。彼がいうように，世界中の人々は少ない費用で多くの情報を得て，国境を越える自由を手にした。移動コストなどの著しい低下が人々の交流を促し，国家間・都市間の相互理解を深化させたことは，まぎれもない事実であろう（Stiglitz [2002]）。

　しかし一方で，スティグリッツは，経済の側面では偏在を指摘する。グローバリゼーションは，自由市場至上主義や民営化を，それを望まない国々にも押しつけるものであり，その結果が，しばしば環境破壊，政治腐敗，大量失業，急激な変化による文化不適応，民族紛争等となって表出している，としている。

　彼が望ましいと考えるグローバリゼーションとは，「人間の顔をもったグローバリゼーション」であり，各国や地域が主権を維持でき，その文化的独自性と価値観にとって脅威にならないようなものである（Stiglitz [2002]）。

それは，観光でいえば，地域固有の資源や文化をいかした地域主権の観光地域づくりということになろう。欧米で発達したDMOがこの方向性をもつことは疑いない。

　この点は，イギリスのDMOの内発的取り組みが理解を助けるであろう。イングランドのDMOウェブサイトにおいては，地元の新鮮な材料を用いた飲食に関する体験旅行の記述が目立つ。そこでは，特徴的に「伝統」「地域特産」「手づくり」「ホンモノ」といった表現が多用されている（Stalmirska et al.[2019] pp. 130-131）。リチャーズ（Richards [2013]）によれば，観光地において，こうした表現が強調される理由は，地域が新たな真正性を保つ場所となったことにある。すなわち，旅行者があたかもその地方で暮らすように時を過ごし，地元の食事を楽しむことができるということは，その場所が（固有性を備えた）ホンモノであることを含意する。

　一方，スコットランドのDMOによる観光地域づくりは，持続可能な地域コミュニティへの強い関与を含んでいる（Macleod et al. [2015]）。ケアンゴームズ国立公園は，スコットランド東部，ハイランドに位置する。この地のDMOは，国立公園管理局を含む一連のステークホルダーとともに，幅広く観光プランの立案等コミュニティのコンサルティング業務を担い，ブランド価値を高めることに寄与している。そして，エジンバラのDMOのマネージャーたちは，地域のステークホルダー相互との内的なコミュニケーションを通して，観光地のブランド価値を高め，その価値が実現されていくことに注意を払っているという（Bregoli [2013] pp. 212-224）。このように，イギリスのDMOは，分権的・内発的な観光地域づくりを特徴とする。

　人間の顔をもったグローバリゼーションというスティグリッツの問題提起が正しいとすれば，問題は分権型観光地域づくりを担う専門家の育成である。欧米では大学院レベルの高度専門教育機関においてハード，ソフトの両面で多くの専門家が育ち，DMOをその活躍の場としている。そのように，日本においても観光地域づくりの専門家をいかに育てていくかが課題となる。

3-2. DMOと人材育成

　日本では，観光地域づくりを専門に扱う高度教育機関は，どちらかといえば，都市工学の領域が中心である。道路の整備や建物の維持・保存や建設といった分野がその柱といえるであろう。これに対し，どのような環境を整えることで

　北日本に，国内外からの多くの来訪者が訪ね歩く土地がある。それは岩手県遠野市である。来訪者の数が多い日には，その規模は 3000 人にも及び，遠野の人口約 3 万人のおよそ 1 割を占める。この地は冬季の気温も低く気候条件が厳しいにもかかわらず，都市部からの移住者も多い。

　遠野は，幾重にも織りなすネットワークをもつ。遠野学と呼ばれる地元学は，遠野学会という全国的なネットワークでつながれている。その強みをいかして，多様な固有の文化的伝統を担う人々がゲストを迎え入れる。遠野文化の伝承者たちは，ときに自ら語り部となって遠野文化を語り継ぎ，ときに生活実践の体験を民泊活動・事業活動・教育活動という形で昇華させていく。

　旅人や移住者にとって，遠野が魅力的に映る要素はいくつかある。第 1 に，他者を分け隔てなく受け入れ，互いに学びあい育ちあう精神がある。この包摂的な伝統文化は縄文時代のアイヌの生活習慣に由来するといわれるが，遠野の民話のなかにも，そうした遠野の価値の高い文化がたびたび登場する。

　第 2 に，遠野文化を翻訳して来訪者に伝える力量をもつ人々が多く育っていることがある。そうした人々によって，民話はもちろん伝統芸能・農業・地場産業などに関する，格好の学びの場が来訪者に提供される。

　こうして，来訪者たちは，伝統文化の創造的成果を享受しようと，国内はもとより世界各地からこの地に足を踏み入れるのである。

創造的な都市・農村が生まれるのか，地域の観光的魅力をいかに創り出すか，そうしたソフト面の専門家を育てる高度な教育機関の設置は日本においては遅れており，歴史が浅い。欧米との比較でみた場合，この点にこそ，地域主権の観光地域づくりに向けての課題があるといわなければならない。

　アメリカ三大観光都市を擁するフロリダ州は，地域の潜在力を引き出す再生戦略（「Florida First」など）をもつ。そうした戦略に基づき 2008 年の世界的経済危機においても，フロリダの観光は成功を遂げていた。フロリダ州には，ホスピタリティ・観光学専攻の大学院課程をもつ大学が複数存在する。

　ローゼンカレッジの J. フェアリーによれば，企業や大学など観光に関するステークホルダー・コミュニティがフロリダの成功に向けて影響を与えただけではなく，多くの戦略を策定した DMO の存在も大きいという（Fairley［2019］pp. 227-237］）。フロリダ州中部に位置するタンパは，マイアミに次ぐ観光都市

として知られるが，その戦略プランでは，クラフトビール，スポーツ，料理，ビジネス旅行，エコツーリズムなどに焦点が当てられている（Deptula and Fyall〔2019〕p. 251）が，それは，そうした分野に関する高度な専門的知見と資金調達など行動力を備えた人材こそ，戦略の実現には不可欠だからである。

4. 観光がもたらす地域へのインパクト

4-1. 観光入込客数

　本節では，観光がもたらす地域へのインパクトを考えてみたい。その場合，ある地域に日常生活圏以外の場所として旅行し，そこでの滞在が報酬を得ることを目的としない者がどれほど訪れたのか，地域内でいくら消費したのかを客観的につかむ必要がある。

　では，それは具体的にどのように把握できるのであろうか。

　観光入込客数や観光消費額は，地域の観光の現状を知り，観光振興のプランを立案するうえで最も基礎となる統計である。

　まず，観光客を集客する力のある施設またはツーリズム等の観光活動の拠点となる地点を観光地と定義する。観光入込客数とは，都道府県等の観光地点を訪れた観光入込客をカウントした値を指す。観光入込客が消費した総額は，観光入込客数と観光消費額単価を掛け合わせることで算出することができる。こうして得られた観光入込客数，観光消費額は，経済波及効果や費用対効果を算出したり，地域間で比較したりするうえで最も基礎的なデータということができる。具体的にどのように調査がなされるか，課題は何かなどについては，第IV部補論で詳しく触れられる。

4-2. 観光の波及効果

　地域の観光の現状を定量的に把握するには，入込客数，観光消費額が役に立つものであると述べた。そして，それぞれに変化があったとき経済効果にも影響が生じる。たとえば，ある観光地への交通アクセスが向上し，かつ観光施設が整備されると，入込客数は増加するかもしれない。また，人々の休暇が増え滞在期間が延びていくと，そのことによる観光消費額は必然的に増えるであろう。さらに，土産品や食料品の原材料が域内で調達される比率が高まると，観

光の地域に与える経済効果が高まることは想像に難くない。

こうした観光への経済効果を推計する手法には，産業連関表により推計する方法がある（第12章も参照）。

今日，産業連関表は，国や都道府県レベルで整備されている。産業連関表を用いた推計手法は，自治体，大学など研究機関のほか企業・団体など多くの組織で採用されている。他方，日本観光協会は2000年に「観光地の経済効果推計マニュアル」を発表している。これは市町村レベルを対象としたものであるが，さまざまな地域で推計する試みがある。

5. 個別の観光事業が地域に及ぼす効果

本節では，さらに進んで，個別事業が地域に及ぼす効果について考える。

ある自治体が，特定のプロジェクトを自らの地域で打ち出していくと仮定する。このプロジェクトがどれだけ費用に見合った効果を地域社会にもたらすのか，その有効性が問題となる。プロジェクトの費用・有効度分析は，目的の達成度として捉えるものである。言い換えると，それはプロジェクトの費用と効果とを比較分析する方法であり，当該プロジェクトの優先順位，採択の決定などの判断素材を提供するものといえる。

有効性を検討するためには，具体的になにをもってその判断素材にすべきであろうか。その手がかりとして，費用－便益分析を次にみていくことにしよう。

5-1. 費用－便益分析

自治体などのプロジェクトに伴う支出の対象は，多くの場合，市場による評価が不可能であり，外部効果が大きい。そこで，このような外部効果を積極的に取り入れ，その費用と得られる便益を計測・比較し，いかなる方法が最も効率的かを決めることが望ましい。

一般に，定量的に事業の有効性を把握しようとする場合，事業自体の利用者が獲得する効果（直接効果）と当該地域が得る外部効果とが検討されなければならない。したがって，技術的な計測可能性をまず検討することになる。その際，貨幣換算が可能であるかどうかは，重要なメルクマールとなる。そのうえで，具体的にプロジェクトごとに便益を計測する。

表 7-1　各手法の特徴と適用可能性

手　法	内　容	各手法の一般的な特徴		評価対象事業を踏まえた各手法の適用可能性
		長　所	短　所	
仮想的市場評価法（CVM）	アンケート調査により事業の効果に対する回答者の支払意思額を尋ね，これをもとに便益を計測する方法。	適用範囲が広く，歴史的・文化的に貴重な施設の存在価値をはじめとして，原則的にあらゆる効果を対象にできる。	アンケートにおいて価格を直接的に質問するため，適切な手順・アンケート内容としないとバイアスが発生し，推計精度が低下する。仮想的な状況に対する回答であるため，結果の妥当性の確認が難しい。回答者の予算に制約があることを意識してもらう必要がある。負の支払意思額を計測することができない。	（検討例）計測対象効果は○○の改善であり，既存事業を参考に仮想的市場の設定が可能。
旅行費用法（TCM）	施設を訪れる人が支出する交通費や費やす時間をもとに便益を計算する方法。	客観的なデータ • 来訪客数 • 旅行費用 などを用いて分析を行うため，分析方法や結果の妥当性を確認しやすい。 レクリエーション行動に基づく分析手法であるため，観光地などのレクリエーションに関する価値の分析に適する。	利用実態に関するデータ • 事業がある場合 • 事業がない場合 の，出発地別の来訪者数等の入手が困難な場合がある。レクリエーション行動に結びつかない価値（歴史的・文化的に貴重な施設の存在価値など）の計測は困難。複数の目的地を有する旅行者や長期滞在者の扱い，代替施設の設定などの分析が困難。	（検討例）評価対象者の効果として，レクリエーション以外の効果，たとえば， • 防災機能の向上 • 環境の改善 が重要であり，旅行費用法の適用は困難。

（出所）　国土交通省［2009］より作成。

　便益を計測する手法は，表7-1に示すように，いくつか考案されており，それぞれ長所と短所がある。計測する便益の内容に応じて，その適用の可否を検討し，そのうえで手法を選択することになる。

　一般に，仮想的市場法，旅行費用法がしばしば用いられる手法で，本項では，この2つの手法について説明する。

（1）　仮想的市場法

　仮想的市場法（contingent valuation method：CVM）とは，アンケートを通して，被調査者に事業の概要や効果を説明する文章や図版を示し，その効果と引

図 7-1　CVM の一般的な実施手順と本指針の記載事項

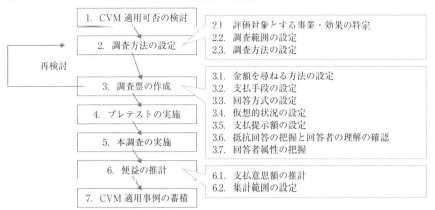

（出所）　国土交通省［2009］より作成。

き換えに，自ら支払ってもよいと判断する金額を尋ね，財（効果）の価値を把
握するというものである。このように，CVM を用いれば，人々から支払意思
額（willing to pay：WTP）等を聞き取ることで，市場で取引されていない財
（効果）の価値を計測することが可能となる。

　国土交通省が CVM に関して統一的指針を示しているが，ここでは，それに
従って説明する（図 7-1）。

　まず，CVM が性質上適用可能かどうかを検討する。そのうえで，評価対象
とする事業の効果を特定し，郵送法，訪問留置法，面接法などの調査方法を定
める。被調査者に対して金銭的評価を尋ねる調査票の作成が次のプロセスであ
る。その際，回答者の属性など分析したい内容を整理して調査項目を設計する。
本調査に入る前に事前の調査を履行し，その結果を踏まえて，本調査の調査方
法や調査票等を再度設計することが望ましい。

　本調査の回答結果を踏まえ，支払意思額の推計を試みる。このようにして，
客観的なデータを集めることが可能となる。さらに，より多くの適応事例を重
ねる。このことは便益推定の精度が高められることに結びつく。

（2）　旅行費用法

　旅行費用法（travel cost method：TCM）とは，ある財に対して，その地点ま
で旅行費用を払ってまでも訪問し，利用するだけの価値があるのかどうかとい

う観点に基づき，その価値を評価する手法である。

　TCMは，調査方法として，訪問する評価対象地までの旅行費用と実績値としての訪問回数の関係をもとに評価する手法と，利用者の訪問の意向をアンケート調査に基づき把握する方法に分かれる。

　TCMは，着目する対象によって，2種類の手法がある。訪問する1人ひとりの行動パターンに着目するのが，個人トラベル・コスト法である。たとえば，市内外の不特定の地域から住民または観光客がある特定の場所を訪問することを想定し，便益の計測を行う。この手法は，不特定の地域から多数の利用者が利用するとみられる評価対象地で調査するケースにおいて有用である。

　一方，ゾーン・トラベル・コスト法は，調査対象者の行動を居住するゾーン単位で集計したうえで，そのゾーンごとの違いに着目するものである。これは，評価対象地の利用率が高い距離帯すなわち誘致圏が特定可能な調査に適している。

5-2. 費用‐便益分析の限界

　費用‐便益分析は，個人の主観が入る評価に基づくものであるが，金銭的評価の形で表される点にメリットが見出される。そもそも政策決定を透明で客観的な基礎のもとに置くことは，民主制にとって重要である。TCMを用いれば，観光プロジェクトから得られる便益を客観的な数値で表すことができる。政策決定の手がかりを与えるものとして，費用・便益分析は優れた評価手法といえよう。

　もっとも，費用・便益分析は，その性質上，限界があることにも留意しなければならない。

　費用・便益分析は，将来世代の意見を排除した基準で，かつ効率性の基準に従うものであるが，効率性が他の諸価値（分配や衡平などが考えられる）と衝突したとき問題を抱えることになる。なぜなら，それらをすべて統合した経済的基準をつくることは現実には困難だからである。

　たとえば，森林資源を守る活動を行うエコツアーが自治体の主催で計画されたと仮定しよう。スギやヒノキは，植林された当時そうとは考えられなかったかもしれないが，現時点ではアレルギーを引き起こし，現代人を悩ます存在であると感じる人々も少なくない。ある時点で一般の買い手または普通の市民がそれらについて評価を行っても，それは現実的には時の経過とともに享受され

る純効用とは無関係といえるかもしれない，という例である。さらにいえば，現在の市場での評価にかかわらず，木材資源を供給する基盤としての森林には潜在的な価値がある。そうした潜在的価値は将来世代の意見を含み持続可能性と結合する価値というべきものであり，費用・便益分析における便益としては捉えがたいものである。

　このように，費用・便益分析は，エビデンスに基づく政策立案（evidence based policy making：EBPM）に資する点で優れた評価手法であるが，一方でそこには一定の限界がある点も踏まえておく必要がある。

引用・参考文献

Badie, B., D. Berg-Schlosser, and L. Morlino eds. [2011] *International Encyclopedia of Political Science*, Sage.

Bregoli, L. [2013] "Effects of DMO Coordination on Destination Brand Identity A Mixed-Method Study on the City of Edinburgh," *Journal of Travel research*, vol. 52.

Deptula, K. and A. Fyall [2019] "Contemporary Urban Destination Marketing: A Comparative Analysis," in N. Kozak and M. Kozak eds., *Tourist Destination Management: Instuments, Products, and Case Studies*, Springer.

Fairley, J. [2019] "Turnaound Strategies in Destination Marketing Organizations," in N. Kozak and M. Kozak eds., *Tourist Destination Management: Instuments, Products, and Case Studies*, Springer.

香川眞編／日本観光学会監修［2007］『観光学大事典』木楽舎

角本伸晃［2011］『観光による地域活性化の経済分析』成文堂

観光庁［2019］「平成元年版観光白書」

国土交通省［2009］「仮想的市場評価法（CVM）適用の指針」

国連世界観光機関（UNWTO）駐日事務所サイト「持続可能な観光の定義」https://unwto-ap.org/why/tourism-definition/

Macleod, D. V. L. and S. A. Gillespie eds. [2015] *Sustainable Tourism in Rural Europe: Approaches to Development*. Routledge.

新村出編［2018］『広辞苑（第7版）』岩波書店

Richards, G. [2013] "Creating Relational Tourism through Exchange," Paper presented at the ATLAS Annual Conference, Malta, November 2013.

白坂蕃・稲垣勉・小沢健市・古賀学・山下晋司編［2019］『観光の事典』朝倉書店

Stalmirska, A., P. Whally and P. Fallon [2019] "Food as a Component in Destination Marketing," in N. Kozak and M. Kozak eds., *Tourist Destination Management: Instu-*

ments,Products, and Case Studies, Springer.

Stiglitz, J. E. [2002] *Globalization and Its Discontents,* Norton.（鈴木主税訳［2002］『世界を不幸にしたグローバリズムの正体』徳間書店）

杉村和彦・山崎茂雄・増田頼保編著［2019］『図説　神と紙の里の未来学』晃洋書房

鈴木宏子［2020］「持続可能な観光地マネジメントの普及に向けた UNWTO の取組」UNWTO 編『持続可能な観光地マネジメントの推進に関する説明会・意見交換会配布資料集』（2020 年 7 月 3 日，奈良市），所収

UKINBOUND [2018] "VisitScotland Named Best Overseas DMO in US Tourism Awards" https://www.ukinbound.org/member-news/visitscotland-named-best-overseas-dmo-us-tourism-awards/

VisitScotland"Case Study（VisitCairngorms）" https://www.visitscotland.org/news/2020/case-study---cairngorms

山崎茂雄編［2020］『世界の工芸と観光——手しごと・美しさ・豊かさ』晃洋書房

第8章 観光振興における財源
負担と受益の制度設計

はじめに

2010 年代にインバウンド観光需要が急速に拡大したことから，この需要を取り込むことによる地域活性化への期待が高まり，わが国では受入環境の整備が進められた。また，2010 年代の後半には，過剰な観光需要の地域において，いわゆる観光公害が発生し，その解消が課題となった。

このような背景から，2010 年代の後半においては，恒常的な観光予算を確保することが必要と感じる地方公共団体が多くなったが，少子高齢化が進展するわが国では，高齢化関係の福祉予算等への要請が強く，一般会計では観光振興のための予算を確保しにくい状況にあった。そのため，観光公害対策，観光による地域振興等に対応する新たな財源が求められるようになり，昨今では課税等[1] が実施されている例も多くなってきている。

このような背景から，本章では，財源の活用目的や課税等の妥当性の観点により，政府が供給する財・サービスの範囲，課税等の対象・方法について経済学的な観点からの検討を行う[2]。

まず，地方公共団体が実施しようとする施策を分類し，その分類された施策に対し財源を地方公共団体が確保することが妥当かについての検討を行う。なお，公共経済学的な議論では，政府の関与がふさわしいものとして，市場の失敗への対応が取り上げられることが多いことから，ここでもそれに基づき課税等の目的の適切性を検討する。

次に，財源を確保するための方法として，課税，事業収入，協力金について言及する。財源を確保する方法の適切性については，公平性と効率性の観点から検討する。公平性については，応益原則，応能原則の観点から判断する。効率性については，資源配分面と費用面に分けて検討を行う。資源配分面では，閑散と繁忙の 2 つの市場のケースや税額の多少の違いを考慮した余剰分析を行

い，税額の帰着，死荷重（とくに生産者余剰の死荷重）の大きさ等から課税等の是非について判断する。

1. 地方公共団体が行うべき施策

前述のように，地方公共団体が行うべき施策としては，市場の失敗への対応が挙げられる。市場の失敗とは，市場が経済効率を生み出すという仮定が成り立たず政府の介入が必要となる場合であり，その主な要因としては，後藤[2019]等によると，以下が挙げられる[3]。

- 不完全情報
- 外部性
- 公共財
- 共有資源（準公共財）

なお，本節では，これらの要因に関して概説するとともに，観光における該当する現象について言及し，その現象を解消するための方策を概説したうえで，課税等を行うべき対象を検討する。

1-1. 不完全情報

(1) 観光における問題点

不完全情報とは，第4章で言及したように，需要者が財・サービスに対する十分な情報を有していないことから，需要量が過少になる現象である[4]。素晴らしい観光資源を擁する地域であっても，その地域の情報が域外の需要者にあまり流布されていないという不完全情報から，第4章でみたように域外からの旅行者があまり訪れないという現象が生じる。

(2) 解消のための方策

不完全情報の解消には，観光地の宿泊業や観光施設等の企業が，自らのホームページの整備や広告等を行ったり，旅行業のような仲介機能を有する企業を通じ需要者に情報提供する方法がある。地方公共団体の施策としては，他の地域の潜在的な需要者に対するプロモーションの実施が有効である。

プロモーションの主な対象は，域外の潜在的な需要者である。プロモーショ

ンにより域内の観光情報を提供することは，域外の需要者に直接的な便益をもたらすため，域外の者にプロモーション費用を負担してもらうことにも妥当性はある。しかしながら，不完全情報の解消を目的とすると，たとえばポータルサイトにおいて，情報提供に課金をすると需要者の情報のリーチを減少させることになるため，無料の提供のケースが多い。

以上から，プロモーション費用は需要の喚起の恩恵を受ける観光関連事業者が負担することが適切であり，課税等の対象は観光関連事業者とすべきであろう[5]。

1-2. 外 部 性

(1) 観光における問題点

第4章で言及したように，外部性とは，取引を行っている供給者と需要者以外の経済主体が，便益を享受している，あるいは悪影響を受けている現象である。外部性には正と負の双方があり，取引量が適正な均衡水準よりも過小あるいは過大になる。

よく議論される負の外部性の例としては，工場から排出されるばい煙・汚染水や交通渋滞が挙げられる。観光で注目されている負の外部性は，とくに有名観光地で顕著になってきている混雑，渋滞，ごみ，騒音等の域外からの旅行者による着地の住民への悪影響である。一方，正の外部性をもたらすサービスとしては，教育が挙げられる。とくに，子供向けの基礎的な教育は，大きな正の外部性をもたらすことは広く認識されており，政府が直接的に財・サービスを供給すべき分野とされている。観光においては，観光関係者の人材育成が該当するであろう。ただし，社会人あるいは就業希望者等に対するものは，未成年に対するものに比べ正の外部性が大きくないと予想される[6]。

(2) 解消のための方策

負の外部性を克服するためには，悪影響を与える外部性を生み出す対象に，課税等により悪影響に伴う費用を負担させることが望まれる。ちなみに，このような負の外部性を解決するための課税は，提唱者にちなみピグー税と呼ばれる。ピグー税の対象は外部性を発生させる主体であるが，負の外部性で一般に議論されることが多い大気汚染や水質汚染の場合とは異なり，観光の場合には，混雑等による観光公害のように，その発生源は生産者ではなく主に観光に関連

する財・サービスの利用者，とくに旅行者である。負の外部性の是正には，利用者（とくに，旅行者）の消費を抑制することが必要で，観光関連の財・サービスに課税し価格を引き上げることが求められる[7]。

　次に，観光において正の外部性が生じる施策は，観光関係者の人材育成であろう。そのため，研修等の費用の一部または全部を，地方公共団体が負担するという方法が考えられる。人材育成から生じる外部性は，財・サービスの質の向上という旅行者への間接的な便益も考えられるものの，直接的な便益は研修等を受ける観光関連の人材，企業が受けることになるため，これらを対象とすべきであろう。

1-3. 公 共 財

(1)　観光における問題点

　公共財は，消費において競合的ではなく（非競合性），排除可能でもない（非排除性），という性格を有している。利用者は公共財の利用の対価が請求されないので，財・サービスが消費される場合にはただ乗り（フリーライダー）するインセンティブをもつ。したがって，その供給量は，政府や公的機関が費用－便益分析に基づき決定することになる。ちなみに，公共財は，その利用が過剰になった場合には，後述の共有資源の問題が発生する。

　観光に関連する公共財としては，観光地の案内・表示（最近では多言語によるものが求められる），花火大会等のイベント，自然公園等がある。これらの公共財の消費において，旅行者はただ乗りとなる。着地の公共財には地方公共団体の財源が活用されているものがあるが，そのような公共財は住民の住民税等が含まれている。その場合，公共財を無料で利用していても，地域の住民は間接的に対価を支払っていると考えてよいであろう。その一方で，観光では住民税等の着地への納税がない域外の旅行者も利用しており，旅行者になんらかの負担を求めることが必要であろう。

(2)　解消のための方策

　住民税等の着地への納税がない旅行者に負担を求める方法としては，旅行者の宿泊・飲食・娯楽等の消費活動において課税等の徴収を行うことが考えられる。その場合には，域内の住民の消費において負担を求めないことが望まれ，その方法として一般的に用いられているのは宿泊税である。

1-4. 共有資源

(1) 観光における問題点

共有資源（準公共財）とは，消費において排除不可能ではあるが，公共財とは異なり非競合ではない財・サービスである。共有資源の例として一般的に挙げられるものは，共有の牧草地，きれいな空気，無料の道路などで，それを利用しても料金は請求されないものである。無料の道路のように，公共財の過剰需要により混雑して競合的になると共有資源のカテゴリーに入ることになる。

観光においては，自然公園や文化財を有する寺社等は共有資源に該当し，旅行者を含む利用者が増加すると，混雑等の負の外部性が発生する。

(2) 解消のための方策

共有資源の過剰需要の解消には，混雑するエリア・時間帯の利用を制限する施策と供給量を増加させる施策を講じることが考えられる。前者については課税や料金を利用者に負担させることが挙げられ，後者については施設のキャパシティの拡張や代替的な観光地への誘導のための情報提供が挙げられる。

共有資源の問題を解消する施策を実施するための課税等の対象は，混雑の要因となる共有資源の利用者を対象とすべきであろう。共有資源を地方公共団体が供給している場合には，公共財と同様に住民税等を納めていない旅行者は間接的にただ乗りとなるため，着地の住民よりも多くの負担を強いてもよいであろう。

1-5. 課税等の対象

以上の議論に基づき，市場の失敗の要因，政府としての施策を考慮したうえで，課税等の対象について整理したものが表8-1であるが，政府としての施策は次の2つのタイプに分けられるであろう。

まず，域内で供給される財・サービスを消費する域外からの旅行者が，①着地で供給される公共財のただ乗りとなり，②観光公害のような負の外部性を発生させたりするため，これらの市場の失敗の要因への対処として「受益・負担の関係の是正」を目指す施策である。それ以外については課税等による収入をどのような活用目的に用いるかが問題になるが，それは主として「域内の観光振興」に向けられる施策である。

表 8-1　観光における市場の失敗の要因，課税等の対象，施策の例

		観光における市場の失敗の要因の例	施策（具体的な活用内容）の例	課税等の対象（対象への施策の例）
不完全情報		観光地に関する情報不足	需要地（海外を含む）へのプロモーション	政府，域内の観光関連事業者（旅行者の需要の喚起）
外部性	負の外部性	有名観光地における混雑，観光公害等	課税，料金徴収等による需要抑制	利用者。とくに，旅行者（混雑等の解消）
	正の外部性	低い生産性につながる観光関係者の知識・ノウハウ不足	観光関係者に対する研修等	観光関係者，観光関連事業者，DMO等（サービスの質の向上，売上増，生産性向上のための研修等）
公共財（非排除性に加え，非競合性もあり）		観光地の案内・表示（多言語），花火大会等のイベント等のフリーライダー	公共財のフリーライダーからの対価の徴収	利用者。とくに旅行者（ただ乗りの是正）
共有資源（準公共財）		自然公園や文化財を有する寺社等の混雑	課税，料金徴収による需要抑制。キャパシティの拡充，域内の代替的な観光地への誘導等	利用者。とくに旅行者（混雑等の解消）

(1) 受益・負担の関係の是正

　受益と負担の関係が整合していない市場の失敗の是正を目指す場合，住民を除外しもっぱら旅行者だけに課税等ができるとともに，その費用が大きくなりすぎない方法が望ましいが，そのような方法は現実的には存在せず，地方公共団体は宿泊税のような次善の策を選択せざるをえない。その理由としては，宿泊サービスが観光を行う動機となることから，宿泊事業者が観光公害の遠因であることは間違いのないことであろうが，観光公害をもたらす旅行者には日帰り旅行者や域外の宿泊者も含まれるし，混雑している観光地を訪問しない域内の宿泊者（例：ビジネス目的の旅行者）もいるからである。したがって，生産者が負の外部性の発生源であることが明白な汚染等のような事例とは異なり，宿泊事業者の供給活動が観光公害の直接的な要因とは言い難いのである。

　以上から，宿泊税が採用されることが多い理由は，日帰り旅行者が漏れる等の問題点にもかかわらず，費用面を考慮すると，域外の旅行者を対象とすることが効率的であるためと考えられる。

⑵　域内の観光振興

　課税等のもう1つの主たる目的は，課税等により得られた財源を活用し，域内の観光振興を行うことである。その内容としては，文化財や自然等に関する博物館等の必要な観光施設や観光地の案内・表示等の観光関係の公共財の整備，観光関連産業の人材育成，域外へのプロモーション等が挙げられる。これらより主に受益する宿泊等の観光関連事業者が対象となろう。

　ちなみに，域外からの旅行者の消費活動である観光がもたらす売上の割合が高い業種は宿泊業と考えられるため，域内の観光振興を目的とした場合に宿泊税を導入することは妥当性があろう。

　以上より，課税等を行う主な対象は，域外からの旅行者あるいは観光関連事業者（とくに宿泊事業者）が妥当であろう。なお，生産者と需要者の間における課税等の帰着（税額の最終的な負担）については，4-1⑴と⑵課税等の効率性において検討する。

2. 課税等の方法

　前節では，課税等の対象について議論したが，本節では，1回の利用ごとに支払う方法となる課税，事業収入，協力金を取り上げる[8]。

2-1. 課　　税
　税は，国費・公費をまかなうため，国・地方公共団体が国民・地域住民・消費者などから強制的に徴収する金銭である。観光財源の国レベルの税としては，日本から出国する旅客（国際観光旅客等）から出国1回につき1000円を徴収する国際観光旅客税が2019年1月に導入されている。

　現在，入湯税，宿泊税等を実施している地方公共団体が存在する。入湯税は，観光目的に利用可能な唯一の法定税で使途が限定されている目的税である。その使途は，環境衛生施設，鉱泉源の保護管理施設，観光の振興（観光施設の整備を含む）に要する費用に充てられる。1人1日150円が標準で，鉱泉浴場所有の市町村が導入できることになっている。地方税法の税目以外についても，一定の手続きにより新たな税目が導入できるが，そのような税目は法定外税[9]

と呼ばれるものである。2000年に施行された「地方分権一括法」でその導入が容易になり，法定外税の制定の動きが広がっている。法定外税の主なものとしては宿泊税があり，東京都，京都市，大阪府等で導入されている。宿泊税以外にも，別荘等の保有に関する税，環境保全に関する税，遊漁税等がすでに導入されている。

　前述のように課税は，観光関連施策の財源を確保することに加え，負の外部性の抑制という効果も期待される。いわゆるピグー税を観光に関連して導入する場合には，課税する財・サービスと課税額について検討することが求められる。

　課税する財・サービスは，①消費者のうち旅行者の割合が大きいもの，②負の外部性の発生に関連性が強いもの，という2点を考慮する必要がある。①については，宿泊サービスが該当するであろう。②については，混雑等を発生させているレジャーランド等の観光施設が提供する財・サービスとなるが，住民も対象となってしまう。以上を考慮すると，現実的には，宿泊サービスの消費に対して課税するケースが多い。

　次に課税額は，社会的限界費用曲線の観点からは，生み出された負の外部性に伴う費用を含めることが望ましいが，その算出は容易ではない。たとえば，混雑については，移動において余計にかかった時間に基づく機会費用を求めることが必要になるが，混雑は時期・時間帯により異なるため，機会費用も一定のものとはならない。しかしながら，納税等の手続きを考慮すると，時期・時間帯により税額・税率を変化させることは現実的ではなく，一定の税額・税率[10]とすべきであろう。

　なお，第4章でみたように，昨今ではウェブサイトの情報により需要者が意思決定し取引を行うことが多くなっているが，ウェブサイトで提示される価格は宿泊税を含んだ表示になっておらず，チェックアウトの際に宿泊税を支払うケースが少なくない。その結果，観光地を選択する際の意思決定において，旅行者に宿泊税を考慮させることが十分に機能していない可能性が高い。

　また，課税の資源配分面での効率性に関しては，4-1⑵の余剰分析において検討する。

2-2. 事 業 収 入
　事業収入は，本章では，地方公共団体そのものや第三セクター等が事業主体

となり，特定のエリアや施設において提供されるサービス等の対価の利用料・入場料等として支払われるものとする。施設利用の便益の対価として当該施設の運営・維持等の目的に活用されるとすると，エリアや施設等の利用料・入場料等は，フリーライダーの問題は発生しないであろう。事業収入の活用目的は，エリアや施設による便益を生むものに限定することが望まれ，域内の観光施策全般に用いることは適切ではない。

2-3. 協力金

協力金は，個別の自然公園や歴史文化遺産等の利用者に対し，環境保全やサービス維持の財源確保を目的として拠出を依頼するもので，協力するか否かは利用者の任意で強制力はない。宮古島等において，協力金が採用されている。宮古島美ら海連絡協議会は，宮古島市周辺の海洋環境の保全，観光ダイビング事業および水産業の振興ならびに地域の発展に寄与するために，宮古島市周辺海域でダイビングを行う者から1名1日につき500円の協力金を求めている。

3. 公平性における論点とその評価

課税等の公平性に関しては，課税の議論でよく用いられる応益原則，応能原則の観点から検討を行う。

3-1. 応益原則

応益原則は，政府が供給する財・サービスから受ける便益に基づいてその対価に課税等を行うべきという考え方である。これに基づくと，政府が財源の活用目的から，（直接的に）便益を受ける対象を考慮することが望ましい。

(1) 旅行者

応益原則に従うと，とくに，公共財，共有資源（準公共財）の利用，負の外部性に関連する施策では，課税等の対象は旅行者とすべきであろう。

公共財の利用者のうち，住民は地方公共団体への納税者であり，無料で供給される公共財の消費に対しも個人住民税等で（間接的に）なんらかの負担を行っているであろうが，旅行者は，公共財等の利用により便益を得ているものの，

何も負担していない。また，地方公共団体の観光需要に対応した財・サービスは，旅行者の便益となるが，住民にとっては便益にならないものが含まれることがある。たとえば，外国語での案内表示や（住民であれば知っている内容もあるかもしれない）観光情報の提供等は，住民にとっての有益性はないであろう。応益原則からは，利用者を域内の住民と旅行者に分けて検討すべきであろう。

(2) 観光関係者

次に，不完全情報に関連する施策（例：プロモーション），正の外部性に関連する施策（例：人材育成）では，域内の観光関係者が恩恵を受けるため，これを課税等の対象とすることが望ましいであろう。地方公共団体が供給する観光関連の財・サービス[11]には，人材育成等の観光関連事業者向けの施策のように，観光関連事業者の供給する財・サービスの向上という利用者にとって間接的な便益を得る可能性はあるが，直接的な便益がないものも含まれる。財源活用の直接的な目的は，域内の観光関連事業者の売上増加や生産性向上等にあるものは，課税等の対象は旅行者ではなく，その受益の対象である域内の観光人材や観光関連事業者とすべきであろう。とくに，観光関連人材への研修は，消費の競合性・排除性をともに有するため，フリーライダーの問題はなく受講者のみからその費用を対価とした事業収入等を求めることが可能である。

また，プロモーションについても，その施策の目的は，利用者，とくに域外の旅行者の需要を喚起することで，それにより域内の観光関連事業者（宿泊業等）の売上増加等をもたらそうとするものであるため，プロモーションの便益を直接的に受ける観光関連事業者等が負担することが適切であろう。

以上のように，応益性の観点からは，利用者，域外の旅行者，観光関連事業者のように，財源の使途となる施策から得られる便益の対象により分けて課税等を行うことが望ましい。

3-2. 応能原則

公平性のもう1つの観点としては，どれだけ負担できるかに基づき課税等を行う応能原則がある。主に，応能原則は住民の所得税に関して議論される概念で，所得等が多く，高い支払能力がある対象は，多く課税されるべきであるという理論で，支払能力の観点から検討される。観光関連の財・サービスは非日常的で必需的というよりは奢侈的な性格なものもあり，その消費者は対象とし

て一般的に支払余力があると考えられるであろう。宿泊税の導入事例では宿泊料の多少に応じて累進制になっているものがあるが、これは支払余力がある対象から多く課税する応能原則に基づくと考えられる。

　しかしながら、域外の旅行者については、旅行時という特殊な状況を考慮すると必ずしも支払余力があるとはいえないかもしれない。旅行者は多額の現金を旅行中に所持しているわけではないし、現金決済しかできないケースが多いと現金が枯渇する可能性もある。このような場合は、域外の旅行者から多額の支払いを現金で求めることは支払余力の面では適切ではなく、クレジットカード等のキャッシュレスの決済に関する機能を整備する必要があろう。

　なお、消費者から徴収することを意図していても、税額を完全に価格に転嫁することができず財・サービスを供給する企業も負担することになるケースがあるため、4-1(5)で詳述するように税の帰着と企業の支払能力を考慮することが求められる。

4. 効率性における論点とその評価

　課税等の効率性においては、資源配分面、その実施における負担面の観点から検討する。

4-1. 資源配分面

　課税等が行われると、生産者・消費者のインセンティブと行動を変化させ、それにより資源配分を変化させることがあり、経済学では消費者余剰、生産者余剰を用いた資源配分面から効率性が議論される。課税等を行う場合、資源配分の観点からは、消費者余剰と生産者余剰を合わせた総余剰において死荷重が発生するが、余剰の損失が小さいものが望まれる。

(1) 宿泊税による余剰分析における設定

　ここでの余剰分析は、昨今導入されることが多い宿泊税をもとに検討する。第2節でみたように、観光関連施策の恩恵を受ける、あるいは負担を強いる対象は、観光関連事業者（とくに、宿泊事業者）と旅行者になるため、生産者が宿泊事業者、消費者が旅行者となる宿泊サービスへの課税（宿泊税）は、帰着

先が両者のいずれかになることから，帰着の面からは適切なものであろう。

　余剰分析を行う際には，まず宿泊事業者の供給曲線を特定する必要がある。供給曲線は，供給能力の限界に近づくと原材料，労働需要が逼迫することから，価格弾力性が非弾力的になる傾向があり，これに基づいた供給曲線を S とする。地方公共団体に納税する宿泊事業者には一定の宿泊税額 t が課され，その結果 S' は S を左方にシフトしたものになると設定する[12]。なお，前述のように，宿泊事業者が観光公害の直接的な要因とは言い難いことや，観光公害による負の外部性は混雑度に応じ変化し，道路や観光施設等のキャパシティの限界に近づく，あるいは超える場合に急速に大きくなると考えられ税額を適切に設定することは難しいことから，ここでの余剰分析では S' は社会的供給曲線（社会的限界費用曲線）を表したもの[13]とはみなさず，私的供給曲線（私的限界費用曲線）に単に税額を足したものとする。

　需要曲線は，第 1 章で述べたように，観光においてはその形状が地域や季節等によって大きく異なる。地域や時期において閑散としたケース（以降，閑散ケースという）では，需要曲線は価格に関して弾力的になると考えられる。これに対し，地域・時期において繁忙なケース（以降，繁忙ケースという）では，閑散ケースよりも需要が旺盛になることから右方にシフトするとともに，価格に関して非弾力的になると考えられる。ここでの余剰分析においては，閑散ケースの需要曲線を D_1 とし，繁忙ケースの需要曲線を D_2 とする。

　さらに，税額の多少による余剰分析を行う。図 8-1 ではすべての価格において同じ税額 t が課されるとしたが，図 8-2 では一定以上の価格になった場合には税額がそれ未満の倍（$2t$）となるように設定し，その供給曲線を S'' とする。繁忙ケースをもとに説明するとし，需要曲線 D_2 とは E_2'' において交点をもつとする。

(2)　宿泊税による余剰の変化

　まず，閑散ケースの需要曲線 D_1 に基づいて，課税の影響を検討する。課税しない場合は，D_1 と S の交点 E_1 において価格は p_1，数量は q_1 となる。宿泊税を課す場合は，供給曲線が S' となり，D_1 と E_1' において交わり，旅行者の支払価格は p_{1c}' に上昇し，数量は q_1' に減少する。その際，課税額を除いた企業の受取価格は p_{1p}' となり低下する。その結果，税額の最終的な負担である帰着は，旅行者については $p_{1c}'-p_1$ となり，生産者（宿泊事業者）については

図 8-1　課税による余剰の変化

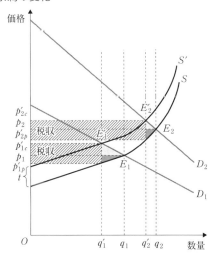

$p_1 - p'_{1p}$ となる。この結果，課税による消費者余剰の減少は $1/2 \times (p'_{1c} - p_1) \times$ $(q_1 - q'_1)$，生産者余剰の減少は $1/2 \times (p_1 - p'_{1p}) \times (q_1 - q'_1)$ となる。これらの余剰の減少のうち，$(p'_{1c} - p'_{1p}) \times q_1$ は地方公共団体の税収となる（図8-1の斜線の部分）。税収はそれを活用してなんらかの施策を行うことにより，消費者・生産者の便益を生み出す可能性があるが，それ以外の $1/2 \times (p'_{1c} - p'_{1p}) \times (q_1 - q'_1)$ は，消費者余剰にも生産者余剰にも政府の税収にも含まれない死荷重で，課税による損失を示している。課税による死荷重は，図8-1の消費者余剰の死荷重（薄い網掛けの部分），生産者余剰の死荷重（濃い網掛の部分）に分けられる。消費者は域外の経済主体，生産者は域内の経済主体であるため，観光に関連する余剰分析では地方公共団体の立場からするととくに生産者余剰の変化に留意する必要があろう。

(3)　繁忙ケースと閑散ケースの比較

次に，繁忙ケースと閑散ケースとの比較し，課税が与える影響にどのような違いがあるかを検討する。ちなみに，比較における評価の観点は，数量の変化，地方公共団体の税収，税額の旅行者への帰着，死荷重（とくに，税収分を除いた生産者余剰の死荷重）の大きさとする。

繁忙ケースの需要曲線 D_2 は，供給曲線 S のより非弾力的な領域で交点 E_2

表 8-2　閑散ケースと繁忙ケースの比較

評価の観点	比較による繁忙ケースの評価
数量の変化	繁忙ケースのほうが減少が小さい （負の外部性を抑制する効果は繁忙ケースのほうが小さいが，閑散ケースでは混雑等の負の外部性も小さい）
税額の旅行者への帰着	繁閑の違いにより決定されない （需要曲線のほうが弾力的な場合は旅行者により多く帰着，供給曲線のほうが弾力的な場合は宿泊事業者により多く帰着）
死荷重全体の大きさ	繁忙ケースのほうが小さい
税収分を除いた生産者 余剰の死荷重	（供給曲線，需要曲線の形状に依存するが，）繁忙ケースのほうが死荷重が小さくなる可能性が高い

　をもち，一定の宿泊税額を含む S' との交点 E_2 をもつことから，旅行者の支払価格は p_2 から p'_{2c} に上昇し，生産者の受取価格は p_2 から p'_{2p} へ低下する。それとともに，繁忙ケースにおける課税後の数量は q_2 から q'_2 に減少するが，q'_2 の数量は q'_1 よりも大きい。また，繁忙ケースにおける課税後の価格は，旅行者の支払価格 p'_{2c}，宿泊事業者の受取価格 p'_{2p} のいずれも，閑散ケースにおけるそれを上回る。

　さらに，課税による数量の減少幅は，繁忙ケースでは需要曲線・供給曲線ともに非弾力的であるため，繁忙ケースのほうが小さい。そのため，繁忙ケースでは，閑散ケースよりも混雑の緩和等の効果が小さい。また，閑散ケースでは，もともと混雑等の観光公害の悪影響は大きくないため，宿泊税として一定の税額に設定した場合[14]には負の外部性を抑制する観点からの効果を得にくいであろう。

　税収については，当然のことであるが，数量が大きくなるため，繁忙ケースのほうが大きい。その一方で，課税による数量の減少は繁忙ケースのほうが小さいため，税収による死荷重全体は繁忙ケースのほうが小さくなる。このうち，域内の宿泊事業者の売上の縮小につながる生産者余剰の死荷重は，需要曲線と供給曲線の形状に依存するが，数量の減少が小さいため繁忙ケースのほうが大きくなる可能性が高い。

　税額はできる限り域外の旅行者に帰着するようになることが望ましいが，それは需要曲線と供給曲線の価格に関する弾力性の関係に依存し，繁閑の違いにより決定されない。需要曲線のほうが弾力的な場合は旅行者に帰着する税額のほうが大きく，供給曲線のほうが弾力的な場合は生産者である宿泊事業者に帰

図 8-2 税額の違いによる余剰の変化

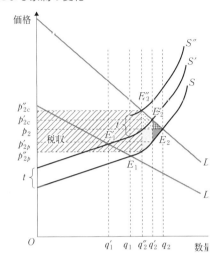

着する税額のほうが大きくなる[15]。

　以上の議論を整理すると，繁忙ケースを中心に評価すると表8-2のようになる。これに基づくと，宿泊税は繁忙ケースにおいて実施するほうが資源配分面では効果的と考えられる。

⑷　税額の違いによる比較
　次に，宿泊税の税額が消費額に応じて変化させるように設定されているケースも存在する（図8-2）。ここでは，繁忙ケースにおける税額の多少による余剰の変化を検討する。
　D_2 と S'' との交点 E_2'' では，交点 E_1' より，数量は少なくなり，旅行者の支払価格は上昇し，宿泊事業者の受取価格は低下する。そのため，帰着する税額は，生産者，消費者ともに増加する。課税による死荷重は税額の大きさに応じて増加する（ドット柄と濃い網掛けの部分が死荷重全体の増加分）。同時に，税収分を除いた生産者余剰の死荷重も増加する（薄い網掛けの部分が生産者余剰の死荷重の増加分）。
　したがって，課税により発生する死荷重を考慮すると，税額は大きくしすぎないことが肝要で，財源の活用目的を絞り込む必要があり，優先順位をつける

図 8-3　業種別の売上高営業利益率

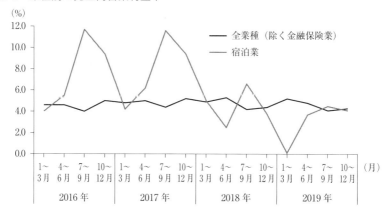

（出所）　財務省「法人企業統計」より作成。

ことが求められる。また，税収を活用して行う施策も，喪失した余剰を取り戻
すために，需要を喚起したり，供給における生産性を向上させる必要がある。

(5)　企業への帰着と負担能力

　宿泊税は便益を受ける域外の消費者に負担させることを目的にしているが，
税額のうち宿泊事業者に帰着する割合が大きい場合は，その経営に影響を与え
ることになるであろう[16]。また，宿泊事業者は持続可能な経営を維持するには
周期的なリニューアルの設備投資が求められるため，その資金を内部留保とし
て確保しておくことが望ましいであろう[17]。

　ここで財務省「法人企業統計」に基づき，宿泊業と全業種（除く金融保険業）
の売上高営業利益率を比較すると，2016〜19 年においては，第 1 章でみた延
べ宿泊者数の季節変動と同様に，宿泊業の売上高営業利益率は，7〜9 月期に
最も高くなり 1〜3 月期が最も低くなるケースが多い[18]。2016 年，17 年は，売
上高営業利益率が 7〜9 月期，10〜12 月期において宿泊業が全業種（除く金融
保険業）を上回っているが，2018 年，19 年はそうではなくなっていた[19]。この
ように，売上高営業利益率について，宿泊業は，とくに景況の悪い時期を中心
に高いとはいえず，宿泊業の経営に影響を与えることになる可能性がある（図
8-3）。

　宿泊税ではもともとの税抜き価格から税額分を完全に上乗せしたものが税込

み価格になることが望まれるが，市場が完全競争の場合には図8-1で示したように税額のうち企業に帰着する部分が発生する。宿泊税のような新たな税制を導入する場合には，企業が税額を完全に価格に転嫁できるように，政府や地方公共団体は積極的に広報し，域外の消費者に宿泊税による課税を理解させる必要がある[20]。

　ちなみに，課税等の活用目的として宿泊事業者に便益をもたらす施策が実施されるため，宿泊事業者への帰着があっても妥当性がある。ただ，課税は，観光市場における総余剰が減少する死荷重が発生し，短期的にはマイナスの影響を与えるため，課税等による財源をもとにした施策は，発生した死荷重を十分に取り返すことができる便益がもたらされることが求められる。すなわち，施策の実行を通じて，需要曲線が上方にシフトする，あるいは供給曲線が下方にシフトする等の市場における変化をもたらすことが必要になる。

4-2. 課税等の実施の費用面

　効率性の観点からは，課税等の実施に伴う関連主体の機会費用も含めた費用が小さいことが求められる。そのためには，課税等の方法の容易さやその額の計算の簡単さが求められる。なお，課税等にかかる機会費用をすべて補足した分析は容易ではないため，ここでは課税等の方法の実行可能性と導入や手続きの簡素さに絞って検討する。

　広く浅く課税等を行うことが，個々の対象者の負担が少なく多くの財源を確保できることになるが，地方の政府の場合では必ずしも実行が容易でないものある。

　域内の観光関連の財・サービスの供給全般をカバーしようとする場合には，域内に入った旅行者を網羅的に捕足する通行税のようなものが望まれる。国レベルであれば国境が管理されており，わが国でも出国時に課税する国際観光旅客税が導入されているが，関所が置かれていない現在においては，都道府県や市町村のレベルでの通行税の導入は技術的に難しいであろう。できるだけ網羅的に課税等を行うということでは，日帰り客の場合は対象とならずフリーライダーとなるが，都道府県や市町村のレベルでは導入例がある宿泊税が，ある程度の網羅性があり実行可能であることから望ましいであろう。

　次に，導入や手続きの簡素さであるが，宿泊税は宿泊施設を営業する民間事業者からの金銭の移転を含むため[21]，政府運営の文化施設等における事業収入

と比較して，社会全体としてのかかる機会費用は大きくなると考えられる。ただし，課税等が導入された後は，IT化の進展・普及を考慮すると，このような機会費用は次第に低下していくと考えられる。

注 ————————

1　本章では，財源を確保する方法として基本的に課税を中心に議論を進めるが，課税だけでなく事業収入，協力金についても言及するため，以降ではこれらを含めている場合には課税等と表現する。

2　財源確保の事例における課税等の対象や方法は，可能なものから実施するという考えに基づいている面もあると考えられるが，本章ではあくまで経済学的な観点からどれが適切かについて検討していく。

3　公正で自由な競争を阻害する不完全競争の是正も市場の失敗への対応に含まれるが，本章では主に地方公共団体を対象にしており，こうした施策はわが国では地方公共団体が担うものではないためここでは言及しない。

4　情報は非競合性，非排除性の観点から公共財に該当するという考え方もある。

5　課税等の負担は観光関連事業者による価格の引上げにつながるため，一般会計の予算を用いプロモーションの費用を地方公共団体が負担するという方法も考えられるであろう。

6　教育・人材育成は，消費において競合的・排除的であるため，受益者から対価を求めることが可能である。そのため，正の外部性が小さい場合には，政府が供給する必要性が弱いと考えられる。

7　適切に課税額を追加した限界費用曲線は，社会的限界費用曲線と呼ばれる。

8　財源を確保する方法として，リピートでの利用も可能な出資や債権等の形態も考えられるが，ここでは扱わない。

9　地方税法の税目以外で，地方公共団体が独自に条例で定めて課する税。

10　宿泊税では，宿泊代の多少に応じた累進的な税額が導入されている例が多い。

11　財源確保の事例では，人材育成，プロモーション等も財源の目的として挙げられているものもある。

12　供給曲線に税額を上乗せするのではなく，課税の対象である旅行者の需要曲線が課税額を引いた価格での需要曲線となる設定しても，余剰の変化については同じ結論が得られる。

13　S' は社会的供給曲線（社会的限界費用曲線）である場合には，社会的に最適な価格・数量となる。（Mankiw［2012］を参照）

14　税額を一定ではなく混雑度等の負の外部性の大きさに応じて変化させる方法も理論的には考えられるが，それを実施する費用がかかることから現実的には難しいであろう。

15　詳しい解説は，Mankiw［2012］の第6章を参照のこと。

16　宿泊税は，企業の課税所得に課税する法人税とは異なり，利益の状況にかかわらず宿泊の売上に課税するため，業況が悪い時期にはとくに大きな影響を与えることになる。

17　十分な内部留保がない場合には，借入により設備投資を行うことが一般的で，企業の有利子負債が増加することになる。経営への影響の度合いは，金利の高さに依存する。

18　資本金規模が 10 億円以上の宿泊業では，10〜12 月期の売上高営業利益率が高くなっているが，その要因は宴会・イベントのような宿泊以外の売上の割合が高いためと考えられる。

19　2020 年は，新型コロナウイルス感染症の影響で移動が制限されたため，売上高営業利益率は大きくマイナスになっている。

20　消費税に関しても同様なことが該当するため，内閣府が消費税価格転嫁等対策を講じている。

21　導入時には関係する事業者への説明が必要になる。

引用・参考文献

後藤和子［2019］「文化経済学の基礎理論」後藤和子・勝浦正樹編『文化経済学――理論と実際を学ぶ』有斐閣，所収

角本伸晃［2011］「観光税とその効果」角本伸晃『観光による地域活性化の経済分析』成文堂，所収

観光立国推進閣僚会議［2018］「国際観光旅客税（仮称）の使途に関する基本方針等について（一部変更）」

国税庁「国際観光旅客税について」http://www.nta.go.jp/publication/pamph/kansetsu/kanko/index.htm

公益財団法人日本交通公社［2019］「視点 8　地域の観光財源を確保する」公益財団法人日本交通公社編著『観光地経営の視点と実践（第 2 版）』丸善出版，所収

京都市情報館［2019］「宿泊税について」https://www.city.kyoto.lg.jp/gyozai/page/0000236942.html

Mankiw, N. G. [2012] *Principles of Economics*, 6th ed., South-Western Gengage Learning.（足立英之・石川雄太・小川英治・地主敏樹・中馬宏之・柳川隆訳［2013］『マンキュー経済学 I　ミクロ編（第 3 版）』東洋経済新報社）

大阪府観光客受入環境整備の推進に関する調査検討会議［2015］「大阪府の観光客受入環境整備の推進に関する調査検討最終報告」

阪本崇・後藤和子［2019］「文化政策――政府はどのように文化を支援するのか」後藤和子・勝浦正樹編『文化経済学――理論と実際を学ぶ』有斐閣，所収

Stiglitz, J. E. and C. E. Walsh [2005] *Economics*, 4th ed., WW Norton & Company.（藪下史郎・秋山太郎・蟻川靖浩・大阿久博・木立力・宮本亮・清野一治訳［2014］『スティグリッツミクロ経済学（第 4 版）』東洋経済新報社）

藪田雅弘［2017］「観光市場の失敗」中平千彦・藪田雅弘編著『観光経済学の基礎講義』九州大学出版会，所収

第Ⅳ部

統計・実証

第9章 観光統計
数字で把握する旅行者の人数と消費

はじめに

「観光」を経済的な側面から論じるうえで，数値によって実態把握が可能な「定量データ」は欠かせない。観光振興政策の立案や観光に関わる事業計画の策定においても定量データは多用される。本章では，「観光」に関わる基礎的な定量データである「旅行者数」（何人旅行したか），「旅行消費単価」（旅行で1人いくら使ったか），そして「旅行消費額」（旅行で支出された総額はいくらか）について，わが国全体の実態を表す指標を中心に解説する。

1. 用語の定義——そもそも「観光」「旅行」とは

本節では，われわれが定量データで把握しようとする対象である「観光」，そして同じように用いられている「旅行」という用語の定義，もしくは使われ方についてあらかじめ論じておきたい。

実は，「観光」や「旅行」という言葉の定義は一義的に定まっていない（序章・第1章も参照）。同じ対象を指しているにもかかわらず，「観光」が用いられるケースもあれば「旅行」が用いられるケースもある。また，いわゆる「出張」や「親族・知人訪問」を「観光」に含める場合もあれば，含めない場合もある。

このように，「観光」や「旅行」という用語の意味合いは人や状況によって異なるのが現状である。しかし，定量データを扱ううえでは，測定する対象を明確に定義しておくことが不可欠である。したがって，「観光」や「旅行」に関わる定量データを扱う際には，そのデータの作成者がこれらの用語をどのように定義しているのか，その都度確認することが重要である。

1-1. 世界での用語の定義：国連による勧告を読み解く

「観光」や「旅行」に関する用語の定義について，国際的には国連経済社会局（United Nations Department of Economic and Social Affairs：UN DESA）と世界観光機関（UNWTO）による「IRTS（International Recommendations for Tourism Statistics；ツーリズム統計の国際勧告）2008」に記述されている定義が主流である。「観光」や「旅行」に関わる日本の政府統計の多くは IRTS を参照して作成されているため，日本の統計を知るうえで IRTS の用語の定義を理解しておくことは重要である。そこで，本項では IRTS における「観光」や「旅行」に関わる定義について解説する。

IRTS では，「観光」や「旅行」の主体を指す用語として「traveller」や「visitor」，またその活動を指す用語として「travel」「trip」「visit」「tourism」といった数々の単語が用いられており，それぞれ明確に定義され，使い分けがなされている。このうち，最も広い概念をもつ用語は「traveller」と「travel」であり，IRTS では以下のように規定されている。

> 「travel」は「traveller」の活動を指す。「traveller」とは，その目的や期間によらず，地理的に異なる場所の間を移動（move）する人のことである。

日本で「トラベル」は一般に「旅行」の意で用いられることが多いが，IRTS では「travel」を「移動」，「traveller」を「移動者」という意味合いで用いている。通勤・通学など日常生活での移動も含まれると解釈でき，「traveller」には日本での「観光」や「旅行」よりも幅広い概念をもたせている。

次に，「trip」と「visit」が以下のように定義されている。

> 「trip」は，居住地を出発してから戻ってくるまでの移動（travel）であり，ゆえにこれは往復の移動となる。「trip」は複数の異なる場所への「visit」で構成される。

つまり，「trip」は「居住地を出発地（かつ帰着地）とする外出」であり，「visit」は「訪問」と読み替えてよいだろう。以上を踏まえたうえで，「visitor」と「tourism」が次のように定義されている。

> 「visitor」とは，主要な目的（ビジネスや余暇，その他私的な目的）が何であるかにかかわらず，1 年未満の間に，居住地から日常生活圏外にある主要目的地への外出（trip）を行う移動者（traveller）のことである。ただし，訪問した国や場所

の居住者によって雇われている場合を除く。「visitor」によって行われるこのような居住地からの外出（trip）が「tourism」と見なされる。「tourism」とは「visitor」の活動のことである。

　「visitor」と「tourism」では，主要目的地が「日常生活圏外（outside his / her usual environment)」と規定される。この定義は，日本でいうところの「観光」や「旅行」の概念に最も類似している。この定義での重要なポイントは，「期間」が1年未満と規定されていること，そして「目的」による縛りがないことである。日本では，「観光」や「旅行」が余暇活動の意に限定して解釈されるケースもしばしば見受けられるが，「visitor」や「tourism」には余暇活動のほか，ビジネス目的の出張や親族・知人訪問など，あらゆる目的が含まれていることを念頭に置いておきたい。

　なお，「visitor」と「tourism」では期間の上限が1年と規定されるが，期間の下限については次のような言及がある。

> 　「tourism visit」は，「tourism trip」の間に訪れた場所での滞在（stay）を指す。そこで宿泊していない場合も「tourism visit」に該当するが，一定時間そこに停留（stop）することを想定しており，ある地域内に入ったとしてもそこで停留しない場合にはその地域を訪問（visit）したことにはならない。各国において「tourism visit」とみなす最小の停留時間を定義することが推奨される。

　以上，日本語での「観光」や「旅行」の概念に近似している「visitor」と「tourism」を規定する要件を整理すると，以下のようになる。これらを念頭に置いたうえで，次項では日本における「観光」や「旅行」の定義に焦点を当てていきたい。

> 「visitor」と「tourism」を規定する要件
> ・出発地（帰着地）：居住地
> ・目的地：日常生活圏外（非日常圏）
> ・期間：1年未満（最小の停留時間は国によって異なる）
> ・目的：目的は問わない（出張などビジネス目的や余暇目的，その他私的な目的を含む）

1-2. 日本における用語の定義：国の統計では「tourism」を「旅行」と呼ぶ

　日本では，「観光」や「旅行」という用語の定義や使われ方が必ずしも一義

的ではない。用語が示す範囲が異なっていたり，また同じ意味をもつ対象を指して「旅行」と呼ぶケースもあれば「観光」と呼ぶケースもあったりする。

　本章で取り扱う定量データは国の観光統計が中心となるため，ここでは国の観光統計における一般的な用語の定義を解説する。国の観光統計では，IRTSでの「tourism」に相当する活動を「旅行」，「visitor」を「旅行者」と称しており，「旅行」には余暇目的のみならず出張や親族・知人訪問などあらゆる目的によるものが含まれる。一方，「観光」という用語には余暇目的の意味合いをもたせており，たとえば日本人の余暇目的の旅行は「観光・レクリエーション旅行」，訪日外国人の余暇目的の旅行は「観光・レジャー目的」と称している。つまり，「観光」は「旅行」の一部として扱われている。本章では，このような国の観光統計における用語の使い方を踏襲する。ただし，「観光」や「旅行」に関わる「統計」の呼称については，日本では慣例で「観光統計」という表現が幅広く用いられていることから，本章においてもこの呼称を用いる。

　なお，都道府県など地方自治体が作成する観光統計では，IRTSでの「tourism」に相当する活動を「観光」と呼称する場合が多い。この場合には，「観光」のなかに出張や親族・知人訪問などが含まれる可能性があるため，データを解釈するうえでは注意を要する。

1-3. 旅行市場の3大区分：インバウンドとアウトバウンド，国内旅行

　旅行市場は，出発地（居住地）と目的地の違いによって「インバウンド旅行」「アウトバウンド旅行」「国内旅行」の3つに大別される。日本人の視点からみると，これらは「訪日外国人旅行」「日本人の海外旅行」「日本人の国内旅行」に相当する。観光統計の整備も，これら3つの旅行市場に分けて行われる。

　なお，海外在住の日本人による訪日旅行は「インバウンド旅行」に含まれるが，日本においては海外在住の外国籍の人々による訪日旅行のみがもっぱら「インバウンド旅行」として取り扱われている。

2. 旅行市場の主要指標——旅行者数と旅行消費単価，旅行消費額

　旅行市場の実態を把握する際に用いられる主要指標は，「旅行者数」「旅行消費単価」「旅行消費額」の3つである。本節では，これらの主要指標がもつ意味と算出方法について解説する。

2-1. 旅行者数：一般的に用いられる指標は延べ旅行者数

　1つ目の指標は「旅行者数」である。人数の指標であることは自明だが，一口に旅行者数といっても複数の捉え方がある点に注意が必要である。図9-1に，旅行者数の捉え方を整理した。

　まず，人数を測定する場所は大きく2つある。1つは「居住地（発地）」であり，もう1つは「訪問地域（着地）」である。はじめに，「居住地」で測定される旅行者数について説明する。この場合，居住地から訪問地域へ向かい，再び居住地に戻る一連の動きを1回の旅行とカウントする。1人の人が年に3回旅行に出かけた場合には3人回／年であり，1億人の人が年に平均3回旅行に出かけていれば3億人回／年となる。このような測定方法で作成される旅行者数は一般に「延べ旅行者数」と呼ばれる（図9-1①）。単に「旅行者数」という場合にも，一般的にはこの指標が該当する。厳密にいえば単位は「人回」が正しいが，回を省略して「人」と表記されることも多い。延べ旅行者数は，居住地域全体（日本全国など）での旅行市場の規模を把握する際に有用な指標である。

　「居住地」で測定されるもう1つの旅行者数の指標として「実旅行者数」がある（図9-1①）。一定期間の間，たとえば1年間に1回でも旅行に出かけた人は何人いるか，という実態を把握するための指標である。この指標では，1人の人が一定期間内に3回旅行をした場合でも1人とカウントされる。国民のうち何割が旅行をしているか，という旅行実施率（旅行参加率ともいう）を算出する際の分子に用いられる人数である（分母は人口）。この指標は，たとえば旅行市場の拡大策を検討する際に，旅行をする人としない人がそれぞれどの程度いるのかを把握するために用いられる。

　次に，訪問地域で測定される旅行者数について述べる。一例を挙げると，訪日外国人旅行者数は日本国内の国際空港や海港で海外から入国（または日本か

図 9-1　旅行者数の捉え方

① 延べ旅行者数と実旅行者数

延べ旅行者数 （単位：人回）	実旅行者数 （単位：人）
1人が一定期間内に2回旅行したら **2人回とカウント**	1人が一定期間内に2回旅行しても **1人とカウント**
• この指標が単に「旅行者数」と呼ばれる。 • 延べ人数であることが自明の場合には，単位が「人」と表記されることもある。	• 旅行実施率を算出する際に用いられる。 　旅行実施率＝実旅行者数／人口

② 宿泊客と日帰り客

宿泊客	日帰り客
旅行中に1泊以上の滞在が含まれる場合	旅行先で宿泊をしない旅行
• 旅行者に該当する宿泊客は，原則として滞在日数1年未満。	• 日帰りの旅行の定義は国や地域によってさまざま。所要時間や移動距離，訪問頻度で規定するケースもあれば，単に日常生活圏外への移動とするケースもある。

③ 宿泊客数と延べ泊数

宿泊客数 （単位：人回）	延べ泊数 （単位：人泊）
1人が1回の旅行で2泊した場合 **1人回とカウント**	1人が1回の旅行で2泊した場合 **2人泊とカウント**
	• 延べ泊数は「延べ宿泊者数」と呼ばれることもある。

ら出国）する外国人をカウントしており，これは訪問地域で測定される旅行者数に該当する。都道府県の観光統計などでは「入込客数」と呼ばれることも多い。この人数は，居住地でカウントされる指標では「延べ旅行者数」に近い。なぜならば，同じ人が年に2回同じ訪問地域を訪れたとしても，訪問時期が異なれば訪問地域では別の人としてカウントされるからである。ただし，1回の旅行中に1つの訪問地域を複数回訪れる可能性も否定できず，訪問地域で測定される旅行者数のほうが居住地で測定される延べ旅行者数に比べて大きくなる可能性がある。また，1回の旅行中に複数の訪問地域を訪れることは珍しくな

く，訪問地域ごとでカウントされた旅行者数を単純に足し上げると居住地でカウントした延べ旅行者数よりも大きい値となる。なお，訪問地域での旅行者数の具体的なカウント方法については第11章で解説する。

　さて，延べ旅行者数は「宿泊客数」と「日帰り客数」に分けて捉えられることが多い（図9-1②）。なぜなら，両者の旅行中の活動や消費の特性が大きく異なるためである。宿泊客は，訪問地域での滞在時間が日帰り客に比べ長く，また多くの場合宿泊費が発生することから，訪問地域で使われる消費額が日帰り客に比べ多いと一般に認識されている。そのため，「宿泊客数」を正しく把握したいというニーズは高い。一方で，訪問地域によっては日帰り客の割合が高い場合もあり，そうした地域では「日帰り客数」データの利用ニーズが高くなる。

　宿泊客は車中泊[1]も含め旅行中に1泊以上していれば該当するので識別が容易だが，日帰り客は日常生活者との線引きが難しく，IRTSにおいても日帰り旅行の定義は各国に委ねられている。日帰り旅行の定義は，所要時間や移動距離，訪問頻度で規定する場合もあれば，単に非日常圏外への移動を日帰り旅行とする場合もある。

　なお，「宿泊客数」は1泊の人も2泊の人も1人と数えられるが，泊数を積算した「延べ泊数」（延べ宿泊者数ともいう）の指標も，宿泊旅行の市場規模を把握する際にしばしば用いられる（図9-1③）。

2-2. 旅行消費単価：1人の旅行者が1回の旅行で使うお金を把握

　「旅行消費単価」とは，1人の旅行者が1回の旅行で支出した金額の平均値である。旅行市場の規模は旅行者数，すなわち「人数」で捉えることが多いが，経済的な効果を把握するのであれば「消費額」によって経済規模を把握することも必要である。旅行者による「消費額」の総額を推計するために必要となる指標が「旅行消費単価」である。

　「旅行消費単価」の呼称は統一されておらず，各種統計調査をみると「消費単価」や「旅行単価」，「1人当たり旅行支出」などさまざまな表記が存在する。また，「旅行消費単価」といった場合には原則として1人1回当たりの支出金額を指すが，このほかにも1人1泊当たりや1人1日当たり，また1人の人が1年間で旅行に費やした金額が示されるケースもある。したがって，支出金額に関わるデータを用いる際には，定義や単位をその都度確認することが大切で

表 9-1　旅行消費単価の費目別分類

旅行前		パッケージツアー料金（または参加費） 〈訪日外国人〉往復航空（船舶）運賃 〈日本人〉旅行の準備のための支出
旅行中	宿泊費	ホテル／旅館／簡易宿所／有料での住宅宿泊（民泊）
	飲食費	レストラン／カフェ／ファストフード／居酒屋・バー
	交通費	新幹線・鉄道・モノレール／バス／タクシー／航空（日本国内移動のみ）／船舶（日本国内移動のみ）／レンタカー・カーシェアリング／ガソリン／その他交通費
	娯楽等サービス費	現地ツアー・観光ガイド／ゴルフ場・スポーツ施設利用／テーマパーク／舞台・音楽鑑賞／スポーツ観戦／美術館・博物館・動植物園・水族館／スキー場リフト／温泉・温浴施設・エステ・リラクゼーション／マッサージ・医療費／展示会・コンベンション参加費／レンタル料／その他娯楽等サービス費
	買物代	菓子類／酒類／生鮮農産物／その他食料品・飲料・たばこ／化粧品・香水／医薬品／健康グッズ・トイレタリー／衣類／靴・かばん・革製品／電気製品／時計／宝石・貴金属／民芸品・伝統工芸品／本・雑誌・ガイドブックなど／音楽・映像・ゲームなどソフトウェア／その他買物代
	その他	上記のいずれにも当てはまらないもの
旅行後		〈日本人〉写真のプリント・現像／衣類のクリーニング／その他旅行支出

（出所）　観光庁「訪日外国人消費動向調査」「旅行・観光消費動向調査」より作成。

ある。

> 旅行の支出金額に関わるさまざまな指標
> - 1人の旅行者が旅行1回当たりに支出した金額（単位：円／人回〔または円／人〕）
>   →一般的には，この指標が「旅行消費単価」と呼ばれる。
> - 1人の旅行者が旅行1回1泊当たりに支出した金額（単位：円／人回泊〔または円／人泊〕）
> - 1人の人が旅行に費やした年間支出金額（単位：円／人年〔または円／人〕）
>   ※支出金額の単位において，分母の「回」や「年」は省略されることが多い。

　「旅行消費単価」は，旅行者を対象とする標本調査によって取得された情報をもとに推計されることが一般的である。日本においては，日本人の旅行は「旅行・観光消費動向調査」，訪日外国人旅行は「訪日外国人消費動向調査」の結果から推計されている（詳細は後述）。
　「旅行消費単価」は，その総額とともに費目別の金額が示されることもある。

費目別で示すことの利点は，旅行者の消費行動に関するマーケティング分析に有用であること，そして費目に対応する産業ごとの分析が可能となることにある。表 9-1 に，「旅行消費単価」の費目別分類の代表例を示す。調査によって細部の違いはあるが，旅行消費単価の費目の主な区分は「宿泊費」「飲食費」「交通費」「娯楽等サービス費」「買物代」である。このほか，旅行前に支出される費目としては「パッケージツアー料金（または参加費）」があり，また訪日外国人では「往復航空（船舶）運賃」，日本人では旅行の準備等のための前後支出が発生する。いずれにも当てはまらないものは「その他」に計上される。

　さて，費目別で消費単価を捉える際には，「購入率」と「購入者単価」，そして「全体単価」の 3 つの指標が用いられる。これらのうち，「購入者単価」と「全体単価」の違いを正しく理解しないままにデータを用いてしまうと，間違った解釈をしてしまう恐れがあるため注意が必要である。以下，これら 3 つの指標を説明する。

　ある費目 A の「購入率」は，旅行者全体のなかで何割の人が費目 A を旅行中に（またはその旅行のために）購入したかを示す指標である。例を挙げると，「菓子類」は土産品の定番であることから購入率が高く，一方で「電気製品」は購入率が低い。購入率は旅行市場によっても違いがあり，たとえば「農産物」はマイカー旅行の多い日本人の国内旅行では購入率が高いが，訪日外国人には持ち帰りが困難であるため購入率が低い傾向がみられる。

　ある費目 A の「購入者単価」は，費目 A を購入した旅行者における費目 A の 1 人当たり支出金額の平均値である。たとえば，旅行中に「菓子類」を購入した人が「菓子類」にいくら使ったのか，その平均値が「購入者単価」である。費目に対応する産業ごとの客単価に近い意味合いをもつ指標である。

　費目 A の「全体単価」は，旅行者全体における費目 A の 1 人当たり支出金額の平均値である。購入者だけの平均値である「購入者単価」とは異なり，費目 A を購入していない（つまり 0 円の）人も含めた平均値が「全体単価」である。したがって，「宝石・貴金属」のように「購入者単価」の高い費目であっても「購入率」が低い（つまり購入している人が少ない）場合には「全体単価」は低い金額となる。

　なお，費目ごとの「全体単価」を足し上げた金額が「旅行消費単価」に相当する。「全体単価」という指標そのものが産業ごとの市場分析で活用されるケースは少ないと考えられるが，「全体単価」に「旅行者数」を乗じることで費

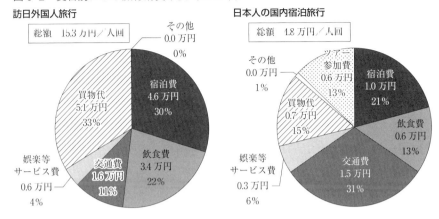

図 9-2　費目別にみる旅行消費単価（2018 年）

訪日外国人旅行　　　　　　　　　　　　日本人の国内宿泊旅行

総額　15.3 万円／人回　　　　　　　　　総額　4.8 万円／人回

（注）　旅行前後支出を除く。訪日外国人旅行の「ツアー参加費」は「宿泊費」「飲食費」
　　　　「交通費」「娯楽等サービス費」に分配計上されている。
（出所）　観光庁「訪日外国人消費動向調査」「旅行・観光消費動向調査」より作成。

目ごとの「旅行消費額」を推計できるため，費目ごとの市場規模や旅行消費額
に占める費目別シェアなどを導出するうえで重要な指標である。図 9-2 に，訪
日外国人旅行および日本人の国内宿泊旅行における費目別の「旅行消費単価」
を示す。

費目別にみる消費単価：3 つの指標
- 購入率——旅行者全体のうち，その費目を購入した人の割合
　　　　　　　「費目 A の購入率」＝「費目 A の購入者数」／「旅行者数」
- 購入者単価——その費目を購入した旅行者における当該費目の 1 人当たり支出
　　　　　　　金額の平均値
　　　　　　　「費目 A の購入者単価」＝「費目 A の購入総額」／「費目 A
　　　　　　　の購入者数」
- 全体単価——旅行者全体における当該費目の 1 人当たり支出金額の平均値
　　　　　　　→費目ごとの「全体単価」の合計が「旅行消費単価」に相当
　　　　　　　「費目 A の全体単価」＝「費目 A の購入総額」／「旅行者数」
　　　　　　　　　　　　　　　　＝「費目 A の購入者単価」×「費目 A
　　　　　　　　　　　　　　　　の購入率」

2-3. 旅行消費額：消費額は延べ旅行者数×旅行消費単価で推計

「旅行消費額」とは，一定の期間内に，ある訪問地域において旅行者が支出した金額の総額であり，「延べ旅行者数」に「旅行消費単価」を乗じることによって推計される。一定の期間としては1年間や1四半期，1カ月単位で示されることが多く，訪問地域としては国単位や都道府県，市区町村単位，観光協会や観光地域づくり法人（DMO）が管轄する領域単位などで示される。「旅行消費額」は，「延べ旅行者数」とともに国や都道府県などの観光政策の目標値としてしばしば用いられる指標である。

> 旅行消費額の推計方法
> 　　　　　　旅行消費額＝延べ旅行者数×旅行消費単価

なお，上式中の「延べ旅行者数」は単に「旅行者数」と表記されることが多い。本節以降，とくに断りがない限り，「旅行者数」は「延べ旅行者数」の意で用いることとする。

3. 観光統計の作成方法——国の観光統計は誰がどのように作っているのか

国の観光統計は誰がどのように作成しているだろうか。日本政府の観光統計データは「e-Stat 政府統計の総合窓口」サイトからアクセスが可能だが，統計の作成主体のウェブサイトに行けばより多くの情報を閲覧できる場合が多く，統計データを扱ううえできわめて有用である。また，統計がどのように作成されているかを知ることで，利用すべき統計データを適切に選択することが可能となる。そこで本節では，第2節で示した主要指標を作成するために実施されている国の観光統計を中心に，これらの作成主体と作成方法について概説する。

3-1. 観光統計の作成主体：日本は分散型，観光庁をはじめ複数の主体が作成

統計の作成主体は国によって違いがみられる。総務省によれば，「諸外国政府の統計機構は，行政機関に対する考え方や歴史的な経緯などを反映して，統計調査活動が特定の機関に集中して行われる『集中型』と，複数の行政機関に

表 9-2　日本における主な観光統計の作成主体

旅行市場	主要指標		
	旅行者数	旅行消費単価	宿泊者数
訪日外国人旅行	日本政府観光局（JNTO）「訪日外客数」	国土交通省観光庁「訪日外国人消費動向調査」	国土交通省観光庁「宿泊旅行統計調査」
日本人の国内旅行	国土交通省観光庁「旅行・観光消費動向調査」	国土交通省観光庁「旅行・観光消費動向調査」	
日本人の海外旅行	法務省「出入国管理統計」		

おいてそれぞれの行政分野について独立して行われる『分散型』に大別」される（総務省サイト）。観光統計も同様で，カナダやオーストラリアなどは「集中型」であるが，日本は「分散型」である。分散型には「行政ニーズに的確，迅速に対応することが可能」「所管行政に関する知識と経験を統計調査の企画・実施に活用できる」（総務省サイト）などのメリットがあるが，統計データの利用者にとってはどこにどのようなデータがあるのかわかりにくい。そこで，表9-2に日本における主な観光統計の作成主体を，旅行市場の3大区分と3つの主要指標の別に示した。

　訪日外国人旅行の「旅行者数」には日本政府観光局（以下，JNTO）が作成する「訪日外客数」を用いることが一般的である。また，「旅行消費単価」には国土交通省観光庁（以下，観光庁）が統計調査結果をもとに作成した数値が用いられ，両者を乗算して「旅行消費額」が推計される。

　日本人の海外旅行では，「旅行者数」は法務省「出入国管理統計」の「出国日本人（日本人出国者数ともいう）」が用いられる。「出入国管理統計」とは「地方入国管理局等で取り扱った入国審査，在留資格審査及び退去強制手続等に関する統計報告を集計したもの」である（e-statサイト）。国境での全数調査により作成されたいわゆる「業務統計」であり，観光統計のなかでは最も信頼度の高いデータといえよう。なお，訪日外客数も「出入国管理統計」をデータソースとしてJNTOが加工したものである。なお，JNTOは訪日外客数とともに出国日本人数も公表している。一方，日本人の海外旅行の「旅行消費単価」は，訪日外国人と同様に観光庁が統計調査を実施して作成している。

　「日本人の国内旅行」の「旅行者数」「旅行消費単価」はともに観光庁が統計調査結果から作成している。このほか，観光庁は国内の宿泊施設を対象として「宿泊者数」を調査している。

以下の項では，これらの数値の作成方法について解説する。

3-2. 訪日外国人の旅行者数：出入国管理統計から作成される信頼度の高い数値

訪日外国人の旅行者数には「訪日外客数」（JNTO）の数値が用いられる。この数値は月ごとに公表され，旅行者数総数のほか，訪日外国人の国籍・地域別や渡航目的[2]別の数値が作成・公表される。

訪日外国人旅行者数（訪日外客数）の推移を図 9-3 に示す。リーマン・ショック翌年の 2009 年と東日本大震災が発生した 11 年に大きく落ち込んだが，その後の伸びが著しく，18 年には 3000 万人を突破した。2019 年は日韓関係悪化の影響で韓国からの訪日外国人が減少したため，伸びが鈍化している。

訪日外客数は，法務省「出入国管理統計」のデータを以下のように加工して作成されている。

訪日外客数の作成手順

「国籍に基づく法務省集計による外国人正規入国者から，日本を主たる居住国とする永住者等の外国人を除き，これに外国人一時上陸客等を加えた入国外国人旅行者のことです。駐在員やその家族，留学生等の入国者・再入国者は訪日外客数に含まれます。乗員上陸数（航空機・船舶の乗務員）は訪日外客数に含まれません」
（JNTO サイト「統計に関するよくあるご質問（FAQ）」）

訪日外客数の定義に「外国人一時上陸客」とあるが，このうちの大半は「船舶観光上陸客」，いわゆるクルーズ客である。「出入国管理統計」では一時上陸客は正規入国者に計上されず，別の集計表に掲載される。そのため，訪日外客数を作成する際には一時上陸客を加算しているのである。なお，船舶観光上陸許可制度は急増するクルーズ船の寄港に対応するために 2015 年から開始されたもので，17 年以降の「出入国管理統計」では「港別船舶観光上陸許可を受けた外国人の国籍・地域」が月別に公表されるようになった。

訪日外客数には永住者等は含まれないが，滞在期間による条件はなく，1 年以上日本に滞在する訪日外国人も含まれる。国連勧告（IRTS）に準ずるのであれば，滞在期間 1 年以上の訪日外国人を除くことが求められる。

訪日外客数は，推計値，暫定値，確定値の 3 回に分けて公表される。最も早く公表される数値が「推計値」であり，翌月中旬（1 月の数値であれば 2 月中旬）に公表される。推計値では 100 人未満を丸めて示される。次に，3 カ月後

図9-3 訪日外国人旅行者数の推移

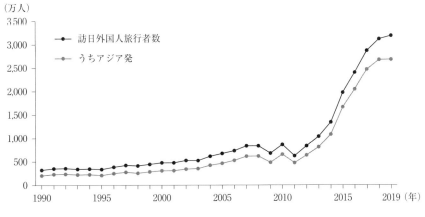

（出所） 日本政府観光局（JNTO）「訪日外客数」より作成。

の中旬（1月の数値であれば4月中旬）に「暫定値」が公表される。最後に，「出入国管理統計」の年報が公表された後（翌年6～7月頃）に「確定値」が公表される。「暫定値」と「確定値」には大きな変更はみられることは少ないが，稀に数値が動くことがあるため注意が必要である。

3-3. 訪日外国人の旅行消費単価：国境での調査が理想，日本は出国港で調査

　訪日外国人の旅行消費単価は，観光庁が実施する「訪日外国人消費動向調査」の結果を用いて推定される。この調査の母集団は以下の条件を満たす訪日外国人であり，このうちの一部の人を調査対象として抽出して実施する「標本調査」である。母集団の定義はIRTSに準じている。

> 「訪日外国人消費動向調査」の母集団
> 日本から出国する訪日外国人。ただし，以下の者を除く。
> ・日本に入国していないトランジット客
> ・乗員
> ・1年以上の滞在者
> ・出入国管理および難民認定法に基づく永住者，永住者の配偶者等および定住者

　なお，この調査では母集団を「船舶観光上陸客」とその他の「一般客」に分け，一般客を調査対象とする「A1全国調査」，船舶観光上陸客を調査対象と

表 9-3 「訪日外国人消費動向調査」の概要

	A1 全国調査	B1 地域調査	B2 クルーズ調査
調査目的	国籍・地域ごとの詳細な消費動向の把握	都道府県ごとの消費動向の把握	クルーズ客（船舶観光上陸）の消費動向の把握
調査開始	2010 年	2018 年	2018 年
調査時期	毎四半期	毎四半期	毎四半期
調査対象	日本を出国する外国人（乗員や滞在期間 1 年以上を除く）	日本を出国する外国人（乗員や滞在期間 1 年以上を除く）	船舶観光上陸許可を得た者
調査地点	全国 17 空海港の国際線搭乗待合ロビー	全国 25 空海港の国際線搭乗待合ロビー	博多港，長崎港，那覇港，平良港，石垣港
目標サンプルサイズ	1 四半期当たり 7830 票	1 四半期当たり 2 万 6174 票	1 四半期当たり 960 票
調査方法	外国語会話可能な調査員による聞き取り調査（紙の調査票またはタブレット端末を使用）	外国語会話可能な調査員による聞き取り調査（紙の調査票またはタブレット端末を使用）	外国語会話可能な調査員による聞き取り調査（紙の調査票を使用）

（出所） 観光庁「訪日外国人消費動向調査」より作成。

する「B2 クルーズ調査」を実施してそれぞれの旅行消費単価を推定している。このほか，都道府県別の一般客の旅行消費単価を推定するための「B1 地域調査」も実施されている。調査の概要を表 9-3 に示す。

「訪日外国人消費動向調査」は，以下に示す IRTS の勧告に則り，出国港（空港・海港）において調査が実施されている。

> IRTS におけるインバウンド旅行者調査に関する勧告
> 　国境においてインバウンド旅行の測定が可能な場合には，出入国カードなどによる行政的手法を，国境（またはその周辺）で実施する旅行者調査によって補完（または代替）することが推奨され，この調査は通常移動者（traveller）が出国する直前に行われる。

「訪日外国人消費動向調査」では，旅行消費単価などの消費動向に加え，回答者属性（国籍・地域，居住地，性別・年齢，訪日経験，世帯年収など）や旅行内容（旅行目的，訪問地，利用宿泊施設，旅行手配方法〔団体か個人か〕，日本滞在中の活動など），情報源や満足度など多彩な項目が調査されている。

　旅行消費単価に相当する指標としては，以下に示す 3 つの数値が公表されて

世界の国々におけるインバウンド旅行者数と旅行消費額が各国において作成されているが，UNWTO はこれらの数値を「International Tourism Highlights」として取りまとめて公表している。各国のデータを一覧したり，比較したりしたいときに有用な資料である。この資料は UNWTO のサイトで入手が可能である。

この資料において，「international tourist arrivals」がインバウンド旅行者数，「international tourism receipts」がインバウンド旅行消費額に相当する。ヨーロッパやアジア太平洋，アメリカ，アフリカ，中東の大陸別のほか，国別の数値が掲載されている。「international tourist arrivals」の各国の測定方法も併記されており，国境での海外からの旅行者（日帰り旅行を除く）の入国者数（TF）を使用する国が主流であることがわかる。なお，日本は国境での海外からの旅行者（日帰り旅行を含む）の入国者数（VF）が掲載されている。

---

international tourist arrivals の測定方法
- TF——国境での海外からの旅行者（日帰り旅行を除く）の入国者数
- VF——国境での海外からの旅行者（日帰り旅行を含む）の入国者数
- THS——ホテルやその類似施設での海外からの旅行者の到着人数
- TCE——宿泊施設（キャンプや会議施設等を含む）での海外からの旅行者の到着人数
- TD——出国者数（日帰り旅行を除く）
- VD——出国者数（日帰り旅行を含む）

なお，インバウンド旅行者数のほか，アウトバウンド旅行者数についても大陸別および上位 10 の国地域の数値が掲載されている。

いる。このうち，調査結果から直接導出される指標は「1 人当たり旅行中支出」であるが，訪日外国人旅行消費額の推計に用いられる指標は「1 人当たり旅行支出」である。「1 人当たり旅行総支出」も調査結果から直接導出されるが，この指標には日本の収入にならない金額が含まれる。

訪日外国人の旅行消費単価
- 1 人当たり旅行中支出——日本滞在中に支払った支出金額の 1 人当たり平均
  - 日本に来る前に決済した宿泊費や Japan Rail Pass 料金などを含む。
  - パッケージツアー料金と，出発国と日本との間の往復運賃は含まない。
  - 出発国と日本との間の往復運賃は含まない。

表 9-4　国籍・地域別にみる費目別の訪日外国人旅行消費額（2019 年）

国籍・地域	総　額	訪日外国人旅行消費額（億円）					
		宿泊費	飲食費	交通費	娯楽等サービス費	買物代	その他
全国籍・地域	48,135	14,132	10,397	4,986	1,908	16,690	22
韓　　国	4,247	1,415	1,177	436	208	1,006	5
台　　湾	5,517	1,512	1,215	624	198	1,966	1
香　　港	3,525	1,040	831	365	100	1,186	2
中　　国	17,704	3,615	2,947	1,220	554	9,365	2
タ　　イ	1,732	507	400	200	60	561	5
シンガポール	852	311	212	94	26	209	1
マレーシア	665	223	158	87	27	168	1
インドネシア	539	185	111	82	19	142	0
フィリピン	659	187	164	73	33	203	0
ベトナム	875	241	229	89	25	291	0
イ ン ド	274	128	57	38	8	42	0
イギリス	999	425	256	139	91	87	0
ド イ ツ	465	206	113	72	18	57	0
フランス	798	336	200	120	37	104	0
イタリア	324	136	85	53	10	40	0
スペイン	288	118	75	49	13	33	0
ロ シ ア	218	78	54	23	10	53	0
アメリカ	3,228	1,414	821	443	148	400	1
カ ナ ダ	670	277	168	106	32	87	0
オーストラリア	1,519	608	380	220	113	198	0
そ の 他	3,040	1,170	744	454	178	492	2

（注）　クルーズ客を含む。
（出所）　観光庁「訪日外国人消費動向調査」より作成。

- 1 人当たり旅行支出──1 人当たり旅行中支出にパッケージツアー料金の一部を
  加算したもの
  - パッケージツアー料金の一部とは，パッケージツアー料金に含まれる宿泊費
    や飲食費，交通費など日本の収入となる金額のこと。パッケージツアーを利
    用しなかった観光・レジャー目的の個別手配客の費目別支出金額の構成比を

図 9-4　日本人の海外旅行者数の推移

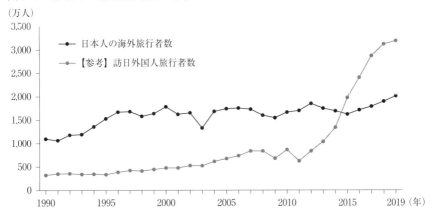

（出所）　法務省「出入国管理統計」，日本政府観光局（JNTO）「訪日外客数」より作成。

用いて推計される。
- 出発国と日本との間の往復運賃は含まない。
- 1人当たり旅行総支出——1人当たり旅行中支出に，パッケージツアー料金または出発国と日本との間の往復運賃を加算したもの

　費目別の訪日外国人旅行の旅行消費単価を図9-2に示したが，訪日外国人の消費の特徴は「買物代」の割合が高いことである。訪日外国人の国籍・地域別に分析すると，その主因は中国人の買物代が突出して高いためであることがわかる（表9-4）。

　訪日外国人の旅行消費単価に含まれないものとしては，自国での販売目的で商品を購入した際の支出，不動産購入など「投資」とみなされる支出，訪日外国人のために日本居住者が支払った支出などが挙げられる。

3-4.　日本人の海外旅行者数：訪日外国人同様，信頼度の高い数値

　日本人の海外旅行者数には，法務省「出入国管理統計」の「出国日本人」の人数が用いられる。この数値は月ごとに公表され，「速報値」が翌月（1月の数値であれば2月）に公表された後，その1カ月後に「月報」が公表される。出国日本人は総数のほか，港別の人数が公表される。また，年報では「住所地別出国日本人の年齢及び男女別」や「滞在期間別帰国日本人の年齢及び男女別」

の集計表が公表される。

　日本人の海外旅行者数の推移を図9-4に示す。1990年代前半は上昇傾向にあったが，その後は横ばいに推移している。2003年の落ち込みはSARS感染拡大やイラク戦争の影響によるものである。2012年以降減少傾向にあったが，15年以降上昇傾向に転じ，19年には初めて年間2000万人を突破している。

3-5. 日本人の旅行者数と旅行消費単価：住民基本台帳から調査対象を無作為抽出して調査

　日本人の海外旅行の旅行消費単価，そして日本人の国内旅行の旅行者数と旅行消費単価は，観光庁が実施する「旅行・観光消費動向調査」の結果をもとに推定される。この調査の母集団は日本国内居住者であり，住民基本台帳から「無作為抽出」した人を調査対象として実施する「標本調査」である。

　IRTSにおいて，国内旅行および海外旅行調査については以下のように勧告されている。

> IRTSにおける国内旅行および海外旅行調査に関する勧告
> 　空間的，人口統計的および社会経済的な基準を用いた層化標本に基づく世帯調査は，国内旅行活動とその関連支出を測定するための効率的かつ適切な手法となり得る。宿泊旅行と日帰り旅行の双方に関する包括的な情報を把握することが可能である。
> 　次に示す3つの手法のいずれか，またはこれらを組み合わせて海外旅行の動向を把握することが推奨される。①出入国カードの使用，②国境での調査，③世帯調査による観察。③の場合，一般に海外旅行の情報は国内旅行の情報と同時に収集される。

　「旅行・観光消費動向調査」の調査手法は「③世帯調査による観察」に相当する。ただし，「旅行・観光消費動向調査」の調査対象者は世帯全体ではなく世帯のうちの1人である。日本全国の市区町村が住民向けの事務処理等を行うために作成する「住民基本台帳」に掲載されている住民全体が，同調査の母集団である。「住民基本台帳」から無作為抽出した調査対象者の名簿を年1回作成し，彼らに紙の調査票を年4回郵送により配布，回答者本人による（本人による回答が困難な場合は代理人による）記入のうえ，郵送により調査票を回収する。2020年度より，パソコンやスマートフォン等を用いたオンラインによる回答も可能となった。調査の概要を表9-5に示す。

表 9-5 「旅行・観光消費動向調査」の概要

調査目的	日本国内居住者の旅行回数と消費を把握
調査開始	2003 年度
調査時期	毎四半期
調査対象	日本国内居住者（住民基本台帳から無作為抽出）
配布サンプルサイズ	約 2 万 6000 人
調査方法	報告者の自宅に郵送で調査票を送付，報告者が自計記入し返送（パソコンやスマートフォン等を用いたオンラインによる回答も可能） 同一対象者に対し年 4 回（4〜6，7〜9，10〜12，1〜3 月期）実施

（出所）　観光庁「旅行・観光消費動向調査」より作成。

　「旅行・観光消費動向調査」の調査票は，旅行者数を把握するためのパート（問 3）と，旅行消費単価を把握するためのパート（問 4〜6）の大きく 2 つに分かれる。旅行者数を推定するために必要な情報は，回答者が一定期間内に実施した「旅行回数」である。「国内宿泊旅行」「国内日帰り旅行」「海外旅行」の 3 種類の旅行について，「観光・レクリエーション旅行」「帰省・知人訪問・結婚式・葬式等への参加」「出張・業務旅行」の 3 種類の旅行目的別に，調査対象期間内の月別の旅行回数を尋ねている。ここから得られる回答者 1 人当たり旅行回数の平均を，日本の総人口に乗ずることによって旅行者数が推定される[3]。「旅行・観光消費動向調査」における「国内宿泊旅行」「国内日帰り旅行」「海外旅行」の定義は次の通りである。

> 「旅行・観光消費動向調査」における旅行の定義
> - 国内宿泊旅行──出かけた目的や活動内容にかかわらず，自宅以外で 1 泊以上宿泊する旅行。自家用車や夜行バス，夜行列車など交通機関の車内で泊まった場合を含む。ただし，交通機関の乗務や出稼ぎ，転勤，自宅以外での宿泊滞在が連続して 1 年間を超える場合を除く。
> - 国内日帰り旅行──出かけた目的や活動内容にかかわらず，日常生活圏を離れたところへの日帰りの旅行で，目安として片道の移動距離が 80 km 以上または所要時間（移動時間と滞在時間の合計）が 8 時間以上の場合を「国内日帰り旅行」とする。ただし，通勤や通学，通院などの定期的な外出（目安は週 1 回以上），転居のための片道移動，交通機関の乗務を除く。
> - 海外旅行──出かけた目的や活動内容にかかわらず，日本国内から海外へ出かけることが「海外旅行」である。ただし，交通機関の乗務，出稼ぎ，転勤，連続して 1 年間を超える滞在を除く。なお，海外旅行と同時に国内旅行をした場

　観光統計を正しく活用するためには，「パッケージ・ツアー料金」の取り扱い方を知っておくことが望ましい。「パッケージ・ツアー」とは，旅行会社が販売する旅行商品のことである。旅行商品という表現は一般的ではないかもしれないが，宿泊や飲食，交通などがセットになって販売されるものである。

　パッケージ・ツアーを購入した人は，ツアー料金は知っているが，その内訳の金額は知りえない。したがって，消費動向調査においてパッケージ・ツアーを利用した人はパッケージ・ツアーに含まれる宿泊費や飲食費，交通費などの金額を回答することができない。そこで，旅行消費額を推定する際には，消費動向調査で得られたパッケージ・ツアー料金から，パッケージ・ツアー料金に含まれる費目ごとの支出金額を推計したうえで，各費目に加算することが一般的である。

　「訪日外国人消費動向調査」では，パッケージ・ツアーを利用しなかった個別手配の観光・レジャー目的客のみを抽出して費目別構成比を算出し，これをパッケージ・ツアー料金に乗じて費目別の配分金額を推計している。この推計は，旅行特性の相違を考慮して国籍・地域別に行われている。パッケージ・ツアーには，宿泊費，飲食費，交通費，娯楽等サービス費のほか，出発国と日本との間の往復運賃が含まれると仮定している。このうち「出発国と日本との間の往復運賃」は「訪日外国人消費動向調査」において旅行消費額には含めないこととしているため，パッケージ・ツアー料金に含まれる「出発国と日本との間の往復運賃」も旅行消費額には含めない。

　「旅行・観光消費動向調査」の集計表では，パッケージ・ツアー料金に相当する「参加費」の総額をそのまま掲載しており，費目別への分配はなされていない。ただし，「旅行・観光サテライト勘定」（第10章も参照）に最終的に掲載される日本人の旅行消費額では，パッケージ・ツアー料金が費目別に配分されている。

　　　合には「海外旅行」とする。
　（観光庁「観光庁が作成している統計の紹介」）

　このうち，「国内宿泊旅行」と「海外旅行」の定義については IRTS に準じているが，「国内日帰り旅行」の定義は各国に委ねられており，「目安として片道の移動距離が 80 km 以上または所要時間（移動時間と滞在時間の合計）が 8 時間以上の場合」という日本独自の基準が設けられている。

問4〜6では，「国内宿泊旅行」「国内日帰り旅行」「海外旅行」のそれぞれに
ついて，回答者が直近に行った1回の旅行での支出金額を尋ねている。回答者
が調査対象期間内に行ったすべての旅行について支出金額の情報を得ることが
理想ではあるが，回答者負担が過大となることから，支出金額については直近
に行った1回の旅行に限定されている。支出金額のほか，旅行目的や同行者，
訪問地，利用宿泊施設，利用交通手段，旅行手配方法（団体か個人か）などの
質問が設定されている。
　「旅行・観光消費動向調査」の集計表では，旅行者数を推定するための「旅
行平均回数」と旅行消費単価に相当する「旅行単価」が第1表に示されている。
この「旅行単価」には，パッケージツアー料金に相当する「参加費」の全額が
含まれる。また，その旅行のために支出された「旅行前後支出」も「旅行単
価」に含まれている。

> 日本人の旅行消費単価
> 旅行単価——日本人が旅行中およびその旅行のために支払った支出金額の1人当た
> 　　　　　り平均
> 　　　　　※パッケージツアー料金（参加費）および旅行前後支出が含まれる。

旅行前後支出を旅行単価に含める根拠は，IRTSにおける以下の記述である。

> IRTSにおける旅行支出の範囲
> 　旅行支出とは，旅行中およびその旅行のために，自己使用または他者への提供を
> 目的として，消費財（貴重品を含む）やサービスを得るために支払われる金額をい
> う。

　費目別の旅行消費単価は「旅行・観光消費動向調査」においても作成・公表
されている。費目の大区分は「訪日外国人消費動向調査」と同様であるが，詳
細費目は日本人の旅行消費の特性に合わせており若干異なる。日本人の国内宿
泊旅行の費目別の旅行消費単価を図9-2に示したが，日本人の特徴は「交通
費」の割合が高いことであり，なかでも長距離移動のための「新幹線・鉄道」
が高い（表9-6）。

表 9-6　日本人国内宿泊旅行の詳細費目別にみる旅行消費単価（2018 年；千円／人回）

		旅行消費単価（費目合計）	54.3
旅行前支出			6.2
旅行後支出			0.5
参 加 費			6.1
宿 泊 費			10.0
飲 食 費			6.5
交 通 費			14.7
	航空（長距離移動）		2.5
	新幹線・鉄道（長距離移動）		4.2
	長距離バス		0.4
	航空（短距離移動）		0.4
	鉄道・モノレール（短距離移動）		0.9
	近郊バス		0.1
	タクシー・ハイヤー		0.3
	船舶		0.3
	レンタカー・カーシェアリング		0.8
	ガソリン		2.4
	その他交通費		2.3
買 物 代			7.1
	菓子類		1.4
	農産物		0.3
	水産物		0.4
	その他食料品・飲料・酒・たばこ		0.8
	衣類・帽子・ハンカチなど繊維製品		0.6
	靴・かばんなど皮革製品		0.2
	化粧品・医薬品・写真フィルムなど		0.1
	陶磁器・ガラス製品		0.1
	その他土産代・買物代		3.2
娯楽等サービス費・その他			3.2
	温泉・温浴施設・エステ・リラクゼーション		0.4
	テーマパーク・遊園地		0.9
	美術館・博物館・資料館・動植物園・水族館など		0.3
	スキー場リフト		0.1
	スポーツ施設利用料		0.2
	スポーツ観戦		0.0
	舞台・音楽鑑賞		0.3
	展示会・コンベンション参加費		0.1
	レンタル料		0.1
	その他娯楽等サービス費		0.3
	その他		0.5

（出所）　観光庁「旅行・観光消費動向調査」より作成。

図 9-5　需要側統計と供給側統計

【需要側統計】
調査対象：消費者

〈観光統計では……〉
調査対象；旅行者

該当する観光統計：
「訪日外国人消費動向調査」
「旅行・観光消費動向調査」

【供給側統計】
調査対象：事業者

〈観光統計では……〉
調査対象：宿泊施設など

該当する観光統計：
「宿泊旅行統計調査」

3-6. 需要側統計と供給側統計：旅行消費の全体像は需要側統計で把握

これまでに取り上げた「訪日外国人消費動向調査」と「旅行・観光消費動向調査」は，旅行者を対象とした調査である。経済学で用いられる「需要と供給」に当てはめると，旅行者は需要側となる。そのため，これらの調査から作成される統計は「需要側統計」に分類される。一方，宿泊施設や飲食店など事業者を対象とした調査から作成される統計は「供給側統計」に分類される（図9-5）。

旅行者が旅行中（または旅行のため）に支出する費目は幅広い。宿泊費は旅行者特有の支出費目であるが，飲食費や交通費，娯楽等サービス費，買物代は旅行者のみならず居住者も支出する費目である。そのため，事業者の視点に立つと，自社の顧客から旅行者を分離したり，売上から旅行者による支出を分離したりすることが難しい。したがって，供給側統計から旅行者数や旅行消費単価，旅行消費額の全体像を把握することは困難といえる。こうした理由から，行政の業務統計では把握できない国内の旅行者数や，旅行市場全般の消費実態は，需要側統計から把握されているのが現状である。

なお，宿泊サービスについては旅行者特有の支出費目であり，これに対応する事業者，すなわち宿泊施設を対象とした調査を実施する国・地域は多い。日本においても，観光庁が「宿泊旅行統計調査」を実施している。次項では，この調査について述べる。

　旅行者数や旅行消費単価，旅行消費額の真の値を明らかにしたいのであれば，旅行者を相手に商売をしている民間事業者の業務データを活用すればよいのではないか，と考える読者は多いだろう。実際，移動体通信事業者や決済事業者などがもついわゆる「ビッグデータ」が旅行市場の分析に活用される事例を目にする機会は増えている。

　しかし，本章3節で取り上げた「訪日外国人旅行」「日本人の海外旅行」「日本人の国内旅行」における消費の全体像を把握するためには，主に次の3つの理由から民間ビッグデータを活用することが難しい状況にある。1つ目の理由は，旅行中または旅行のために購入される財・サービスが多岐にわたるため，数多の事業者からデータを収集する必要が生じるためである。2つ目の理由は，旅行者が購入する財・サービスの多くは居住者も購入するものであり，購入者が居住者か旅行者かを正しく識別できている事業者が少ないためである。とくに，飲食業や小売業において旅行者か否かを識別することは難しいようである。3つ目の理由は，個人情報や企業の営業情報の保護の観点から，公表を前提としたデータの提供が困難なケースがあるためである。

　以上の理由から，国の観光統計において民間ビッグデータの活用が進んでいないのが現状である。しかし，標本調査から作成される需要側統計にも，サンプルサイズの不足や標本誤差といった弱みがある。業界シェアの高い移動体通信事業者や決済事業者のビッグデータであれば，適切な拡大推計を施すことにより観光統計としての利活用の可能性はある。従来の需要側統計と民間ビッグデータのそれぞれの強みをいかし，より真の値に近い推定値が安定的に得られる仕組みが構築されることを期待したい。

3-7. 宿泊施設対象の調査：国境調査に並び重要な調査，日本でも実施

　宿泊客数の把握を目的として「宿泊施設」を対象とする調査を定期的に実施する国は多い。国境を越えない国内旅行や，インバウンド旅行でも陸路での往来が多い場合には国境での旅行者数の把握が難しい。こうした場合には，宿泊施設調査がとくに重要となる。

　一般に，有料で宿泊サービスを提供する施設が対象とされ，親族・知人宅や自己所有の別荘などでの宿泊は調査の対象外となる。また，国境調査や需要側

表 9-7 「宿泊旅行統計調査」の概要

調査目的	訪日外国人・日本人の日本の宿泊旅行の実態把握
調査開始	2007 年
調査時期	毎月
調査対象	全国のホテル，旅館，簡易宿所，保養所等の宿泊施設
配布 サンプル サイズ	従業員数 10 人以上：全施設 従業員数 5～9 人：施設全体の 1/3 従業員数 0～4 人：施設全体の 1/9
調査方法	調査票の郵送・回収およびオンラインによる調査

（出所）　観光庁資料より作成。

図 9-6　都道府県別の延べ宿泊者数（2018 年）

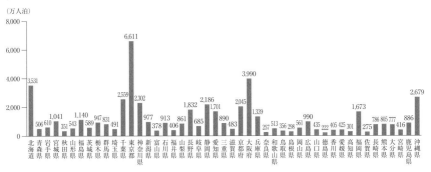

（出所）　観光庁「宿泊旅行統計調査」より作成。

統計調査で観測される旅行者数の主要指標は「延べ旅行者数」であったが，宿泊施設調査では「延べ泊数」が主要指標となる。

　日本では，観光庁が「宿泊旅行統計調査」を実施している。全国のホテル，旅館，簡易宿所，会社・団体の宿泊所などおよそ 5 万 5000 施設[4] を母集団とし，このうち従業者数 10 人以上の宿泊施設は「全数調査」，従業者数 5～9 人の宿泊施設では全体の 3 分の 1，従業者数 5 人未満の宿泊施設では全体の 9 分の 1 を無作為抽出した「標本調査」を行っている。観光庁の統計は四半期ごとの公表が多いが，「宿泊旅行統計調査」は月ごとの数値が翌月末に公表される。調査の概要を表 9-7 に示す。

　「宿泊旅行統計調査」では，延べ泊数（単位：人泊）を「延べ宿泊者数」と称し，都道府県別に集計している（図 9-6）。また，施設ごとに何人が宿泊したか

　日本では，国の行政機関が行う統計調査が「基幹統計調査」と「一般統計調査」に分けられている。基幹統計調査は，「公的統計の中核となる基幹統計を作成するために特に重要な統計調査」とされており（総務省サイト「統計法について」），報告義務やかたり調査の禁止，地方公共団体による事務の実施など，特別な規定が定められている。国の行政機関が行う統計調査のうち，基幹統計調査以外のものが一般統計調査である。本章で紹介した，観光庁が実施する3つの観光統計調査「訪日外国人消費動向調査」「旅行・観光消費動向調査」「宿泊旅行統計調査」はいずれも一般統計調査に該当する。

　基幹統計調査においても，旅行に関わる調査をしているものが存在する。その一例が，総務省「社会生活基本調査」である。国民の生活時間の配分や自由時間における主な活動（「学習・自己啓発・訓練」「ボランティア活動」「スポーツ」「趣味・娯楽」および「旅行・行楽」）を調査するものであり，5年に1回の頻度で実施されている。2016年の調査では，日本国内約8万8000世帯に居住する10歳以上の世帯員約20万人が調査の対象となっている。「旅行・観光消費動向調査」の配布サンプルサイズ（約2万6000人）に比べ大規模であり，その分標本誤差は少ないと考えられる。作成されている指標は「行動者率」という旅行実施率に相当する指標のみであるが，旅行だけでなく趣味やスポーツなど自由時間に行われるさまざまな活動の行動者率も示されており，図9-7のように旅行実施率をさまざまな自由時間活動の実施率と比較することが可能である。

図 9-7　主な自由時間活動の行動者率の推移

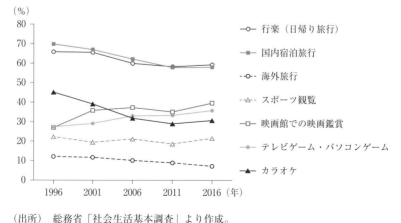

（出所）　総務省「社会生活基本調査」より作成。

（単位：人）を示す「実宿泊者数」も調査されている。

> 「宿泊旅行統計調査」の主要指標
> ・延べ宿泊者数（単位：人泊）──1人が月内に3泊したら3人泊とカウント
> →「延べ泊数」と同じ意味。
> ・実宿泊者数（単位：人）──同一宿泊施設に1人が月内に3泊した場合は1人
> とカウント
> →1回の旅行中に2つの別の宿泊施設に泊まった場合は2人とカウントされる
> ことに注意

　調査対象の宿泊施設における「延べ宿泊者数」と「実宿泊者数」の月ごとの
総数に加え，そのうちの外国人の宿泊者数も調査している。「延べ宿泊者数」
については，居住地（都道府県ごとおよび国外）別の内訳のほか，外国人は国籍
別の内訳を調査している。また，各日の宿泊で利用した客室数を月間で足し合
わせた延べの客室数である「利用客室数」も尋ねており，この回答をもとに
「客室稼働率」（全客室のうち宿泊客に利用された客室の割合）を算出している。
2018年の客室稼働率は全体で61.2%であるが，業界の経験則として80%を超
えると予約がとりにくくなるといわれている。
　宿泊施設の属性としては施設所在地や従業者数規模（0〜9人，10〜29人，30
〜99人，100人以上の4区分），施設タイプ（旅館，リゾートホテル，ビジネスホ
テル，シティホテル，簡易宿所，会社・団体の宿泊所の6区分）の情報があり，
「延べ宿泊者数」「実宿泊者数」「客室稼働率」などの指標をこれらの属性別に
把握できる。また，延べ宿泊者数の目的別（観光レクリエーション，出張・業務
の2区分）割合を宿泊施設に概数（70%：30%など）で尋ねた結果を用いて，
「観光目的の宿泊者が50%以上」と「観光目的の宿泊者が50%未満」の2区
分に分けた各種集計値も公表している。

4. 統計を利用するうえでの心得──統計の基
礎知識を押さえておこう

　統計調査の結果として公表された数値をみて，その数値が絶対的に正しい値
であると認識してしまう人は意外に多い。しかし，多くの統計調査は標本調査
であり，調査結果から導かれた「推定値」には標本誤差が含まれることを理解

しておく必要がある。また，統計データの利用者には，サンプルサイズや回答数の大小など統計精度に関わる情報から，その推定値を使うべきか否かの判断力が求められる。

　本節では「訪日外国人消費動向調査」を事例として，統計精度の観点から標本調査の結果を活用するうえでの注意点を述べる。

4-1. 標準誤差と 95% 信頼区間：標本調査の推定値は真の値とは限らない

　統計調査の多くは「標本調査」である。実態を明らかにしたい集団全員を対象に実施される「全数調査」に対して，集団の構成員のうち一部の人を対象として行われる調査が「標本調査」である。国の観光統計のうち「訪日外国人消費動向調査」や「旅行・観光消費動向調査」は標本調査であり，「宿泊旅行統計調査」も一部標本調査を適用している。標本調査には，回答者負担の軽減，そして調査にかかる費用や時間，労力の節約といった利点がある。

　一方で，標本調査から推定される数値には，なんらかの誤差が生じることは避けられない。標本調査では調査されなかった調査対象者が存在するため，対象者全員を調査すれば得られたはずの値（以下，「真の値」という）と標本調査から得られた値には必ず差が生じるのである。この差を「標本誤差」という。

　残念ながら，われわれはこの標本誤差の値を知ることはできず，したがって真の値そのものを知ることもできない。われわれが把握できるのは，真の値がだいたいどの程度の範囲内に存在するのか，という情報である。ここからは，標本調査から得ようとしている推定値がなんらかの数値（支出金額や泊数など）の「平均値」であると設定して，この平均値の真の値が存在する範囲を知る方法について解説する。

　真の値が存在する範囲を知る際には，「標準誤差」という指標が用いられる。「標準誤差」とは，一般に「標本平均の標準偏差」を意味する[5]。同じ集団に対して同一条件による標本調査を複数回（以下，X 回）行ったと仮定すると，X 回の標本調査からそれぞれ 1 個ずつ，計 X 個の平均値（以下，標本平均）が得られる。これら X 個の標本平均の標準偏差が「標準誤差」である。

　実際には，同じ集団に対して同一条件の標本調査を複数回実施することは現実的でなく，複数の標本平均を得ることもできない。しかし，標準誤差 SE は，1 回の標本調査から得られる数値を用いて以下の数式により推定することがで

きる。ここで，s^2 は1回の標本調査から得られる不偏分散[6]，n はその標本調査のサンプルサイズ[7]（または標本サイズ），x_i は標本調査から得られる個々の回答数値，$\bar{x}$ は標本平均である。

$$SE = \sqrt{\frac{s^2}{n}} = \frac{\sqrt{\frac{1}{n-1}\Sigma_{i=1}^{n}(x_i - \bar{x})^2}}{\sqrt{n}} \tag{9.1}$$

　1回の標本調査から得られた標本平均 $\bar{x}$ を中心として，その前後に標準誤差 SE の約2倍の幅をとった区間を「95％信頼区間」という。同じ母集団に対して同一条件による標本調査を100回実施したと仮定すると，このうち95回はこの区間のなかに平均値の真の値が含まれることが期待される。これが，われわれの知りたい，平均値の「真の値が存在する範囲」に関する情報である。

4-2. 標準誤差率の読み方：平均値が存在する範囲を知る方法

　政府統計では，平均値などの推定値の「真の値が存在する範囲」を知るための情報として「標準誤差率」を提示しているケースが多い。本項では，観光庁の「訪日外国人消費動向調査」を事例に，「標準誤差率」の数値から平均値の真の値が存在する範囲を知る方法を解説する。

　平均値の標準誤差率 R は，前項で解説した標準誤差 SE を標本平均 $\bar{x}$ で除した数値である。

$$R = \frac{SE}{\bar{x}} \tag{9.2}$$

　政府統計においてしばしば「標準誤差率」が用いられる理由は，単位や桁数が異なる複数の統計指標の標準誤差の大きさを，同じ物差しによって評価できるからである。たとえば，統計指標の1つである「支出金額」の平均値はおおむね5桁から6桁であるが，「泊数」の平均値は1桁から2桁程度である。これら桁数の異なる指標の標準誤差を平均値で除することによって，物差しをそろえているのである。

　さて，「訪日外国人消費動向調査」の報告書では，表9-8のように標準誤差率の目標値と実績値が示されている。同調査は訪日外国人の支出金額を知ることが最大の目的であるから，標準誤差率の目標設定においても支出金額指標の1つである「1人当たり旅行総支出」が用いられている。なお，国の訪日観光

表 9-8　「訪日外国人消費動向調査」における標準誤差率の目標値と実績値

国籍・地域	目標値		実績値		
	標準誤差率	目標回収数（人）	有効回答数（人）	1人当たり旅行総支出（円／人）	標準誤差率
韓　　　国	3.0%	780	829	110,806	3.8%
台　　　湾	3.0%	610	692	146,879	2.2%
香　　　港	3.0%	650	735	192,289	2.4%
中　　　国	3.0%	1,000	1,061	250,586	2.3%
タ　　　イ	5.0%	300	361	179,783	3.1%
シンガポール	7.0%	140	169	264,135	5.4%
マレーシア	7.0%	360	384	194,172	2.9%
インドネシア	7.0%	220	238	187,546	3.7%
フィリピン	7.0%	250	271	159,650	5.2%
ベトナム	7.0%	350	380	253,233	4.9%
イ　ン　ド	10.0%	260	283	267,737	5.0%
イギリス	7.0%	190	218	494,478	4.3%
ド　イ　ツ	7.0%	290	316	377,791	3.3%
フランス	7.0%	140	157	394,718	5.2%
イタリア	10.0%	80	96	338,753	6.7%
スペイン	10.0%	70	94	368,086	5.4%
ロ　シ　ア	10.0%	110	126	309,741	7.7%
アメリカ	3.0%	1,250	1,301	348,791	1.9%
カ　ナ　ダ	7.0%	220	239	329,685	4.3%
オーストラリア	5.0%	240	260	387,822	3.8%
そ　の　他	5.0%	320	351	415,892	3.5%

（注）　表は「A1 全国調査」についての情報である。
（出所）　観光庁「訪日外国人の消費動向 2019 年 10-12 月期報告書」より作成。

　政策は訪日外国人の国籍・地域別に企画立案されることが多いため，標準誤差率の目標値についても国籍・地域別に定められている。
　では，表 9-8 に掲載されている標準誤差率をもとに，「1 人当たり旅行総支出」（＝平均値）の真の値が存在する範囲を読み解いていこう。ここでは「韓国」を例に取り上げる。韓国の 1 人当たり旅行総支出の標本平均 $\bar{x}$ は 11 万 806 円／人，標準誤差率（実績値）R は 3.8% と示されている。(9.2) 式にこれ

図 9-8 標準誤差と 95% 信頼区間のイメージ

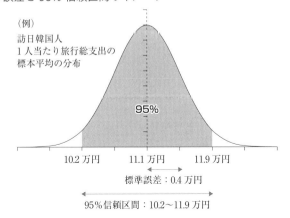

（例）
訪日韓国人
1 人当たり旅行総支出の
標本平均の分布

95%

10.2 万円　　　11.1 万円　　　11.9 万円

標準誤差：0.4 万円

95% 信頼区間：10.2〜11.9 万円

　らの値を代入すると，標準誤差 SE は 4211 円／人であることがわかる。したがって，標本平均 $\bar{x}$ を中心としてその前後に標準誤差 SE の約 2 倍の幅をとった「95% 信頼区間」は「10 万 2384〜11 万 9228 円／人」となる（図 9-8）。これが，100 回の標本調査のうち 95 回は真の値を含む金額の幅なのだが，この表現では直感的に理解しにくい。実用的には「真の値はだいたい 10.2 万円から 11.9 万円の間にある」程度に捉えて差し支えないだろう。ここで重要なのは，標本平均そのものを真の値として鵜呑みにするのではなく，標本平均を中心に前後の幅をもって捉える，という考え方を知ることにある。

　以上のように表 9-8 の数値を読み解いていくと，「95% 信頼区間」は狭いほうが望ましく，標準誤差率も小さいほうがよいことが自ずと理解できよう。そして，(9.1) 式と (9.2) 式をみればわかるように，サンプルサイズ n を大きくすれば標準誤差 SE や標準誤差率 R は小さくなる。一般に，標準誤差 SE や標準誤差率 R が小さい場合には「統計精度が高い」といわれ，逆にこれらが大きい場合には「統計精度が低い」と判断される。つまり，統計精度を高めるためにはサンプルサイズを大きくするとよい，ということになる。なお，(9.1) 式のサンプルサイズ n には $\sqrt{}$ がついていることからもわかるように，サンプルサイズを 4 倍にすると統計精度は 2 倍，サンプルサイズを 9 倍にすると統計精度は 3 倍，といったように，統計精度の倍数はサンプルサイズの倍数の平方根になることを理解しておくと，標本調査を設計するうえで大いに役立つ。

　標準誤差率は，調査結果の統計精度を示すだけでなく，統計調査の設計にお

ける統計精度の目標値としても用いられる。表9-8の韓国のケースでは，標準誤差率の目標が3.0％と設定され，この目標値と過去の調査実績データをもとに必要なサンプルサイズ（目標回収数）が780人と設定されている。ちなみに，目標回収数よりも多くの有効回答数（829人）を得ているにもかかわらず，標準誤差率の実績値が目標値を上回っており，統計精度目標が達成されていない。これは，調査設計時に想定していた標本分散に比べ，実際の調査結果における標本分散が大きかったことに起因する。(9.1)式をみればわかるように，標準誤差を導出する数式にはサンプルサイズ n とともに不偏分散 s^2 が含まれているのである。

　では，標準誤差率は何％程度であれば一定の統計精度が保たれているといえるのだろうか。標準誤差率の適正値について明示された情報は見当たらないが，重要な指標について標準誤差率5％を目標とするケースが目立つ。もし，統計調査の目的が一指標の平均値を得ることだけでなく，クロス集計を行うことを前提とするならば，経験的には標準誤差率の目標値は5％よりも小さくするほうが望ましい。

4-3. 統計を利用するうえでの心得：統計精度と母集団の代表性は要確認

　観光統計に限った話ではないが，標本調査から作成された統計データを適切に利用するためには，「統計精度」と「母集団の代表性」を確認する必要がある。これらを確認するための5つのチェックポイントを図9-9に整理した。以下，順を追って説明する。

　「統計精度」に関しては，まず標本の「サンプルサイズ」を確認したい。政府統計であれば，精度目標を達成するために必要なサンプルサイズが規定されているので，標本のサンプルサイズに大きな問題はないだろう。可能であれば，前項で解説した標準誤差率など統計精度に関する情報を用いて，標本のサンプルサイズが十分かどうかを確認することが望ましい。他方，民間事業者が実施するアンケートではサンプルサイズが小さいことも少なくないため注意が必要である。必要なサンプルサイズの目安としては，たとえばある集団の男女比を推定したい場合には400近くのサンプルサイズが求められる[8]。クロス集計などの分析値を用いる場合にはこれ以上のサンプルサイズが必要である。

　標本のサンプルサイズとともに，「設問ごとの回答数」にも注意を払いたい。

図 9-9　統計を活用するうえでの 5 つのチェックポイント

統計精度	☑ 標本のサンプルサイズは十分か？
	☑ 設問ごとの回答数が小さすぎないか？（回答数 10 未満は使用を控える）
母集団の代表性	☑ 調査の母集団が自分の知りたい対象と一致しているか？
	☑ 標本の抽出方法は適切か？（無作為抽出法が原則）
	☑ 回収率は低くないか？（50％以上が望ましい）

　サンプルサイズが大きい場合でも，設問によっては回答数が小さいケースがしばしばある。たとえば，訪日外国人の日本滞在中の支出費目のうち「宝石・貴金属」は購入率が 1.5％ と低い。このような場合，「宝石・貴金属」の購入者単価の回答数は小さい可能性がある。目安として，回答数が 10 を下回る場合にはその数値の利用を控えたほうが無難だろう。

　次に，「母集団の代表性」について述べる。「母集団」とは「調査対象すべてからなる集団」のことである（土屋［2009］）。具体例を挙げると，「訪日外国人消費動向調査」の母集団は調査対象期間中に日本を出国する訪日外国人旅行者全員からなる集団[9]であり，「旅行・観光消費動向調査」の母集団は日本国内居住者全員からなる集団である。これらの母集団の性質を明らかにするために標本調査が行われているのであり，標本には母集団を代表する性質を維持することが求められる。

　統計データの利用者には，まず調査の母集団が自分の知りたい対象と一致しているかどうかを確認することが求められる。両者が一致していない場合，統計データを間違って解釈してしまうことになる。一例を挙げると，「訪日外国人消費動向調査」では船舶観光上陸許可者（いわゆるクルーズ客）全体を母集団とする「B2 クルーズ調査」と，それ以外の訪日外国人旅行者（同調査では「一般客」と呼ぶ）全体を母集団とする「A1 全国調査」「B1 地域調査」に分かれている。そのため，調査結果を利用する際には，どちらが自分の知りたい対象なのかを明らかにしておく必要がある。

　「来訪目的」に関わる母集団の捉え方の相違もしばしばみられる。よくある

表 9-9 「旅行・観光消費動向調査」における回収率（2018年度）

回答者属性	発送数（人）	回収率（%）			
		4〜6月分	7〜9月分	10〜12月分	1〜3月分
年代	26,400	40.4	42.7	43.6	43.1
9歳以下	1,724	33.9	28.4	28.0	25.1
10代	2,234	33.1	30.0	32.2	30.9
20代	2,616	31.6	30.2	28.2	27.0
30代	3,199	40.1	40.8	42.1	39.6
40代	4,048	42.3	44.1	44.3	43.7
50代	3,417	44.0	49.0	50.7	50.9
60代	3,963	47.9	52.9	53.5	53.8
70代	3,127	46.9	55.3	58.1	59.5
80代以上	2,072	31.9	34.7	36.3	37.6
居住地	26,400	40.4	42.7	43.6	43.1
北海道	2,320	41.7	40.7	43.0	43.8
東北	2,320	46.9	47.1	48.9	48.3
関東	7,840	42.8	43.3	43.6	42.8
北陸信越	640	47.0	51.6	52.2	52.0
中部	1,600	40.6	43.4	44.8	43.8
近畿	3,440	39.7	43.7	43.5	42.7
中国	2,560	36.4	44.0	46.2	46.1
四国	1,520	36.1	41.3	42.8	41.6
九州	2,880	37.5	41.3	41.5	41.3
沖縄	1,280	29.8	29.1	29.8	29.6

（出所）　観光庁「旅行・観光消費動向調査」集計表より作成。

誤解は，訪日外国人旅行は観光・レジャー目的のみが該当し，ビジネス目的や親族・知人訪問目的などは含まれない，という見方である。しかし，「訪日外国人消費動向調査」の母集団である訪日外国人旅行者の集団には，観光・レジャー目的のみならず，ビジネス目的や親族・知人訪問目的などあらゆる目的による訪日外国人旅行者が含まれる。なお，観光・レジャー目的に限定した統計データへのニーズに対応して，同調査では集計対象を観光・レジャー目的に限定した調査結果が作成・公表されている。

　さて，標本における母集団の代表性を確認するためには，「標本の抽出方法」を確認することも欠かせない。母集団から標本調査の対象者がどのように選ばれているか，ということであり，原則として無作為抽出法の適用が求められる。無作為抽出法には，単純無作為抽出法や集落抽出法，多段抽出法，層化抽出法など複数の方法があり，たとえば「旅行・観光消費動向調査」では層化二段抽

表 9-10　「宿泊旅行統計調査」における回収率（2018 年）

月	総　　数		従業者数 10 人以上		従業者数 10 人未満	
	調査対象施設数	回収率(%)	調査対象施設数	回収率(%)	調査対象施設数	回収率(%)
1 月	18,766	62.5	11,866	69.6	6,900	50.2
2 月	18,769	60.4	11,866	67.6	6,903	48.0
3 月	18,784	57.6	11,874	64.9	6,910	45.1
4 月	18,406	62.5	11,838	69.6	6,568	49.6
5 月	18,445	60.2	11,846	67.1	6,599	47.8
6 月	18,445	57.1	11,845	64.2	6,600	44.5
7 月	18,263	61.1	11,790	68.2	6,473	48.3
8 月	18,267	59.5	11,793	66.5	6,474	46.7
9 月	18,257	57.3	11,793	64.4	6,464	44.5
10 月	18,107	60.9	11,766	68.0	6,341	47.9
11 月	18,045	59.8	11,751	66.9	6,294	46.6
12 月	17,998	57.5	11,731	65.1	6,267	43.3

（出所）　観光庁「宿泊旅行統計調査」プレスリリースより作成。

出法が採用されている。無作為抽出法を適用するには母集団リストが必要で，「旅行・観光消費動向調査」では母集団リストに「住民基本台帳」が用いられている。なお，「訪日外国人消費動向調査」は母集団リストが存在しないために無作為抽出法の適用が困難なケースの一例である。政府統計以外のデータを利用するときにも，調査対象者がどの母集団リストからどのように抽出されているかを確認することが大切である。

　最後に指摘するポイントは「回収率」である。母集団の代表性という観点から考えると，標本調査の対象者のうちどのくらいの人々が回答しているのかを示す「回収率」もきわめて重要な要素の 1 つである。母集団から正しく標本を抽出したとしても，回収率が半数を下回ってしまうような状況では母集団の代表性が失われかねない。ただ，回答義務のある基幹統計調査を除き，標本調査では対象者全員から回答が得られることは稀である。たとえば「旅行・観光消費動向調査」の回収率は 4 割強で，半数を下回っている（表 9-9）。しかし，年代別にみると 50～70 代では回収率が 5 割を上回るケースもあり，40 代以下の回収率の底上げを図ることで全体の回収率を 5 割以上に引き上げることが期待される。一方，「宿泊旅行統計調査」の回収率は 6 割前後であり，半数を上回っている（表 9-10）。従業員数の規模別にみると，従業員数 10 人未満では回収率がおおむね 5 割を下回っており，この層の回収率の向上が望まれる。

おわりに

　本章では，「観光」を経済的な側面から論じるうえで不可欠な「定量データ」について，国の観光統計を中心に解説した。人数（旅行者数）と消費（旅行消費単価と旅行消費額）の指標を中心に取り上げたが，観光統計にはほかにもさまざまな情報が存在する。観光庁サイトから各統計調査の調査票や報告書，集計結果などをダウンロードできるので各自利用されたい。また，統計を利用するうえでの心得に関心をもたれた読者には，ぜひ統計の専門書をひもといてほしい。

注 ————————

1　車中泊とは，自動車や電車などの車両のなかで寝泊りをすること。

2　出入国管理のための外国人入国記録（ED カード）に基づく渡航目的。「訪日外国人消費動向調査」における「主な来訪目的」とは異なる。

3　この計算は居住地（10 区分）×性別（2 区分）×年代別（9 区分）の層ごとに行われる。

4　有料での住宅宿泊（いわゆる民泊）は含まれない。

5　標本の標準偏差ではない点に注意。

6　本来は母集団の分散を用いるべきだが，この値は未知の場合が多いため，標本から得られる不偏分散を代用している。

7　サンプルサイズのことを「標本数」と表記するケースがみられるが，標本数は標本の数（通常は1 つ）を意味するので，用語の使い方には注意が必要である。

8　誤差 5%，信頼度 95%，母比率 50% を想定すると，385 のサンプルサイズが必要となる。

9　トランジット，乗員，1 年以上の滞在者等を除く。

引用・参考文献

福井武弘［2013］『標本調査の理論と実際』日本統計協会

法務省「出入国管理統計」

観光庁［2019］「訪日外国人の消費動向 2018 年年次報告書」

観光庁［2019］「観光白書（令和元年版）」

観光庁［2019］「宿泊旅行統計調査報告（平成 30 年 1〜12 月）」

観光庁［2019］「旅行・観光産業の経済効果に関する調査研究 2017 年版報告書」

観光庁［2020］「訪日外国人の消費動向 2019 年年次報告書」

観光庁［2020］「旅行・観光産業の経済効果に関する調査研究 2018 年版報告書」

総務省［2017］「平成 28 年社会生活基本調査」

土屋隆裕［2009］『概説標本調査法』朝倉書店

United Nations, World Tourism Organization（UNWTO）[2010] *International Recommendations for Tourism Statistics 2008.*

United Nations, World Tourism Organization（UNWTO）[2019] *International Tourism Highlights 2019 Edition.*

第**10**章 | 旅行・観光サテライト勘定
旅行消費と観光供給の全体像の記録

はじめに

　旅行者が動くと，それに伴ってお金が動き，企業による生産活動が起こる。これらの企業は原材料を仕入れたり，被雇用者に給料を支払ったりする。こうした生産活動を通じて企業は利益を得る。このような「旅行者による消費」（需要側）と，これらの需要に応える「企業等による生産活動」（供給側）を記録した「旅行・観光サテライト勘定」（tourism satellite account：TSA）いう経済統計がある。

　本章では，この「旅行・観光サテライト勘定」（以下，TSA）に着目し，この統計が作成された経緯や意義に触れたうえで，集計表の構成や作成方法等について解説する。その後，日本が作成する TSA の特徴や留意点を解説する。最後に，TSA から何が読み取れるのかを示すために，TSA を活用した分析の一例として主要指標の国際比較と産業間比較を行う。

1. 旅行・観光サテライト勘定とは

　TSA は，「国民経済計算」（SNA）の国際基準に規定された「サテライト勘定」の１つである。本節では，TSA 開発の背景について触れたうえで，TSA の国際勧告と TSA を作成する意義について述べる。本節の最後では，TSA で示される主要指標の解説も行う。

1-1. 国民経済計算とサテライト勘定：特定の経済活動を記録する
　　　 サテライト勘定

　SNA を活用したことのある読者は多いだろう。生産や消費，設備投資，所

得など，一国の経済活動の全体像が記録された経済統計であり，国内総生産（以下，GDP）に代表されるさまざまな経済指標が提供されている。日本では内閣府によって作成されており，重要な政府統計である「基幹統計」に位置づけられている。

　「旅行」（tourism）に関わる経済活動の全体像を把握しようとしたとき，SNA から直接得られる情報は少ない。なぜならば，旅行者が消費する商品（財・サービス）の種類は実に幅広く，旅行消費に関わる経済活動も幅広い産業によって行われているからである。製造業や建設業のように，分析対象となる生産活動が産業分類と一致していれば SNA を活用した実態の把握が容易だが，旅行・観光という活動に対応する産業は 1 つの産業分類にまとまっておらず，多数の産業における生産活動の一部に含まれているため，分析が困難なのである。

　「旅行」という経済活動を特定するカギは，消費者としての人々の行動スタイルである。第 9 章で示したように，「旅行」は 1 年未満の滞在期間で日常生活圏の外にある場所を訪れることであり，このような活動をする人々が一時的に「旅行者」となる。われわれは，「旅行者」による非日常の消費活動から派生する経済活動を特定して分析したいのである。

　このような分析ニーズに対応するため，SNA の中枢体系とつながりをもちつつ，これとは別のもととして作成される「サテライト勘定」の枠組みが SNA の一環として位置づけられている。サテライト勘定は教育や環境保護，無償労働，介護・保育などさまざまな分野での活用が想定されているが，このうち「旅行」という特定の経済活動を記録するためのサテライト勘定が TSA である。

1-2. TSA の国際勧告：国連機関が旅行・観光サテライト勘定のガイドラインを提示

　TSA は，国連経済社会局（UN DESA）および世界観光機関（以下，UNWTO）などにより提示された国際勧告「Tourism Satellite Account: Recommended Methodological Framework」（以下，TSA:RMF）に基づき，各国政府等により作成される。この勧告は 2000 年に初めて提示され，その後，観光統計の国際勧告「International Recommendations on Tourism Statistics」（IRTS）の改訂やその他のマクロ経済関連の枠組みの更新，そして TSA 開発

に関わる各国の経験を踏まえ 2008 年改訂版が提示された。2021 年の時点で，この 2008 年改訂版が最新である。

　TSA:RMF によると，TSA は「マクロ経済の観点から旅行・観光の貢献度を測定することを目的とした概念的な枠組み」である。TSA では，国内旅行とインバウンド旅行，そしてアウトバウンド旅行の別に旅行者による消費の測定結果が記録されるとともに，旅行消費に対応して生じた商品（財・サービス）の供給，そして観光産業による中間投入と粗付加価値が記述される。TSA に記録されたこれらの情報を用いることで，旅行消費に対応して提供された供給量を推定し，経済全体への旅行・観光の直接的な貢献度を明らかにすることができるのである。

1-3. TSA の意義：SNA と整合的，国際比較も可能に

　TSA の意義は大きく 2 つある。1 つは「SNA と整合が図られていること」，もう 1 つは「国際比較を可能にすること」である。

　TSA を作成する目的は，マクロ経済の観点から旅行・観光の貢献度を測定することにある。したがって，マクロ経済の包括的な枠組みである SNA との整合が TSA には強く求められる。しかし，「旅行」という経済活動は SNA の中枢体系では捉えきれないため，一般に「旅行者」を対象とする需要側調査が独自に実施され，その実態が把握されることになる。したがって，この需要側調査の設計や調査結果の集計にあたっては，SNA との整合を意識的に図ることが不可欠となる。なお，最新の勧告である TSA:RMF2008 では，SNA2008 とさらに整合させることが規定された。

　SNA と TSA の整合を図ることで，自ずと TSA の国際比較可能性も高まる。なぜならば，SNA が世界統一のルールに準じて作成されるべき経済統計だからである。作成方法の異なる数値は，当然ながら比較には適さない。世界統一のルールがなければ，各国間で比較可能な統計を作ることは不可能といってよい。これは観光統計にも当てはまることであり，UNWTO により 1978 年と 93 年に観光統計に関する勧告を提示され，直近では 2008 年版が策定された。TSA についても同様に国際勧告が示されており，この勧告に準拠している TSA の開発国が増えれば，国際比較の可能性が高まるのである。

1-4. TSA の主要指標

　ここでは，TSA を理解するうえで，あらかじめ知っておくべき指標である「旅行特有商品」「内部旅行支出と内部旅行消費」「観光 GDP」について解説しておく。

(1)　旅行特有商品

　TSA では，旅行に関わる需要と供給のデータを紐づけるために，旅行者に購入される商品の分類と，これらの商品の生産活動が主体となる観光産業の分類が規定されている。商品分類のうち，旅行者による購入が多い商品を「旅行特有商品」（tourism characteristic products；観光特有商品とも呼ばれる）と呼び，これに属する商品を国際比較の中核と位置づけている。つまり，TSA を作成する各国には，旅行特有商品に属する商品群については国際勧告に従って数値を作成することが最低限求められる。そして，旅行特有商品の生産活動が主体である産業は「観光産業[1]」（tourism industry）と呼ばれる。

　TSA の商品分類の一覧を表 10-1 に，観光産業に含まれる産業の一覧を表 10-2 に示す。

(2)　内部旅行支出と内部旅行消費

　TSA では「内部旅行消費」（internal tourism consumption；内部観光消費とも呼ばれる）という用語が頻繁に登場する。また，これと類似する表現に「内部旅行支出」（internal tourism expenditure；内部観光支出とも呼ばれる）という用語もある。これらの指標は観光統計における「旅行消費額」の一種である。「内部」（internal）は，TSA の記録対象となる地域の範囲（主に国，以下では国を想定する）のなかという意味で用いられている。したがって，内部旅行消費（支出）は旅行者が国内で消費（支出）した金額を指す。ここでいう旅行者の居住地は国内，海外を問わない。具体例を挙げると，外国人旅行者が訪問先で支出した金額は内部旅行消費に含まれるが，旅行の準備のために彼らの居住国で支出した金額は訪問先の国の内部旅行消費には含まれない。他方，国民の海外旅行を想定したとき，海外の訪問先で支出した金額は彼らの居住国の内部旅行消費には含まれないが，彼らが海外へ飛び立つ前に居住地から最寄りの国際空港までの移動にかかった交通費は彼らの居住国の内部旅行消費に含まれる。

　次に，「支出」と「消費」の違いについて説明する。TSA では支出と消費を

表 10-1　TSA における商品分類

A.　消費商品 [consumption products]

　A.1.　旅行特有商品 [tourism characteristic products]

　　1.　宿泊サービス [accommodation services for visitors]
　　　1.a.　宿泊サービス（1.b. を除く）[accommodation services for visitors other than 1. b]
　　　1.b.　別荘所有に関連する宿泊サービス [accommodation services associated with all types of vacation home ownership]
　　2.　飲食サービス [food-and beverage-serving services]
　　3.　鉄道旅客輸送サービス [railway passenger transport services]
　　4.　道路旅客輸送サービス [road passenger transport services]
　　5.　水運旅客輸送サービス [water passenger transport services]
　　6.　航空旅客輸送サービス [air passenger transport services]
　　7.　輸送機器レンタル・サービス [transport equipment rental services]
　　8.　旅行会社およびその他予約サービス [travel agencies and other reservation services]
　　9.　文化サービス [cultural services]
　　10.　スポーツおよびレクリエーション・サービス [sports and recreational services]
　　11.　国固有の旅行特有財貨 [country-specific tourism characteristic goods]
　　12.　国固有の旅行特有サービス [country-specific tourism characteristic services]

　A.2.　観光関連商品 [tourism connected products]

　A.3.　非観光関連消費商品 [non-tourism related consumption products]

B.　非消費商品 [non-consumption products]

　B.1.　貴重品 [valuables]

表 10-2　TSA における観光産業分類

1.　宿泊業 [accommodation for visitors]
　1.a.　宿泊業（1.b. を除く）[accommodation for visitors other than 1. b]
　1.b.　別荘所有に関連する宿泊業 [accommodation associated with all types of vacation home ownership]
2.　飲食業 [food-and beverage-serving industry]
3.　鉄道旅客輸送業 [railway passenger transport]
4.　道路旅客輸送業 [road passenger transport]
5.　水運旅客輸送業 [water passenger transport]
6.　航空旅客輸送業 [air passenger transport]
7.　輸送機器レンタル業 [transport equipment rental]
8.　旅行会社およびその他予約サービス業 [travel agencies and other reservation services industry]
9.　文化産業 [cultural industry]
10.　スポーツ・レクリエーション産業 [sports and recreational industry]
11.　国固有の旅行特有財の小売業 [retail trade of country-specific tourism characteristic goods]
12.　その他国固有の旅行特有産業 [other country-specific tourism characteristic industries]

明確に区別しており，旅行支出は金銭の支払い（受取り）が発生する取引のみを指すが，旅行消費にはその他の取引が含まれる。その他の取引の具体例としては，自己所有の別荘に関連するサービスや現物での社会的移転，その他の帰属消費が挙げられる。これらの取引は旅行者を対象とする統計調査では把握が困難であるため，個別に推定する必要がある。

　なお，内部旅行消費は，国内旅行消費（居住者による旅行消費）とインバウンド旅行消費（非居住者による旅行消費）の合計となる。

(3)　観光 GDP

　GDP はすべての産業が生み出した付加価値の総計として定義される。一方，「観光 GDP」は GDP の一部であり，旅行消費に対応してすべての産業が生み出した付加価値の総計である。

　観光 GDP は，「直接観光 GDP」（tourism direct GDP：TDGDP）と「間接観光 GDP」（tourism indirect GDP）に分けられる。直接観光 GDP は，直接旅行者と接する産業によって生み出される付加価値であり，間接観光 GDP は直接旅行者と接する産業に原材料等の中間投入を供給する産業によって生成される付加価値である。TSA の枠組みでは直接観光 GDP の作成に限定されており，単に「観光 GDP」と表現した場合には直接観光 GDP を指していると考えてよい。なお，間接観光 GDP を算定するには，産業連関表が必要となる（産業連関表については第 12 章を参照のこと）。

2.　TSA で作成される集計表——10 の表からわかること

　本節では，TSA で作成される集計表の構成とその内容について解説する。

2-1.　集計表の全体像：10 の集計表で構成される

　TSA は第 1 表から第 10 表までの 10 の表から構成される。これらの表は需要側と供給側の大きく 2 種類に分かれる。第 1 表から第 4 表までは需要側，つまり旅行者の消費実態を示す表であり，第 5 表から第 8 表までは供給側，つまり観光産業の生産活動の実態を示す表となっている。このほか，第 9 表は政府

支出，第 10 表は旅行者数や客室数など非金銭的指標を示す表である。

旅行・観光サテライト勘定（TSA） 10 の表

【需要側】

- 第 1 表——インバウンド旅行者による国内旅行支出（商品別，旅行者の類別）〔Table 1: Inbound tourism expenditure by products and classes of visitors〕
- 第 2 表——国民による国内旅行支出（商品別，旅行者の種類別および旅行の種類別）〔Table 2: Domestic tourism expenditure by products, classes of visitors and types of trips〕
- 第 3 表——国民による海外旅行支出（商品別，旅行者の種類別）〔Table 3: Outbound tourism expenditure by products and classes of visitors〕
- 第 4 表——内部旅行消費（商品別）〔Table 4: Internal tourism consumption by products〕

【供給側】

- 第 5 表——観光産業とその他の産業の生産勘定〔Table 5: Production accounts of tourism industries and other industries〕
- 第 6 表——国内観光供給と内部旅行消費〔Table 6: Total domestic supply and internal tourism consumption〕
- 第 7 表——観光産業における雇用〔Table 7: Employment in the tourism industries〕
- 第 8 表——観光産業とその他の産業における総固定資本形成〔Table 8: Tourism gross fixed capital formation of tourism industries and other industries〕
- 第 9 表——観光に関わる集合的消費（商品別，政府レベル別）〔Table 9: Tourism collective consumption by products and levels of government〕
- 第 10 表——非金銭的指標〔Table 10: Non-monetary indicators〕

第 1 表から第 3 表では旅行者が支払った「支出」の金額が市場別および商品別（費目別）に示される。第 4 表で別荘の帰属家賃などの「消費」を加えた内部旅行消費が記述される。第 5 表は観光供給を含む国内供給全体を示す表，第 6 表は内部旅行消費に対応する観光供給を示す表であり，産出額や中間投入，粗付加価値などが記録される。第 7 表は観光産業における雇用を示す表であり，雇用者数や労働時間数等が示される。第 8 表は観光産業とその他の産業における総固定資本形成，第 9 表は観光に関わる政府による集合的消費である。最後

の第10表は非金銭的指標，つまり金額で示される指標以外が掲載された表であり，旅行者数や宿泊施設の施設数，客室数などの指標が該当する。

次項以降で，これらの表について個々に詳しく解説する。

2-2. 旅行支出と内部旅行消費：第1表～第4表

第1表から第4表は，需要側から旅行・観光に関わる消費活動を記録したものである。具体的には，旅行者によって旅行中，またはその旅行のために国内で支払われた支出（以下，旅行支出）や消費について，一定期間内（通常は1年間）の総額を示したものである。これらの集計表のデータソースは，一般に各国の統計調査から得られた旅行消費額であるが，SNA等との整合を図る観点から数値が微調整される場合があり，各国の観光統計調査の結果とは必ずしも一致しない。

第1表は「インバウンド旅行者による国内旅行支出」，第2表は「国民による国内旅行支出」，第3表は「国民による海外旅行支出」というように，旅行市場ごとに表が分かれている。ただし，海外旅行の際に発生する国内支出（居住地から出国空港までの交通費など）は国内で支払われることから，第3表ではなく第2表に記録される。旅行支出はその総額のみならず，旅行者の種類別や商品別（費目別）に示される。旅行者の種類は「宿泊客」と「日帰り客」であり，両者は消費構造が異なるために分けて集計される。商品分類は表10-1に示した通りであり，第1表から第3表まで共通である。なお，旅行会社に代表される仲介サービスへの支出（いわゆるパッケージツアー参加費に相当）は，「予約サービス」に対する支出と「仲介されるサービス（宿泊サービスや旅客輸送サービスなど）」に対する支出に分割され，前者は「旅行会社およびその他予約サービス」に，後者は「宿泊サービス」や「旅客輸送サービス」など各サービスに計上される。

第4表は，第1表から第3表までの各表の総額列に加えて，旅行中に金銭の収受が行われない消費（別荘の家賃など）を帰属計算した金額が提示され，これらを合算した「内部旅行消費」が記述される。第4表で示される内部旅行消費が，需要側の代表的な指標である。

2-3. 観光産業等の国内供給の全体像：第5表

第5表は国内供給の全体像を示す表である。商品や産業の分類こそ旅行・観

光に特化しているものの，この表は旅行・観光に関わらず国内の全産業により生産された全商品の産出額等の勘定を記録したものであり，「生産勘定」と呼ばれる。したがって，この表で示される数値の範囲は SNA の「産出表[2]」（V表ともいう）や「投入表[3]」（U表ともいう）と同じとなるが，商品や産業の分類方法等が異なる。たとえば，第5表では観光産業以外のすべての産業が「その他の産業」列に計上される。第5表で示される観光産業の分類は表10-2の通りである。この産業分類は，第6表および第7表においても共通で用いられる。

　第5表は上段，中段，下段の3パートで構成される（図10-1）。上段には，産業別および商品別の「産出額」が示される。中段には，各産業が生産活動のなかで行った「中間投入」（TSA では intermediate consumption〔中間消費〕と表記される）が示される。下段には，産出額から中間投入を差し引いた「粗付加価値」が示される。粗付加価値は，雇用者報酬や企業の営業余剰，非法人企業の混合所得，純間接税に分配された金額が記述される。

　第1表から第4表までに示された旅行支出や内部旅行消費と，第5表（および第6表）の産出額では，金額の記載方法が異なる。前者は「購入者価格」（purchasers' prices）で表記され，後者は原則として「基本価格」（basic prices）で表記される。このほかに「生産者価格」（producers' prices）という表記方法もある。「購入者価格」とは，その名の通り購入者が財貨やサービスを購入する際に支払った金額である。したがって，ある商品 A の支出金額には，生産者から購入者のもとに届けられるまでの運賃や，仲介する小売業や卸売業が得るマージン（以下，商業マージン）が含まれる。これに対し，「生産者価格」ではこれら運賃や商業マージンはそれぞれ貨物輸送業と小売・卸売業の産出額に振り分けられ，商品 A の産出額にはこれらが含まれない。そして，「生産者価格」から生産・輸入品に課される税（消費税，関税，酒税，たばこ税など）を除き，生産者に交付される補助金が加算された金額が「基本価格」である。すなわち，基本価格は生産者が最終的に受け取った金額を表記したものにほかならない。ただし，日本の SNA では商品の産出額が「消費税などの生産に課される税を含む生産者価格で記録」（SNA の用語解説による）されている点に留意が必要である。なお，第5表（および第6表）の中間投入は「購入者価格」で，粗付加価値は原則として基本価格（日本では生産者価格）で表記される。

図 10-1　TSA 第 5 表の構成図

商　品	産　業			
	宿泊業	飲食業	…	産出額　計
宿泊サービス				
飲食サービス				
⋮		産出額		
産出額　計				
農林水産				
食料品				
⋮		中間投入		
中間投入　計				
雇用者報酬				
営業余剰				
混合所得		粗付加価値		
⋮				
粗付加価値　計				

2-4.　旅行者が観光産業等から受けた国内供給：第 6 表

　第 6 表は，第 4 表の内部旅行消費に対応する国内供給，すなわち観光供給の全体像を示す表であり，TSA のなかで最も重要な表として位置づけられている。国内での旅行者の消費が誘発した生産活動の「産出額」が産業別および商品別に示されるとともに，これらの生産活動に関わる「中間投入」と「粗付加価値」が記述される。GDP に対して旅行・観光がどれだけ貢献しているかを示す指標の 1 つである「観光粗付加価値」（tourism direct gross value added：TDGVA）はこの表から得られる。なお，商品や産業の分類は第 5 表と同様である。

　第 6 表の縦列は大きく 3 つのブロックで構成される（図 10-2）。まず，右側のブロックの核は第 4 表の内部旅行消費が再掲されたものであり，その右隣の

　旅行者は，旅行前や旅行中に財貨（モノ）を購入する。たとえば，旅行前にはスーツケースや旅行鞄を購入したり，旅行中であればお土産にお菓子を購入したりする。2015 年の「爆買い」で耳目を集めた訪日中国人のように，ショッピングそのものが旅行の目的となる場合もある。こうした財貨の購入は「買物代」として旅行消費に計上される（ただし，再販目的で購入された財貨は除かれる）。

　このように，旅行消費にはその全額が含まれる買物代であるが，観光供給ではその取扱いが少々異なる。TSA では，旅行者と直接取引されたサービスのみを観光供給に計上することとしているため，財貨の小売マージンのみが観光供給に計上される。つまり，財貨の生産者価格や運賃，卸売マージンは，その財貨が旅行前や旅行中に購入されたものであったとしても，観光供給には含まれないのである。

　なお，土産店など小売業の重要性を踏まえて，日本においては TSA の国際勧告に準拠した第 6 表に加えて，財貨の生産者価格や運賃，卸売マージンも含めた日本独自基準による表（第 6b 表）も作成している。国際比較をする際は前者を，買物代を含めた国の観光供給の実態を把握する際には後者を使用するなど，目的に応じて使い分けをすることが推奨される。

列には「旅行比率」（観光比率とも呼ばれる）が併記される。旅行比率は，内部旅行消費を国内供給（購入者価格による）で除して算出される比率であり，国内で供給された商品のうちどのくらいの割合が旅行者によって購入されたのかを商品ごとに把握することができる。中央のブロックには，購入者価格で示される「内部旅行消費」から，基本価格によって示される「国内観光供給」に変換するために必要な各種金額（輸入，税（補助金は控除），商業・輸送マージン）が記録される。そして，左側のブロックには基本価格による産業別および商品別の産出総額（第 5 表の再掲）と「国内観光供給」の産出額が示される。なお，TSA では旅行者に直接提供された財・サービスのみを観光供給に計上することとしており，財貨の旅行支出は小売マージンのみが国内観光供給に計上される点に注意が必要である[4]。

　さらに，第 5 表と同様，第 6 表も上段（産出額），中段（中間投入），下段（粗付加価値）の 3 段階で示される（図 10-2）。ここで示される粗付加価値が「観光粗付加価値」（TDGVA）である。これに生産・輸入品に課せられる税を

図 10-2　TSA 第 6 表の構成図

商　品	産　業				輸入	税	マージン	国内供給 (A)	内部旅行消費 (B)	旅行比率 (B／A)
	宿泊業	飲食業	…	産出額　計						
宿泊サービス										
飲食サービス			国内観光供給 産出額		購入者価格から 基本価格へ変換				内部旅行消費	
：										
産出額　計										
農林水産品			中間投入							
食料品										
：										
中間投入　計										
雇用者報酬			粗付加価値							
営業余剰										
混合所得										
：										
粗付加価値　計										

加算（補助金は控除）したものが「直接観光 GDP」（TDGDP）となる。

　なお，「観光 GDP」は旅行消費が誘発した付加価値であり，旅行者が購入したサービス（財貨については小売サービスのみ含む）は非観光関連商品であっても含まれ，一方で旅行特有商品であっても旅行者でない人が購入したサービスは含まれない。

2-5.　観光産業の雇用：第 7 表

　第 7 表は，観光産業とその他の産業における「雇用」に関する表である。

　雇用を測定する主な指標は，「仕事」（job）と「労働時間」である。1 つの企業のみに雇われている人の仕事は 1 つとカウントされるが，1 人の人が 2 人の雇主に雇われている（つまり兼業の）場合には，仕事は 2 つとカウントされる。

　雇主を対象として雇用している労働者の人数を調査すると，その人数は結果的に仕事の数を調査していることにほかならない。なぜならば，雇主が雇用している労働者の副業の数まで回答することは考えにくいからである。したがって，仕事の量は延べ人数の性質をもつ。

　第 7 表においても，第 6 表と同様に旅行消費に対応する雇用の量が示されることが望ましいとされる。しかし，1 つの事業所においてさまざまな生産物が生産されることが一般的であり，そのなかから旅行者が消費した生産物のみに

対して投入された雇用の量を明確に区別することは難しい。国によっては，観光産業の総雇用を調査した後に，産業ごとの観光シェアを乗じることによって旅行消費に対応する仕事の数や労働時間を絞り込もうとするケースもみられる。しかし，このような推計手法がとられる場合には，各産業において旅行者が消費した生産物の生産関数とその産業の生産物全体の生産関数が同じであるという仮定に基づく結果であることを念頭に置く必要がある。

第7表で示される仕事の量と労働時間については，男女の別，被雇用者（雇われている人）か自営業者かの別で示すことが国際勧告において求められている。また，パートタイム労働の影響を取り除くため，フルタイム換算によって仕事の量を示すことも推奨されている。

2-6. 観光産業の総固定資本形成：第8表

第8表は，観光産業とその他の産業における「総固定資本形成」に関する表である。「総固定資本形成」とは，「固定資産の取得から処分を控除したものに，非生産資産の価値を増大させるような支出を加えた価額」（SNAの用語解説による）である。このなかで，「固定資産」は「生産者によって取得され，原則として1年を超えて繰り返し生産過程に使用されるような資産」（同）であり，「非生産資産」は土地や鉱物・エネルギー資源などが該当する。

第8表を作成するうえで必要な情報は，観光行政において作成される統計から得ることが難しく，表作成の難度が高い。そのため，国際勧告ではこれらの表を作成する優先度は低いと言及されている。なお，日本ではSNAのデータをもとに第8表を作成している。

2-7. 観光に関わる政府の集合的消費：第9表

第9表は，観光に関わる政府による「集合的消費」に関する表である。「集合的消費」は政府最終消費支出の一部であり，「受益者が特定できないため，国民一般になり代わって政府自らが消費するもの」（中村［2017]）を指す。具体的には，一般行政や警察，外交，防衛などが該当する。

観光に関わる政府の集合的消費として，国際勧告では観光プロモーション・サービスや観光客向けの情報サービス，宿泊施設や飲食店などに関連する行政サービス，旅行業に関連する行政サービスなどが挙げられている。また，市場調査や世論調査，警察・消防サービス，教育・訓練サービスなども部分的に観

光に関わる集合的消費として挙げられている。これらの行政サービスについて，国と地方（regional, local）の別に記述することが推奨されている。

　なお，第 8 表と同様に，国連勧告において第 9 表を作成する優先度は低いと言及されている。日本においても第 9 表のみ作成されていない。

2-8. 観光に関する非金銭的指標：第 10 表

　最後の第 10 表は，これまでの集計表に示された金銭指標による情報を解釈するうえで有用となる，非金銭的な量的指標を示す表である。具体的には，旅行市場別の旅行者数や国民 1 人当たり旅行回数，旅行者の種類別にみる滞在日数，旅行者が利用する交通手段，観光産業別の事業所数，宿泊施設の客室数やベッド数などが挙げられる。

2-9. 日本における国の TSA：観光庁が毎年日本版 TSA を作成

　日本では，観光庁が国の TSA を作成している。作成の頻度は年 1 回であり，暦年値が作成されている。集計表は 2005 年分から作成されているが，このうち 14 年以降の集計表で 2008SNA（2008 年版国民勘定体系）への対応が図られている。本項では，日本の TSA がどのデータソースを用いて作成されているかを示すとともに，集計表の数値を利用する際に踏まえておくべき留意点について解説する。なお，日本の TSA では多くの用語において「旅行」と同じ意味で「観光」という表現を用いているため，本項ではこれを踏襲した表現を用いる。

　第 1 表のインバウンド観光支出（訪日外国人による国内観光支出）は，総額を財務省・日本銀行「国際収支統計」（balance of payment：BOP）の「旅行収支（受取）」および「旅客輸送収支（受取）」から引用し，その商品別内訳は観光庁「訪日外国人消費動向調査」の結果を用いて推計されている。総額に BOP を用いる理由は，SNA と整合を図るうえで BOP とも整合性をとる必要があるからである。

　第 2 表の国内観光支出は，観光庁「旅行・観光消費動向調査」の結果を主に用いて作成されている。この調査は標本調査であり，購入する旅行者が少ない商品などでは誤差が大きく出やすい。さらに，大半が旅行者に購入されるような商品であると，内部観光消費が SNA の国内供給の総額を上回るケースが出てきてしまう。このような場合には，内部観光消費から推計される商品ごとの

産出額が国内供給を超えることがないよう，国内旅行支出の値が微調整される。

第3表の海外観光支出は，総額を BOP の「旅行収支（支払）」および「旅客輸送収支（支払）」を引用し，その商品別内訳は観光庁「旅行・観光消費動向調査」等の結果を用いて推計されている。

第4表で新たに記述される数値は，「その他の観光消費」に含まれる「別荘の帰属家賃」である。自己所有の別荘に宿泊する際には宿泊費は発生しないが，賃料が発生しているものとして帰属計算が行われている。この計算には，総務省「住宅・土地統計調査」が活用されている。

第5表は主に SNA のフロー編のデータから作成されている。上段の産出額は SNA の「付表4 経済活動別財貨・サービス産出表」（V 表），中段の中間投入は SNA の「付表5 経済活動別財貨・サービス投入表」（U 表），下段の粗付加価値は SNA の「付表2 経済活動別の国内総生産・要素所得」（名目）に相当する。

第6表では，第4表で示される内部観光消費の購入者価格表記を生産者価格表記に変換して国内観光供給（産出額）を導出した後，第5表の商品ごとの産業別構成比を乗じることにより商品別および産業別の国内観光供給（産出額）が推計されている。この推計手法は，ある商品の観光シェアが，どの産業においても同じであることを仮定している。実際には，たとえば宿泊業と飲食業では飲食サービスの産出額の観光シェアは必ずしも一致しないと考えられるが，それぞれの産業における商品ごとの観光シェアについては根拠となる利用可能な情報がないことから，このような推計手法がとられている。なお，第6表では第5表の産出額の再掲はなされていない。中間投入や粗付加価値についても，第5表から得られる構成比を用いて推計されている。財貨の供給については小売マージンのみが観光供給に計上されるが，日本では財貨の生産者価格や運賃・卸売マージンを加えた日本独自基準による第6b 表も作成されている。

第7表の「観光産業の雇用」では，SNA のフロー編「付表3 経済活動別の就業者数・雇用者数，労働時間数」と同様の指標である「就業者数」「（うち）雇用者数」「労働時間数」が掲載されている。SNA では，複数の仕事に従事し，かつ事業所も異なる場合にはそれぞれ1人と数えることから，就業者数や雇用者数は延べ人数であり，仕事（job）の量と同義である。なお，第7表では観光消費に対応した就業者数等や労働時間数を記述することとされているが，日本では根拠となるデータが乏しいことから，表 10-2 に示した観光産業におけ

る就業者数等や労働時間数の総数が記載されている。

　第8表の「観光産業の総固定資本形成」も，SNAのデータをもとに作成されている。この表も，第7表と同様に，観光産業におけるすべての総固定資本形成が計上されている。

　第9表の「観光に関わる政府の集合的消費」は，日本では作成されていない。

　第10表の「非金銭的指標」については，以下の4つの表が示されている。

- 第10a表——観光産業別および従業者規模別　従業者数
- 第10b表——交通機関（飛行機，船舶）別　入国者数
- 第10c表——宿泊施設（ホテル，旅館）の施設数，部屋数，ベッド数，客室稼働率，定員稼働率
- 第10d表——観光産業別および従業者規模別　従業者数

　このように，日本のTSAは情報の制約があるなかで現状で最も妥当と考えられる手法により作成されている。したがって，日本のTSA全体を通じて，集計表に掲載されている数値が必ずしも真の値と一致するとは限らない。また，第7表や第8表のように，国際勧告への完全な準拠が難しい表もあるため，国際比較の際には注意を要する。

3. TSA指標の国際比較——旅行消費の経済的な貢献度が高い国はどこか

　本節では，諸外国におけるTSAの作成状況を示すとともに，TSAの主要指標である「内部旅行消費」と「観光GDP」の国際比較を行う。これらの指標の大小を各国間で比較することで，どの国で旅行消費の経済的な貢献度が高いのかを知ることができる。

3-1. 諸外国におけるTSAの作成状況

　TSA:RMFによると，2001年に44カ国がTSA作成の取り組みに着手し，2007年には70カ国以上に増加したという。しかし，継続的にTSAを作成・公表している国はそれほど多くはなく，また作成されている表の数もまちまちである。

OECD（経済協力開発機構）が各国から集約したデータベース「OECD.Stat」をみると，2017 年の国内総生産に占める TDGDP の割合が示されている国は15 カ国（オーストラリア，オーストリア，チェコ，フランス，アイスランド，日本，ノルウェー，スロベニア，スペイン，スウェーデン，インドネシア，モロッコ，ペルー，ルーマニア，南アフリカ），粗付加価値に占める TDGVA の割合が示されている国は 22 カ国（オーストラリア，カナダ，チェコ，デンマーク，フィンランド，ギリシャ，ハンガリー，イスラエル，リトアニア，メキシコ，オランダ，ニュージーランド，ポルトガル，スロベニア，スウェーデン，スイス，イギリス，アメリカ，コロンビア，カザフスタン，ロシア，南アフリカ）であり，TDGDP または TDGVA のどちらかが示されている国は 32 カ国となっている（2020 年 4 月現在）。

表 10-3 に，インターネット上で閲覧可能な各国の TSA の集計表（第 1 表から第 9 表まで）を整理する（2020 年 4 月調べ）。なお，本表では 2015 年以降の表を対象としている。

3-2. 内部旅行消費の国際比較

では，TSA の主要指標の 1 つである，旅行者が国内で消費した「内部旅行消費」に焦点を当てて，各国間の比較をしてみよう。図 10-3 に，主な国の内部旅行消費の値を示す。積み上げの横棒グラフとなっており，左は国内旅行，右はインバウンド旅行である。なお，原則として 2018 年の数値を使用しているが，同年の数値が入手できなかった国については入手可能な最新年の数値を用いている点に留意してほしい。

図 10-3 に掲載した 17 の国のうち，内部旅行消費が最も大きい国はアメリカであり，その規模は群を抜いて大きい。次いでドイツ，日本，イギリス，フランス，メキシコと続く。上位の国は国内旅行の割合が高い傾向がみられ，なかでも上位 4 カ国と 6 位のメキシコは国内旅行の割合が 8 割以上を占める。例外は 5 位のフランスで，国内旅行の割合が 57% と低い。17 の国のうち，国内旅行の割合が低い（つまりインバウンド旅行比率の割合が高い）国はポルトガル（31%）やオーストリア（47%）などとなっており，いずれもヨーロッパに属する。

表 10-3　主な国の TSA 公表状況（2015 年以降の表が対象，2020 年 4 月時点）

国・地域	オーストラリア	オーストリア	フィンランド	フランス	ドイツ	ニュージーランド	ノルウェー	スペイン	スウェーデン	イギリス	アメリカ	ポルトガル	日本
最新の公表年	2018〜19	2018	2017	2016	2015	2019	2018	2018	2016	2017	2018	2018	2017
第1表 [table1] インバウンド旅行支出 [inbound tourism expenditure]	○	○	○	○	○	○	○	○	○	○	○	○	○
第2表 [table2] 国内旅行支出 [domestic tourism expenditure]	○	○	○	○	○	○	○	○	○	○	○	○	○
第3表 [table3] 海外旅行支出 [outbound tourism expenditure]	○							○		○	○		
第4表 [table4] 内部旅行消費 [internal tourism consumption]	○	○	○				○	○	○	○	○	○	○
第5表 [table5] 生産勘定 [production accounts]		○					○	○	○			○	○
第6表 [table6] 国内観光供給 [total domestic supply]		○	○		○				○			○	○
第7表 [table7] 観光産業の雇用 [employment in the tourism industries]		○	○	○	○	○	○	○	○	○	○	○	○
第8表 [table8] 観光産業の総固定資本形成 [tourism gross fixed capital formation]							○						○
第9表 [table9] 観光の集合的消費 [tourism collective consumption]												○	

（注）　各国の一部の表については最新の公表年よりも古い表が掲載されている場合がある。
　　　　また，○はインターネット上で閲覧が可能な集計表。
（出所）　各国ウェブサイト掲載データより作成。

図 10-3　主な国別にみる内部旅行消費（2018 年または入手可能な最新年）

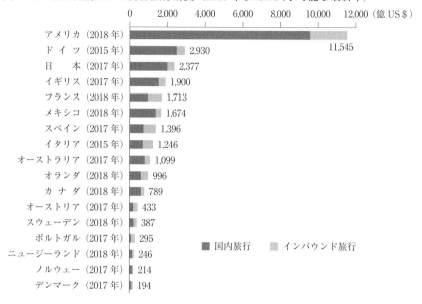

（出所）　OECD, *OECD Tourism Trends and Policies 2020* より作成。

3-3. 観光 GDP の国際比較

　国内で一定期間内に生産された財貨やサービスの付加価値の総額である GDP は，国内の経済活動を知るうえで最も重要な指標の 1 つである。この指標と同じ考え方で，旅行者の消費に誘発された生産活動の付加価値の総額が「直接観光 GDP」（TDGDP）である。本項では，旅行消費の経済的な貢献度を国際比較するため，TDGDP が GDP に占める割合を比較の対象とする。なお，TDGDP を公表せず TDGVA（観光粗付加価値）のみを公表している国も少なくないため，こうした国では GVA に占める TDGVA の割合を用いることとする。

　図 10-4 に，TDGDP（TDGVA）が GDP（GVA；粗付加価値）に占める割合を主な国別に示す。図 10-3 とは国別順位が大きく異なる。TDGDP（TDGVA）が最も高い国はスペイン（11.8％）である。次いで，メキシコ，ポルトガル，フランス，オーストリアと続く。日本は 20 カ国中最下位の 2.0％ である。1 位のスペインと 20 位の日本にはどのような違いがあるのだろうか。

　まず，GDP の規模が大きい国は，旅行消費の経済的な貢献度は相対的に小

図 10-4　主な国別にみる国内総生産（GDP）に占める観光 GDP の割合（2017 年）

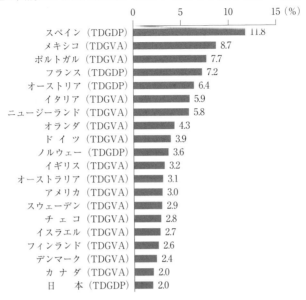

（注）　1.　TDGDP は観光 GDP，TDGVA は観光 GVA。
　　　　2.　イタリアとドイツは 2015 年の数値。
（出所）　OECD. Stat より作成。

さくなる。日本の GDP はスペインのおよそ 3.7 倍であることから，これが両国の TDGDP の貢献度の違いの一因と考えられる。しかし，スペインの GDPの規模が日本と同等と仮定した場合のスペインの TDGDP の貢献度を算出すると 3.2％ であり，日本の TDGDP の貢献度 2.0％ よりも大きい。したがって，GDP の規模の違いを差し引いても，スペインのほうが TDGDP の貢献度が高いものと推測される。そこで，スペインと日本の国内観光供給の構成を産業別に比較した（表 10-4）。なお，金額はそれぞれ自国の通貨による表記のため，構成比を比較する必要がある。産業ごとの国内観光供給に占める GVA の割合（以下，付加価値率）も併記する。

　表 10-4 のデータをみると，付加価値率はスペイン 59％，日本 52％ であり，スペインのほうが高いことが確認できる。産業別にみると，宿泊業と飲食業でスペインの付加価値率が高いことから，これらの産業がスペインの TDGDPの貢献度を高めていると考えられる。スペインでは，「ホテルなど一般の宿泊

表 10-4　産業別にみる国内観光供給：スペインと日本の比較（2016 年）

スペイン				日　本			
供給側	金額(百万€,名目)	構成比	GVA割合	供給側	金額(億円,名目)	構成比	GVA割合
a.　観光産業	105,338	96%	60%	a.　観光産業	169,913	83%	51%
宿泊業	45,480	42%	73%	宿泊業	51,528	25%	51%
ホテルなど宿泊施設	25,954	24%	62%	ホテルなど宿泊施設	47,064	23%	48%
別荘所有に関わる宿泊施設	19,526	18%	88%	別荘所有に関わる宿泊施設	4,464	2%	86%
飲食業	21,284	19%	54%	飲食業	31,036	15%	41%
鉄道旅客輸送	2,090	2%	38%	鉄道旅客輸送	32,915	16%	66%
道路旅客輸送	3,459	3%	67%	道路旅客輸送	6,378	3%	72%
水運旅客輸送	705	1%	36%	水運（貨物輸送含む）	1,304	1%	34%
航空旅客輸送	9,877	9%	24%	航空輸送（貨物輸送含む）	23,570	12%	28%
その他の運輸業	11,070	10%	52%	その他の運輸業	15,703	8%	61%
スポーツ・娯楽業	11,373	10%	62%	スポーツ・娯楽業	7,479	4%	67%
b.　その他の産業	4,251	4%	49%	b.　その他の産業	34,393	17%	54%
c.　国内観光供給　合計	109,589	100%	59%	c.　国内観光供給　合計	204,306	100%	52%
中間消費	44,389	41%		中間消費	98,681	48%	
粗付加価値（TDGVA）	65,201	59%		粗付加価値（TDGVA）	105,625	52%	

（注）　1.　上表において日本の水運，航空輸送の各産業の数値には貨物輸送が含まれる。

　　　　2.　スペインと日本の比較を容易にするため，スペインの観光産業分類を日本に合わせて加工している。

（出所）　National Statistics Institute, *Spanish Tourism Satellite Account*，観光庁「旅行・観光サテライト勘定」より作成。

施設」の付加価値率が高いことに加え，「別荘所有に関わる宿泊施設」の構成比が日本に比べて高いことも影響している。他方，「鉄道旅客輸送」のように，日本のほうがスペインに比べ国内観光供給に占める構成比と付加価値率がともに高い産業が存在することも指摘しておきたい。

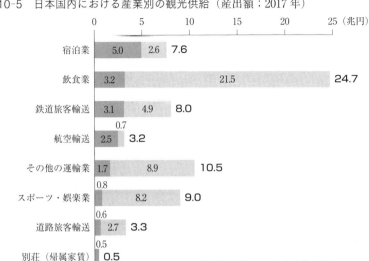

図 10-5　日本国内における産業別の観光供給（産出額；2017 年）

（注）　1.　太字の数字は産出額の総額。
　　　　2.　航空輸送と水運の産業分類には貨物輸送が含まれるが，観光供給には貨物輸送は含まれない。
（出所）　観光庁「旅行・観光サテライト勘定」より作成。

4. TSA 指標の産業間比較──観光の恩恵を受けている産業はなにか

　本節では，日本の TSA を用いて供給側主要指標の産業間比較を行う。産業別の分析では，観光供給の規模だけでなく，各産業の供給全体のなかで観光供給がどのような位置づけにあるのかという視点をもつことが重要である。

4-1.　観光供給の産業間比較

　まずは，観光供給の規模を産業間で比較しよう。図 10-5 は，日本国内における観光供給とその他の供給の産出額を産業別に示したグラフである。観光供給の産出額の規模は宿泊業が 5 兆円と最も大きく，次いで飲食業と鉄道旅客輸

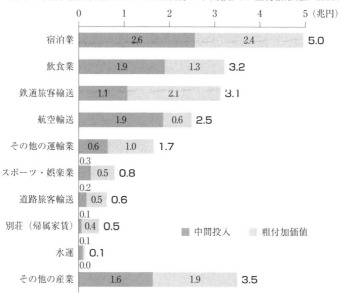

図 10-6　日本の国内観光供給における産業別の中間投入と粗付加価値（2017 年）

（注）　1.　太字の数字は産出額。
　　　　2.　航空輸送と水運には貨物輸送が含まれる。
（出所）　観光庁「旅行・観光サテライト勘定」より作成。

送がそれぞれおよそ 3 兆円，航空輸送が 2.5 兆円と大きい。

　次に，観光供給の産出額を各産業の供給全体と見比べてみよう。観光供給の規模が最も大きい「宿泊業」では，観光供給が宿泊業の供給全体の 66％ と高いウェイトを占めている。一方で，観光供給が宿泊業に次いで大きい「飲食業」では，供給全体での産出額がおよそ 25 兆円と観光産業のなかでは突出して大きいため，観光供給の占める割合は 13％ と低い。観光供給の規模からみると飲食業は重要な観光産業と捉えられるが，供給全体からみれば飲食業における観光供給のウェイトは小さいのである。「鉄道旅客輸送」も飲食業に類似しており，観光供給の規模は大きいが，観光供給が供給全体に占める割合はおよそ 4 割にとどまる。宿泊業以上に観光供給のウェイトが高い観光産業は「航空輸送」であり，観光供給が供給全体のおよそ 8 割を占める。

図 10-7　日本の国内観光供給における産業別の中間投入と粗付加価値の割合（2017 年）

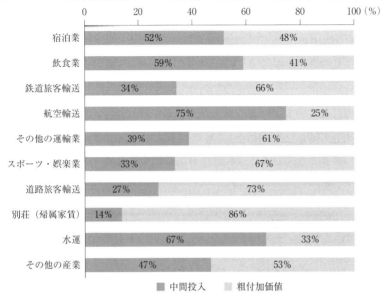

（注）　航空輸送と水運には貨物輸送が含まれる。
（出所）　観光庁「旅行・観光サテライト勘定」より作成。

4-2. 観光供給における中間投入と粗付加価値の産業間比較

　産出額は中間投入と粗付加価値に分けられる。本項では，観光供給の産出額に含まれる中間投入と粗付加価値を産業別に比較する（図 10-6）。

　図 10-6 のグラフは観光供給の産出額の順に上から並んでいるが，中間投入や粗付加価値の規模の順位は必ずしも産出額と一致しない。観光供給の産出額から生じた粗付加価値が大きい観光産業は「宿泊業」と「鉄道旅客輸送」であり，いずれも 2 兆円を超えている。これらの産業が，観光の恩恵を受けている産業といえよう。

　一方，産出額の規模に比して粗付加価値が小さい産業は「飲食業」や「航空輸送」である。とくに航空輸送では産出額に占める中間投入の割合が 75％ と他の観光産業に比べ高く（図 10-7），粗付加価値が 0.6 兆円と小さい。中間投入の内訳をみると，飲食業では食料品や農林水産業といった原材料の金額が高く，航空輸送では運輸サービス，金属製品・機械設備といった航空輸送をサポートするサービスや設備にかかる金額が大きいことがわかる。

おわりに

　本章では，国連等による国際勧告に準拠して作成される「旅行・観光サテライト勘定」（TSA）を取り上げた。TSA は，国際比較や SNA を併用した経済分析に用いることができる貴重なデータである。本章で取り上げられる内容には紙幅の都合上で限りがあるため，さらに詳細な情報を知りたい読者は，ぜひ各国のデータソースをあたってみてほしい。なお，各国の TSA は国際勧告に準拠して作成されることを原則としているが，作成方法や公表方法は国によって異なる部分もある。各国の TSA を活用する際には，集計表の数値のみならず，ともに公表されている付属資料にもあわせて目を通すことを推奨する。

注 ————————————

1　「旅行産業」と訳すると旅行業のみを指すとの誤解が生じる恐れがあることから「観光産業」とした。同様に，供給側の用語で用いられる「tourism」は原則として「観光」と表すこととする。
2　「産出表」（V 表）とは，各産業（経済活動）による商品ごとの産出額を生産者価格で記録したもの。
3　「投入表」（U 表）とは，各産業（経済活動）による商品ごとの投入額を購入者価格で記録したもの。
4　詳細はコラム「TSA における買物代（財貨購入に対する支出）の取り扱い」を参照のこと。

引用・参考文献

European Commission, International Monetary Fund（IMF）, Organisation for Economic Co-operation and Development（OECD）, United Nations, World Bank［2009］*System of National Accounts 2008.*
観光庁［2009，2010］「観光統計の整備に関する検討懇談会観光消費額統計分科会報告書」
観光庁［2016，2017］「旅行・観光サテライト勘定 2016 年，2017 年」
観光庁［2019］「旅行・観光産業の経済効果に関する調査研究　2017 年版報告書」
内閣府「2008SNA（仮訳）」
内閣府「国民経済計算」　https://www.esri.cao.go.jp/jp/sna/menu.html
内閣府［2018］「国民経済計算の作成方法」
内閣府経済社会総合研究所国民経済計算部［2016］「2008SNA に対応した我が国国民経済計算について（平成 23 年基準版）」
中村洋一［2017］『GDP 統計を知る――大きく変わった国民経済計算』日本統計協会
National Statistics Institute（Spain）https://www.ine.es/index.htm

National Statistics Institute（Spain）［2019］*Tourism Satellite Account of Spain. Statistical Review 2019 Methodological Notes.*

OECD.Stat https://stats.oecd.org/

Organisation for Economic Co-operation and Development（OECD）[2018] *OECD Tourism Trends and Policies 2018.*

Organisation for Economic Co-operation and Development（OECD）[2020] *OECD Tourism Trends and Policies 2020.*

United Nations, World Tourism Organization（UNWTO）[2010] *International Recommendations for Tourism Statistic 2008.*

United Nations, World Tourism Organization（UNWTO）, Commission of the European Communities（Eurostat）, Organisation for Economic Co-operation and Development（OECD）[2008] *Tourism Satellite Account: Recommended Methodological Framework 2008.*

第11章 地域の観光統計
都道府県ごとの観光実態の捉え方

はじめに

　観光分野で「地域」という言葉が出てきたら，旅行者の「居住地」ではなく，「旅行目的地」あるいは「訪問地」を指すと考えてよい。本章のタイトルである「地域の観光統計」も，「旅行目的地（訪問地）における旅行・観光の実態を表す統計」を意味する。

　日本では，長年にわたり都道府県が主体となって地域の観光統計を整備しており，地域それぞれのデータ利活用のニーズに対応する形で発展を遂げてきた。一方で，都道府県ごとに調査や集計の手法に違いがあるため，地域間の数値比較には適さないという問題を内包している。

　そもそも，国の観光統計に比べて地域の観光統計は作成の難度が高い。なぜならば，都道府県境では国境のように出入りする人々の人数が厳格に管理されている訳ではないため，別の方法によって旅行者数を推計する必要があるからである。

　本章では「地域の観光統計」に焦点を当て，都道府県が作成する観光統計の現状と課題を整理したうえで，地域間の比較が可能な観光統計の整備に向け，国および都道府県が果たすべき役割について論じる。さらに，地域の観光統計に関わる近年の国の取り組みについて解説する。

1. 地域の観光統計の現状と課題

　本節では，各都道府県の観光統計の柱である「観光入込客統計」を中心に，地域の観光統計の現状と課題を整理する。そして，地域間の比較が可能な観光統計の整備に向けて国および都道府県が果たすべき役割について論じる。

1-1. 観光入込客統計とは

日本では，地域の観光統計は都道府県や一部の市区町村などによって作成されている。そのため，それぞれの観光統計がカバーする地域の範囲は行政区域で区切られることが一般的である。都道府県が作成する観光統計は一般に「観光入込客統計[1]」と呼ばれ，その主目的は「観光入込客数[2]」を明らかにすることにある。観光入込客統計の歴史は古く，たとえば北海道の観光入込客統計では 1962（昭和 37）年度以降の数値が公表されている。

都道府県は行政界で区切られているとはいえ，大半の都府県[3] は隣接する地域と陸続きであり，自動車や鉄道はもちろん，自転車や徒歩での往来も自由である。そのため，観光入込客数を行政界でカウントすることができない。こうした地域では，域内の観光関連施設等でカウントされた訪問者数を用いて，観光入込客数を推計することが一般的である。都道府県がこれらの施設から直接，もしくは市町村を経由して施設ごとの訪問者数のデータを集約し，これらのデータをもとに観光入込客数が推計される。ただ，美術館やテーマパークのように入場料が必要な施設であれば訪問者数のカウントは比較的容易だが，景勝地や道の駅のように必ずしも入場料を必要としない場合には訪問者数のカウントが難しく，観光入込客数の数値の信憑性が問われる一因となっている。

1-2. 観光入込客統計に関する共通基準

各地で発展を遂げてきた観光入込客統計であるが，これらの統一化を図りたいという問題意識は古くからあった。1979 年の資料では，内閣総理大臣官房審議室により「観光地の入込者数統計調査の改善統一に関する調査研究」の報告がなされた記録が残っている。その後も，「入込観光者統計のマニュアル化に向けて」（日本観光協会 [1984]），「観光入込者数統計手法確立調査研究」（運輸省国際運輸・観光局観光部 [1991]），「全国観光客数統計 —— 観光統計の調査・集計方法の全国統一」（日本観光協会[4] [1996]）といった複数の報告がなされている。しかし，最終的に全都道府県の観光統計を横並びに比較できるような状況には至らなかったようである。

2009 年，観光庁において再び地域の観光統計の統一化に向けた動きがみられた。「観光入込客統計に関する共通基準」を策定し，全都道府県にその導入を働きかけたのである。その結果，大阪府を除く 46 都道府県により導入され，2010 年 4～6 月期以降の各都道府県のデータが観光庁サイトにて公表されるに

表 11-1　国および都道府県による各地の観光入込客統計等の公表状況（2021年10月末現在）

都道府県	国（観光庁）による公表　共通基準に基づく観光入込客統計				都道府県による公表[注1]　観光入込客統計[注2]			独自調査		最新（年/年度）
	2019年	2020年	2021年 1～3月期	最新（四半期）	共通基準[注3]	独自基準	備考	月別入込調査	外国人調査	
1 北海道				2018年7～9月期	●					2020年度
2 青森県	●	●	●	2021年1～3月期	●			●		2019年
3 岩手県	●	●	●	2021年1～3月期	●	●		●	●	2020年
4 宮城県	●	●		2020年10～12月期		●				2020年(速報値)
5 秋田県	●	●	●	2021年1～3月期	●					2020年
6 山形県	●	●		2020年10～12月期	●			●		2020年度
7 福島県	●	●		2020年10～12月期	●					2020年
8 茨城県	●			2019年10～12月期	●					2020年
9 栃木県			●	2021年1～3月期	●	●	日観協基準	●		2020年度
10 群馬県	●		●	2021年1～3月期	●					2020年
11 埼玉県	●			2019年1～3月期	●					2020年
12 千葉県	●			2020年7～9月期	●			●		2019年
13 東京都	●			2018年7～9月期	●				●	2020年
14 神奈川県	●			2019年10～12月期		●		●	●	2020年
15 新潟県	●			2019年10～12月期	●					2020年
16 富山県	●			2019年10～12月期	●				●	2020年
17 石川県				2015年1～3月期	●	●				2019年
18 福井県	●	●		2020年10～12月期		●	日観協基準			2020年
19 山梨県	●			2020年10～12月期	●					2020年
20 長野県	●		●	2021年1～3月期	●				●	2020年
21 岐阜県	●			2019年10～12月期	●					2019年
22 静岡県				2016年10～12月期	●					2020年度
23 愛知県	●			2019年10～12月期		●		●	●	2020年
24 三重県				2017年7～9月期		●	日観協基準	●		2020年
25 滋賀県	●	●		2020年10～12月期	●					2020年
26 京都府				2017年10～12月期		●		●		2020年
27 大阪府										
28 兵庫県				2017年7～9月期		●				2019年度
29 奈良県	●		●	2021年1～3月期	●			●		2019年
30 和歌山県		●	●	2021年1～3月期		●		●		2020年
31 鳥取県				2017年10～12月期	●					2020年
32 島根県				2019年1～3月期	●	●	日観協基準			2020年
33 岡山県	●	●		2020年10～12月期	●					2020年
34 広島県				2020年10～12月期	●					2020年
35 山口県				2020年10～12月期	●					2020年
36 徳島県		●		2020年10～12月期	●					2019年[注4]
37 香川県	●	●		2020年10～12月期		●				2020年
38 愛媛県	●		●	2021年1～3月期		●				2020年

39 高知県			2016 年 10～12 月期	●				2019 年
40 福岡県	●		2019 年 10～12 月期	●				2019 年
41 佐賀県	●	●	2020 年 10～12 月期	●				2019 年
42 長崎県			2019 年 10～12 月期		●		●	2020 年
43 熊本県			2019 年 10～12 月期	●				2019 年
44 大分県	●	●	2020 年 10～12 月期		●			2020 年度
45 宮崎県			2018 年 10～12 月期	●				2019 年
46 鹿児島県	●		2019 年 10～12 月期	●	●			2019 年
47 沖縄県			2013 年 10～12 月期		●		●	2019 年

(注) 1. 最新年の公表資料を基に調べたもの。
    2. 統計の正式な名称は都道府県によって異なる。
    3. 観光入込客統計が共通基準に基づいているかについては，最新年の観光入込客統計の資料の記載に基づき判断している（部分的な採用も含む）。
    4. 統計作成の方法に関する記載はないため，共通基準，独自基準のいずれにも●をつけていない。
(出所) 観光庁サイト，各都道府県サイトの情報より作成。

至った。2021 年 8 月末現在のデータの公表状況をみると，40 箇所で 17 年データが，36 箇所で 18 年データが公表されている（表 11-1）。

「観光入込客統計に関する共通基準」は，「『観光入込客数』『観光消費額単価[5]』『観光消費額[6]』等を把握するための調査手法や集計方法を示した調査基準」である（観光庁サイト）。この基準では，「観光地点等入込客数調査」と「観光地点パラメータ調査」を実施することが規定され，原則としてこれらの調査結果を組み合わせて各種指標を推定することとしている（図 11-1）。

2020 年現在，「観光入込客統計に関する共通基準」は多くの都道府県において定着している。しかし，調査手法の細かい点や運用面に目を向けると，都道府県ごとの独自性が散見される。また，公表のタイミングもまちまちである。したがって，現時点においても地域の観光統計の比較可能性に関わる課題は残されているといえる。

1-3. 都道府県における観光入込客統計の作成状況

大阪府を除く 46 の都道府県がなんらかの観光入込客統計を作成しているが，各都道府県の公表資料を確認すると，これらのすべてが共通基準に準拠しているわけではないことがわかる。2019～20 年（度）の観光入込客統計をみると，①「観光入込客統計に関する共通基準」（以下，共通基準）に準拠しているケー

図 11-1　観光庁「観光入込客統計に関する共通基準」の枠組み

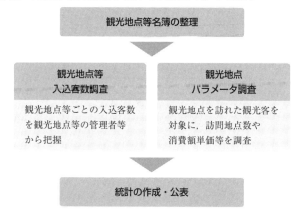

（出所）　観光庁「観光入込客統計に関する共通基準」より作成。

スと，②各都道府県の独自基準により作成しているケースに大別される（表
11-1）。①のケースでは，共通基準に準拠しつつも，調査地点を増やすなど各
県独自の基準による調査を同時に実施しているところも少なくない。また，観
光入込客数の推定は独自基準で行い，観光消費額を共通基準に基づいて推定し
ているケースもある。②のケースでは，共通基準に準拠した数値を別途推定し
て観光庁に報告しているところが多いようである。なお，②のなかには「全国
観光客数統計」（日本観光協会［1996］）の基準（以下，「日観協基準」）に準拠し
ているところも複数ある。
　観光入込客統計とは別に，観光に関わる独自調査を実施している都道府県も
多い。各都道府県の観光政策のねらいや施策の内容に応じて，共通基準の調査
では把握できない情報を得るために実施されているものと考えられる。表 11-
1 では，独自調査の一例として，入込客数を月別に公表している事例と，訪日
外国人を対象とした実態調査を実施している事例を示した。
　青森県や千葉県，島根県，長崎県，大分県，鹿児島県などでは，宿泊施設や
観光施設を対象とした月別の入込客数調査の結果を公表している。このうち，
千葉県では 2019 年 9 月に発生した台風の影響を把握するために，県内各地の
代表的な宿泊施設および観光施設を対象に月次の調査が初めて実施されたが，
その後も毎月（もしくは 2 カ月ごと）の観光客の入込状況を継続して公表する
に至っている。

訪日外国人を対象とした独自調査は，東京都や愛知県，沖縄県のように訪日外国人の利用が多い国際空港が立地する都県において，域内の空港を調査地点として実施されている。ただし，神奈川県では県内に空港がないため，羽田空港と神奈川県内の主要観光地および宿泊施設において調査が実施されている。

1-4. 都道府県における観光入込客統計の課題

　このように，ほぼすべての都道府県において作成されている観光入込客統計であるが，統計学の視点からみると多くの観光入込客統計では次のような課題を内包しているものと考えられる。

(1) 観光入込客数の推定における課題

　「観光入込客数」は市場の規模やその増減を把握するうえで不可欠な指標であるだけでなく，「観光消費額」の推定値にも大きな影響を与える指標である。「観光消費額単価」を正しく把握できたとしても，観光入込客数の正確性が低ければ「観光消費額」の精度は低くなってしまう。しかし，先に述べたように都道府県間の人の移動は自由であるため，都道府県ごとの観光入込客数の推定には想像以上の困難が伴う。

　一般的な観光入込客数の推定は，次のような流れで行われる。まず，各都道府県内（以下，域内）の観光関連施設等をリストアップする。そして，これらの観光関連施設等において訪問者数をカウントする。施設ごとでカウントされた訪問者数を単純に足し上げた延べ人数は，同じ人が複数の施設を訪れていた場合には重複カウントとなるうえ，カウント対象施設数を増やせば増やすほど大きくなることから，各都道府県の観光入込客数にふさわしい指標とはいえない。そこで，1人の旅行者が1回の旅行中に訪れた域内の観光関連施設等の数（以下，訪問地点数）の平均値を算出し，この数値で全施設の訪問者数の延べ合計を除することによって，各都道府県の観光入込客数を推定する。なお，訪問地点数は，共通基準における「観光地点パラメータ調査」のように旅行者を対象とする調査（以下，旅行者調査）によって把握される。

　このような観光入込客数の推定手法では，次のような課題が発生しやすい。

- 観光関連施設での訪問者数カウント方法の不統一——多様な方法があるが，最適かつ継続可能なカウント方法が確立されておらず，無料で入場可能な施設ではとくにカウント方法が統一されていない（訪問者数カウント方法

の例：入館ゲートの設置，自動車台数の人数換算，施設内店舗のレジカウント，入湯税，携帯電話の電波利用状況)。

- 旅行者調査の調査地点の少なさ，偏り——観光入込客数のカウント地点（施設）と旅行者調査の調査地点は一致していることが望ましいが，一般にカウント地点数が圧倒的に多いため，旅行者調査はカウント地点の一部で実施される。このとき，旅行者調査の調査地点が少なかったり，特異的な性格の調査地点が選ばれたりすると偏った結果となり，訪問地点数の平均値を正しく測定できない。

(2) 観光消費額単価の推定における課題

「観光消費額単価」は，訪問地点数と同様に旅行者調査によって把握される。共通基準のように観光関連施設等で聞き取り調査を行うことを前提とすると，次のような問題が生じやすい。

- 全旅程での支出金額の把握が困難——観光関連施設等で聞き取り調査を行う場合，その時点ではまだ旅行が終了していないため，回答者による旅行中の支出総額を把握することが難しい。帰りの空港やターミナル駅で調査する場合には，こうした問題は発生しない。
- 旅行者調査の調査地点の少なさ，偏り——訪問地点数と同様，旅行者調査の調査地点が少なかったり，特異な調査地点を抽出したりすると観光消費額単価を正しく測定できない。たとえば，観光入込客数のカウント地点にはお金を使う機会の少ない施設が多数含まれているのに，旅行者調査の調査地点にこれらの施設が選ばれていないとしたら，観光消費額単価の推計値が真の値より過大となってしまう。

(3) 旅行者調査の課題

「観光地点パラメータ調査」に代表される旅行者調査には，以下のような問題が見受けられる。

- 調査日数の少なさ——サンプルの偏りを抑制するため，調査日数はできるだけ多いほうが望ましい。天候不順時や，サンプル回収数が不足した場合の対処も容易となる。観光地点パラメータ調査では四半期ごとの休日1日としているが，最低でも客層の異なる平日と休日にはそれぞれ調査を実施することが望ましい。

　地域の観光統計の作成主体は国によって異なる。日本では都道府県が主体となって作成しているが，観光統計の先進国であるオーストラリアやカナダにおいては，各国の中央政府が国の観光統計だけでなく地域の観光統計も作成している。

　オーストラリアでは，国の統計調査の実施主体である Tourism Research Australia が地域の観光統計を作成している。国全体の観光統計として，外国人旅行者を対象とする International Visitor Survey（IVS）と，国民を対象とする National Visitor Survey（NVS）の 2 つの統計調査があり，これらのデータを活用したモデル推計により，オーストラリアの州（図 11-2）ごとおよび 77 の観光地域（tourism regions）ごとの宿泊客数や観光消費額などを推定している。州政府には，ウェブサイト上でデータ加工が可能なシステムが中央政府から提供されており，集計表形式や地図形式によりデータを入手することができる。

　カナダでは，Statistics Canada が国の観光統計とともに地域の観光統計を整備している。オーストラリアと同様，州レベルに加えてさらに小さい地域レベルの観光統計も作成している（図 11-3）。地域の観光統計を作成するためのデータソースは，外国人旅行者を対象とする Visitor Travel Survey（VTS）と国民を対象とする National Travel Survey（NTS）であり，いずれも国の観光統計である。2018 年第 3 四半期より，small area estimation（SAE）モデリングによる外国人旅行者の地域別旅行支出の推定を開始しているが，この推定手法では VTS から得られたデータに加えて決済事業者のデータが用いられている。

図 11-2　オーストラリアの観光地域区分

地図データ：https://www.freemap.jp/

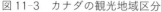

図 11-3　カナダの観光地域区分

（出所）　Statistics Canada サイトより作成（地図データ：https://d-maps.com/carte.
php?num_car=4511）。

- 客層別サンプルサイズ[7]の不足——共通基準では，宿泊・日帰り，県内・
  県外・インバウンド，観光目的・ビジネスの層別に観光消費額単価や平均
  訪問地点数等を推定している。この場合，層ごとに最低限のサンプルサイ
  ズ（目安として 50 票以上）の確保が求められる。しかし，ビジネス客や訪
  日外国人のように調査地点によっては出現率が低い層では，調査票の回収
  が困難となり，サンプルサイズが不足しやすい。

1-5.　比較可能な地域の観光統計を作るには

　これまでに述べてきたことを踏まえると，全都道府県の観光入込客統計の統
一化を図ることはきわめて難しいといわざるをえない。そもそも，各地のニー
ズに対応する形で発展し，継続されてきた統計であることを踏まえれば，比較
可能性の追求のためにその連続性が断たれてしまうのは望ましいことではない。
　比較可能な統計を整備するには，1 つの主体が一元的に作成することが現実
的な方法といえよう。そうであれば，たとえば都道府県レベルの数値は国が作
成し，市町村レベルの数値は都道府県が作成するといった役割分担（図 11-4）
が理想的といえる。現に，地域ごとの宿泊者数は観光庁が実施する「宿泊旅行
統計調査」の結果を用いる府県も少なくなく，また観光地点パラメータ調査に
おいてサンプル回収が困難なケースが散見される訪日外国人についても国の統

計に対するニーズは高い。

　しかし，国の観光統計で都道府県ごとの数値を作成するためには，国の観光
統計の「精度設計」（詳細は次項で述べる）を見直す必要が生じる。なぜならば，
標本調査法による国の統計調査においては，特段の理由がない限り国全体（も
しくは地方ブロック単位）での統計精度の達成を目標としており，都道府県単
位での統計精度が必ずしも担保されていないからである。

1-6. 国の観光統計における精度設計

　国の観光統計の精度設計はどのように行われているのか。また，都道府県単
位の統計精度を向上するためには，国の観光統計においてどのような策を講じ
る必要があるのか。本項では，統計の「精度」について，国の統計で都道府県
単位の統計精度向上を図る観点から詳解する。

　統計の「精度」とは，標本調査によって導出される「推定量（平均値など）
のばらつき」のことである。このばらつきが小さければ，統計精度（あるいは
信頼性）が高いと評価される。

　それでは，「推定量のばらつき」とは具体的にどういうものであろうか。こ
の理解を促すために，現実には考えにくいが，同じ母集団から抽出した標本調
査を何度も実施する状況を仮定してみよう。複数回実施する標本調査ごとに，
なんらかの指標（以下，指標 x）の標本平均が求まるが，異なる標本調査から
得られた標本平均は必ずしも一致しない。なぜならば，標本抽出は無作為に行
われるため，各回の標本を構成する調査対象者が毎回同じとは限らないためで
ある。とはいえ，標本調査を何度も実施して，得られた標本平均が大きくばら
つくようでは，どの結果を信頼してよいかわからなくなってしまう。したがっ
て，標本平均のばらつきはできるだけ小さいほうが望ましい。このように，複
数の標本調査から得られる推定量のばらつきが小さいほど，統計の精度が高い
と評価される。

　この「推定量のばらつき」は，「標準誤差」（推定量の標準偏差；前章も参照）
で表される。前述のように同一の母集団を対象に複数回の標本調査を実施する
ことは現実的ではないので，標準誤差は1回の標本調査から得られる結果を用
いて推定される。一般に標準誤差は「標本平均の標準偏差」を意味し，この場
合の標準誤差 SE は指標 x の標本平均 $\bar{x}$，不偏分散 s^2，標本調査のサンプルサ
イズ n を用いて下式により推定される（第9章も参照）。

図 11-4　地域の観光統計整備の理想的な役割分担

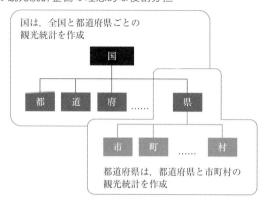

$$SE = \sqrt{\frac{s^2}{n}} = \frac{\sqrt{\frac{1}{n-1}\sum_{i=1}^{n}(x_i - \bar{x})^2}}{\sqrt{n}} \qquad (11.1) = (9.1)$$

　標準誤差 SE の値が小さいほど，指標 x の標本平均 $\bar{x}$ が母集団平均の推定量
として精度の高い結果であると評価される。（11.1）式をみると，サンプルサ
イズ n を大きくすれば標準誤差 SE の値が小さくなり，推定量の精度が向上す
ることがわかる。

　次に，統計の「精度設計」について論じる。国の統計における標本調査では，
主要指標について「標準誤差率」を用いて目標精度を定め，これを達成するた
めに必要なサンプルサイズを導出することが一般的である（第9章も参照）。目
標精度の立案と必要サンプルサイズの導出が，統計調査における「精度設計」
の要といえよう。なお，標準誤差率 R の算出式は，標準誤差 SE，指標 x の標
本平均 $\bar{x}$ とすると下式のように示される。

$$R = \frac{SE}{\bar{x}} \qquad (11.2)$$

　標準誤差率の目標が $R\%$ の場合，必要なサンプルサイズ n は（11.1）式と
（11.2）式を用いて（11.3）のように導かれる。

$$n = \frac{s^2}{SE^2} = \frac{s^2}{(R\bar{x})^2} \tag{11.3}$$

実際の精度設計では，これから実施しようとする標本調査の標本平均 $\bar{x}$ や不偏分散 s^2 は不明であることから，過去の調査結果を用いて必要サンプルサイズを推定する。新規調査の精度設計を行う場合には，予備調査を実施したり，他の類似調査の結果を活用したりする方法がとられる。

それでは，国の観光統計において，都道府県単位の統計精度を向上するためには，どのような精度設計を行う必要があるだろうか。結論としては，それぞれの都道府県ごとに主要指標の目標精度を定め，これらの目標を達成するために必要なサンプルサイズの大きさを導出することが求められる。

「訪日外国人消費動向調査」において，都道府県ごとの旅行消費単価を推定する目的で 2018 年から開始された「B1 地域調査」（詳細は次節）では，訪問地（都道府県）ごとの「1 人 1 泊当たり旅行中支出」の平均値を推定量として表 11-2 のように目標精度（標準誤差率）が定められている[8]。これらの目標精度を達成するために必要な目標サンプルサイズは都道府県ごとに異なるが，少なくともそれぞれ 50 以上の票数が最低限必要であることがわかる。

ここで問題となるのが，旅行者の訪問が少ない県でのサンプルサイズの確保である。東京都や大阪府など旅行者が多い地域であれば問題ないが，旅行者が少ない県では必要なサンプルサイズの回収がきわめて困難となる。「訪日外国人消費動向調査」の 2016 年 1〜3 月期調査では，全体の回収サンプルサイズ 9945 票に対し，サンプルサイズ 50 票未満が 47 都道府県中 20 県，このうちサンプルサイズ 10 票未満が 4 県あった（表 11-3）。これらの県では，使用に耐える精度の推定量を導出することができない。

このような場合の対処法として最もシンプルな方法は，調査全体のサンプルサイズを拡大することである。しかし，回答者負担や調査コストを考慮するとこの方法は現実的ではない。サンプルサイズ 5 票の県で 50 票回収するには，全体のサンプルサイズをおよそ 10 万票にしなければならないのである。こうした状況においては，サンプルサイズの拡大とともに「標本の抽出方法」を工夫する必要がある。

表 11-2 「訪日外国人消費動向調査」都道府県別の目標標準誤差率と目標サンプル
サイズ（2018 年～；単位：票）

訪問地	目標標準誤差率	目標サンプルサイズ	訪問地	目標標準誤差率	目標サンプルサイズ
北海道	5％	250	滋賀県	10％	120
青森県	15％	50	京都府	5％	120
岩手県	15％	00	大阪府	5％	360
宮城県	15％	60	兵庫県	10％	190
秋田県	15％	50	奈良県	15％	170
山形県	15％	50	和歌山県	10％	90
福島県	15％	60	鳥取県	15％	50
茨城県	15％	80	島根県	15％	60
栃木県	15％	60	岡山県	15％	60
群馬県	15％	50	広島県	10％	80
埼玉県	15％	90	山口県	15％	50
千葉県	10％	1,270	徳島県	15％	60
東京都	5％	570	香川県	15％	60
神奈川県	10％	190	愛媛県	15％	70
新潟県	15％	80	高知県	15％	70
富山県	15％	50	福岡県	10％	50
石川県	10％	80	佐賀県	15％	120
福井県	15％	50	長崎県	10％	120
山梨県	10％	170	熊本県	10％	140
長野県	10％	120	大分県	10％	70
岐阜県	10％	70	宮崎県	15％	50
静岡県	10％	150	鹿児島県	10％	60
愛知県	10％	110	沖縄県	5％	230
三重県	15％	60			

（出所） 観光庁「訪日外国人消費動向調査」より作成。

2. 地域の観光統計に関わる国の取り組み

　近年，日本においても国の観光統計を活用した「地域の観光統計」の整備を
目指す取り組みが展開されている。具体的には，国の観光統計におけるサンプ
ルサイズ拡充と標本の抽出方法の工夫，そして調査票の改良である。本節では，
地域の観光統計に関わる近年の国の取り組みを解説する。

2-1. 国の観光統計活用の取り組み

　2014 年，観光庁は国の観光統計をベースとして，同一の基準で全都道府県

表 11-3 「訪日外国人消費動向調査」都道府県別サンプルサイズ（2016 年 1〜3 月期；単位：票）

訪問地	サンプルサイズ	訪問地	サンプルサイズ
北海道	575	滋賀県	28*
青森県	20*	京都府	1,393
岩手県	13*	大阪府	2,107
宮城県	46*	兵庫県	380
秋田県	10*	奈良県	304
山形県	24*	和歌山県	43*
福島県	18*	鳥取県	16*
茨城県	58	島根県	4**
栃木県	56	岡山県	29*
群馬県	32*	広島県	134
埼玉県	103	山口県	132
千葉県	2,894	徳島県	6**
東京都	3,030	香川県	31*
神奈川県	487	愛媛県	20*
新潟県	59	高知県	5**
富山県	15*	福岡県	1,378
石川県	82	佐賀県	54
福井県	9**	長崎県	292
山梨県	220	熊本県	347
長野県	162	大分県	743
岐阜県	132	宮崎県	21*
静岡県	227	鹿児島県	72
愛知県	518	沖縄県	542
三重県	42*	回答数全体	9,945

（注）　*50 票未満，**10 票未満。
（出所）　観光庁「訪日外国人消費動向調査」より作成。

の旅行者数ならびに旅行消費額[9] を推計する手法の検討に着手した。しかし，従来の国の観光統計のままでは，地域単位の数値を推定するにはサンプルサイズが不十分であった。また，調査票の改良も必要であることが浮き彫りとなった。そこで，観光庁は国の観光統計のうち「訪日外国人消費動向調査」および「旅行・観光消費動向調査」の見直しに着手した。

　回答者負担や調査コストとのバランス[10] を考慮すると，サンプルサイズを際限なく増やすことは現実的ではない。前節を踏まえると，国の観光統計を用いて推定できる地域区分は「都道府県」単位が限界である。そこで，「訪日外国人消費動向調査」の見直しにおいては，都道府県単位の数値で目標精度が設定

された。また，各地の観光政策の企画立案にいかせるよう，訪問地（都道府県）ごとに費目別の支出金額を尋ねる質問が調査票に盛り込まれた。「旅行・観光消費動向調査」でも同様に，訪問地（都道府県）ごとに費目別の支出金額が把握できるよう調査票の改良が行われた。これらの見直しが反映された新たな調査は，2018年1〜3月期より開始されている。

2-2. 国が地域の観光統計を整備する意義

国が地域の観光統計を整備する意義としては，大きく3つ挙げられる。都道府県が整備する観光入込客統計に比べて「比較可能性」が向上するとともに，「速報性」「母集団再現性」の向上も期待される。

(1) 地域（都道府県）間の比較が可能

国の観光統計を活用するという統一的な方法で都道府県データを作成することにより，都道府県間の比較が可能となる。

(2) 四半期ごとの全都道府県データを同時期かつ速やかに提供可能

「訪日外国人消費動向調査」「旅行・観光消費動向調査」の結果は四半期ごとに安定的に公表されており，都道府県の観光入込客数が出そろうタイミングよりも前にこれらの結果は公表される。したがって，国の観光統計から都道府県データを作成することで，全都道府県のデータを同時期かつ速やかに提供することが可能となる。

(3) 母集団の復元推計がなされている

国の観光統計調査は，「住民基本台帳」や「出入国管理統計」といった確固たる母集団情報に基づいて調査設計が行われている。また，調査結果の集計においては，人口や旅行者数による重み付け集計（ウェイトバック集計）が行われている。そのため，各都道府県の観光入込客統計に比べ，母集団の再現性が高いと考えられる。

2-3. 「訪日外国人消費動向調査」の拡充

全国の空海港を調査地点とする「訪日外国人消費動向調査」では，国全体の数値把握を目的とした調査（A1全国調査）を継続させつつ，都道府県ごとの旅

行消費単価の把握を主目的に位置づけた「B1 地域調査」が新たに立ち上げられた。「B1 地域調査」では調査地点数とサンプルサイズが大幅に拡充されており、「A1 全国調査」の調査地点数 17 港、サンプルサイズおよそ 8000 人（四半期ごと）に対し、「B1 地域調査」は調査地点数 25 港、サンプルサイズはおよそ 2 万 6000 人（四半期ごと）である。

　従来調査（A1 全国調査）を拡充するのではなく、「B1 地域調査」が新たに立ち上げられた理由は、調査対象者 1 人当たりの回答者負担を増やさないためである。都道府県ごとの旅行消費単価を把握するためには、複数の訪問地ごとに支出金額を質問しなければならない。さらに、訪問地ごとに費目別（宿泊費、飲食費、買物代など）の支出金額を尋ねる必要もあるため、聞き取らなければならない情報量は膨大となる（図 11-5）。一方で、1 人の訪日外国人に聞き取り調査をする時間は限られていることから、回答の品質を落とさないためには質問の量を制限することが不可欠である。そこで、従来調査の「A1 全国調査」と新規調査の「B1 地域調査」の 2 本立てで実施されることになった[11]。

　「B1 地域調査」の最大の特徴は、標本抽出の工夫、すなわち「二相抽出法」の採用である。二相抽出法とは「標本のなかからさらに小さな標本を抽出する方法」である（土屋 [2009]）。都道府県と一口にいっても、東京都や大阪府のように訪日外国人が年間 1000 万人以上訪れるところから、年間 10 万人未満のところまであり、訪問者数の格差が著しい。単純な無作為抽出により調査対象者を選ぶと、東京都や大阪府を訪れた人ばかりになってしまい、訪問者数が年間 10 万人未満の県を訪れた人について、十分なサンプルサイズの調査ができなくなってしまう。そこで採用された方法がこの「二相抽出法」である。

　調査票の設問は一相目と二相目に分かれており、一相目には個人属性（国籍・性別・年齢など）や旅行目的、訪問地などの基本的な設問、二相目には訪問地ごとの日本滞在中の支出金額を尋ねる設問などが含まれる（図 11-5）。一相目の設問は調査対象者全員に質問をするのに対し、二相目の設問は訪問者数の少ない県を訪れた人に重点的に尋ねるのである。そうすると、東京都や大阪府しか訪れていない人は一相目のみ回答して調査は終了となる。このような調査方法を採用することによって、限られた調査時間のなかで、47 都道府県それぞれの訪問者の回答を幅広く獲得することが可能となった。なお、こうした方法でサンプルを回収すると訪問地の都道府県ごとに抽出率が異なることから、「A1 全国調査」の結果や「B1 地域調査」の一相目で得た情報等を活用して母

図 11-5 「訪日外国人消費動向

表面 ※太枠線内の設問が一相目（全員回答），それ以外の設問が二相目（一部の対象者のみ回答）である。

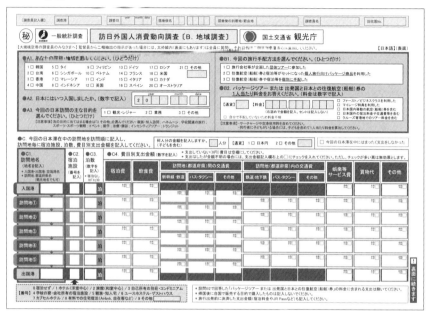

集団への復元推計がなされている。

2-4. 「旅行・観光消費動向調査」の拡充

　日本居住者を対象とする「旅行・観光消費動向調査」では，調査票の改良が行われた。従来の調査票では把握できなかった，旅行の目的地ごとの支出金額を回答できるような様式に改められた（図11-6）。国内宿泊旅行については2カ所，国内日帰り旅行については1カ所の目的地について，各地での支出金額を記入することが可能となっている。これらの目的地以外での支出金額も「その他訪問地」の欄に回答してもらうことで，目的地ごとのみならず旅行全体での消費単価も漏れなく把握されている。

　なお，「旅行・観光消費動向調査」の都道府県別集計では，年間値のみが公表されている。なぜならば，現行の調査では地方ブロックごとの主要指標について一定の統計精度を確保するよう設計がなされているが，都道府県単位での

調査」（B1 地域調査）調査票
裏面

（出所）　観光庁「訪日外国人消費動向調査」

統計精度が必ずしも担保されていないからである。標本調査法によって四半期
ごとに都道府県別の精度の高い数値を把握するには，「訪日外国人消費動向調
査」のようにサンプルサイズのさらなる拡大や標本抽出の工夫が求められる。

2-5. 都道府県別にみる旅行消費額

　国の観光統計から作成された「都道府県別集計」のデータは，「訪日外国人
消費動向調査」および「旅行・観光消費動向調査」の参考表として観光庁サイ
ト上に公表されている。公表データは2018年以降のものであり，訪日外国人
は四半期ごと，日本人は年間の値が掲載されている。本項では，これらの集計
値を用いて旅行消費額の都道府県別比較を行ってみよう。
　比較を行う前に，都道府県別集計の数値の見方を説明しておきたい。この集
計表には，「訪問率」「訪問者数」「消費単価」「旅行消費額」の4つの指標が掲
載されている（図11-7）。「訪問者数」は旅行者数に相当する指標である。「訪

図 11-6 「旅行・観光消費動向調査」調査票（抜粋）

2017 年までの旧調査票

	品　目	購入した品目 （チェックする）	支出金額 （あなた1人分）
4－10.　旅行中の支出			

4－10.　旅行中の支出

旅行中に購入した品目にチェックを入れ、**あなた1人分**の支出金額をお答えください。
その際、**パックツアー参加費や団体旅行参加費に含まれている分は除いてください。**
なお、金額を忘れてしまった場合には、支出金額の欄に「不明」と記入してください。

	品　目	購入した品目 （チェックする）	支出金額 （あなた1人分）
交通費	1.　飛行機	☐	円
	2.　新幹線	☐	円
	3.　鉄道（新幹線を除く）・モノレール・ロープウェイ	☐	円
	4.　バス	☐	円
	5.　タクシー・ハイヤー	☐	円
	6.　船舶（フェリー・クルーズなど）	☐	円
	7.　レンタカー代	☐	円
	8.　ガソリン代	☐	円
	9.　駐車場・有料道路料金	☐	円
	うち高速道路料金	☐	円
	10.　宿泊費　（キャンプ場利用料を含む）	☐	円
	11.　食事・喫茶・飲酒	☐	円

2018 年からの新調査票

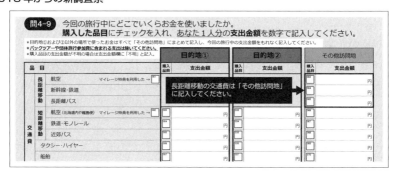

（出所）　観光庁「旅行・観光消費動向調査」

問率」は「訪問者数」と同類の指標であり，概念的には国全体の旅行者数に都
道府県別の訪問率を乗じることによって都道府県別の訪問者数が導かれる。
「消費単価」は旅行消費単価のことであり，「訪問者数」と「消費単価」を乗じ
た値が「旅行消費額」である。

図 11-7　都道府県別集計（訪日外国人）のイメージ

表 1-1　都道府県（47 区分）別　訪問者数および消費単価【全目的】

2019 年（令和元年）暦年　　　　　　　　　　　　　　　　（単位：万円／人）

訪問地	標本サイズ（人）	訪問率	訪問者数（単位：万人）	標本サイズ（人）	消費単価
1 北海道	7,270	8.0%	239.1	6,306	12.1
2 青森県	770	0.7%	22.1	760	4.5
3 岩手県	427	0.4%	12.4	424	4.1
4 宮城県	1,075	1.0%	29.8	1,057	5.5
5 秋田県	377	0.3%	10.3	364	3.0

表 1-2　都道府県（47 区分）別，費目（7 区分）別　消費単価【全目的】

2019 年（令和元年）暦年　　　　　　　　　　　　　　　　（単位：万円／人）

訪問地	消費単価	費目別（7 区分）						
		団体・パック参加費	宿泊費	飲食費	交通費	娯楽等サービス費	買物代	その他
1 北海道	12.1	2.4	3.0	2.0	0.5	0.5	3.8	0.0
2 青森県	4.5	0.9	1.5	1.0	0.1	0.1	0.9	0.0
3 岩手県	4.1	1.3	1.0	0.6	0.0	0.2	0.9	0.0
4 宮城県	5.5	0.5	1.8	1.3	0.1	0.2	1.6	0.0
5 秋田県	3.0	0.6	1.1	0.6	0.1	0.1	0.5	0.0

表 1-3　都道府県（47 区分）別，費目（7 区分）別　旅行消費額【全目的】

2019 年（令和元年）暦年　　　　　　　　　　　　　　　　　（単位：億円）

訪問地	旅行消費額	費目別（7 区分）						
		団体・パック参加費	宿泊費	飲食費	交通費	娯楽等サービス費	買物代	その他
1 北海道	2,888	563	716	479	112	113	903	1
2 青森県	99	19	32	21	3	2	21	0
3 岩手県	51	16	13	8	0	2	12	0
4 宮城県	162	14	53	39	4	5	47	0
5 秋田県	31	6	12	6	1	1	5	0

（出所）　観光庁「訪日外国人消費動向調査」より作成。

「消費単価」および「旅行消費額」には，旅行者が各都道府県での滞在中に支出した金額が計上される。したがって，旅行前後支出（旅行の準備等のための支出）は含まれない。団体・パック旅行の参加費については，原価分（宿泊費や飲食費など）は各都道府県の「消費単価」や「旅行消費額」に含まれるが，旅行会社に支払われるマージン分は含まれない。また，都道府県内の移動で発生する交通費（都道府県内交通費という）は含まれるが，都道府県間の移動で発生する交通費（都道府県間交通費という）は含まれない。なお，都道府県間交通費は日本全国での総額が集計表に記載されている。

それでは，都道府県別集計の結果を用いて，都道府県ごとの旅行消費額を比較してみよう。ここでは，「旅行消費額の大きさ」と「旅行消費額に占める訪日外国人旅行消費額（以下，インバウンド消費）の割合」の違いに着目する。

まず，旅行消費額の大きさを都道府県間で比較する。表11-4は，旅行消費額の都道府県別ランキングを上位10位まで示したものである。日本人による国内旅行と訪日外国人旅行の別に掲載している。いずれの旅行においても，最も消費額の大きい地域は「東京都」である。また，上位10カ所の顔触れも類似している。しかし，いくつかの府県は日本人と訪日外国人とで順位が異なることがわかる。たとえば首都圏居住者にとって近場の旅行先である「千葉県」や「静岡県」は日本人のランキングでの順位のほうが高いが，一方で「大阪府」や「京都府」は訪日外国人のランキングでの順位のほうが高い。また，47都道府県の旅行消費額について算出した変動係数（標準偏差を平均で除した値）の値は，日本人に比べ訪日外国人のほうが大きいことから，訪日外国人の旅行消費額は日本人の旅行消費額に比べ特定の地方に偏在している様子がうかがえる。

次に，各地域のインバウンド消費への依存度を把握するために，旅行消費額に占めるインバウンド消費の割合を都道府県別に導出した（図11-8）。47都道府県のなかでインバウンド消費割合が最も高い地域は「大阪府」，次いで「東京都」であり，いずれも各都府の旅行消費額全体のおよそ半数を占める。つまり，とくに大都市部においてインバウンド消費への依存度が高い状況がうかがえる。また，インバウンド消費割合が2割以上の府県は「京都府」「福岡県」「愛知県」「沖縄県」「奈良県」であり，「大阪府」に隣接する地域のほか，愛知，福岡，沖縄の各地方にもインバウンド消費への依存度が比較的高い県が点在していることがわかる。一方，図11-8に掲載されていない20の県はインバウン

　近年，地域の観光実態をより精緻に把握することを目的として，いわゆる「ビッグデータ」を活用する事例が増えている。携帯電話の位置情報を活用する事例が主流だが，クレジットカードの決済情報や SNS の投稿データが用いられるケースもある。

　都道府県レベルの地方自治体における活用例を挙げると，新潟県では携帯電話の位置情報を活用して 2016 年 10 月時点における県内交流人口の動向調査を行っている。愛知県においても携帯電話の位置情報を用いた調査が行われた実績があり，2015 年 10〜12 月における県内各地間の回遊状況を調査している。いずれの事例においても，県内の小地域単位での分析がなされている。

　地域の観光統計の整備という観点から考えると，ビッグデータ活用の最大のメリットは「情報の細かさ」である。国の観光統計では都道府県単位での数値の推定が限界だが，ビッグデータであればサンプルサイズは膨大であり，市区町村単位での情報把握も不可能ではない。メッシュ単位でのデータが活用可能な場合もある。都道府県よりも小さいエリアごとの観光実態を把握するうえでは，ビッグデータはきわめて有益な情報源の 1 つといえよう（第 5・9 章も参照）。

　ただ，ビッグデータを活用する際には，そのデータがどのような集団の特性を表すものなのかを理解しておくことが大切である。民間事業者の保有するビッグデータは同社の「顧客」データである。一方で，地方政府が知ろうとしている情報は，一般に当該地域を訪問する「旅行者全員」の情報である。ビッグデータに含まれる顧客は，当該地域を訪問する旅行者全員の一部であることは認識しておきたい。こうした点を踏まえ，ビッグデータを提供する事業者のサービスの域内占有率をもとに拡大推計が行われているケースもあるので，このような場合には拡大推計の方法を確認しておくことがデータの正しい利活用につながる。

　なお，筆者の過去の経験を振り返ると，ビッグデータにはサービス内容に依存する傾向がみられる。一例を挙げると，携帯電話の位置情報では子供の動向が把握しにくいため測定の対象外となっており，家族旅行の多い夏の旅行者数が少なめに出る傾向がみられた。また，地域によってはビッグデータを提供する民間事業者のサービスの市場占有率が低いケースも想定されるが，その場合にはたとえビッグデータであっても精度が低くなる。ビッグデータを取り扱う際には，どのような方法によって蓄積されたデータであるか，そしてどのような加工が施されたデータであるかを適切に把握し，必要に応じて自身の手でデータの補正を行うことが望ましい。

表 11-4　旅行消費額の都道府県別ランキング（2019 年；単位：億円）

順位	日本人		訪日外国人	
1 位	東京都	17,784	東京都	15,388
2 位	北海道	12,118	大阪府	8,468
3 位	千葉県	10,502	北海道	2,888
4 位	大阪府	10,286	京都府	2,794
5 位	静岡県	7,990	福岡県	1,833
6 位	福岡県	7,227	沖縄県	1,767
7 位	沖縄県	7,096	千葉県	1,662
8 位	兵庫県	6,698	愛知県	1,644
9 位	神奈川県	6,414	神奈川県	1,260
10 位	長野県	6,345	兵庫県	539

（47 都道府県での平均と標準偏差）

平　　均	3,904	平　　均	929
標準偏差	3,351	標準偏差	2,523
変動係数	0.858	変動係数	2.717

（出所）　観光庁「旅行・観光消費動向調査」「訪日外国人消費動向調査」より作成。

図 11-8　都道府県ごとの旅行消費額に占めるインバウンド消費の割合（2019 年）

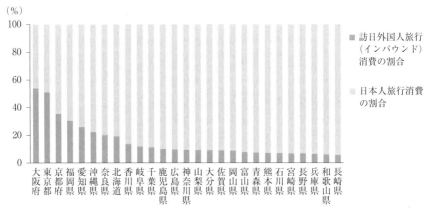

（注）　インバウンド消費割合が 5％ 以上の都道府県を，同値が高い順に左から並べた。
（出所）　観光庁「旅行・観光消費動向調査」「訪日外国人消費動向調査」より作成。

ド消費割合が5%未満であり，これらの県ではインバウンド消費への依存度が低いといえる。

おわりに

　本章では，都道府県レベルを中心とする「地域の観光統計」を取り上げた。国と地方が適切な役割分担を行うことで，継続性かつ比較可能性を兼ね備えた「地域の観光統計」の整備が今後も継続的に進められることが期待される。

　なお，国と地方自治体が作成する数値は，その調査手法が異なるため完全には一致しない。しかし，一致しないからといってどちらかをまったく利用しないというのは得策ではない。そもそも，「地域の観光統計」は計測手法上の問題もあって，正確性の担保はとりわけ難度が高い。このような状況において，複数の手法によって作成された数値を比較し，これらの数値の妥当性を確かめることは実務上きわめて有益である。もしも，計測対象の「旅行」の定義が同一であるのに，異なる調査手法によって得られた推定値の差があまりに大きいようであれば，データを利用する前にそれぞれの計測手法の妥当性を確認することが肝要である。

注 ────────────────

1　統計の正式な名称は都道府県によって異なる。

2　都道府県の観光統計では，それぞれの都道府県を訪れる旅行者数を一般に「観光入込客数」と呼ぶ。

3　北海道と沖縄県は海で囲まれているため，航空や船舶，鉄道の旅客数から観光入込客数を推定することが可能である。沖縄県ではこの方法により推定された「入域観光客数」が用いられている。

4　現在の公益社団法人日本観光振興機構。現在でもこの基準に準じて観光入込客統計を作成している県が複数ある。

5　第9章で述べた「旅行消費単価」に相当。

6　第9章で述べた「旅行消費額」に相当。

7　サンプルサイズとは調査で回収される有効票数を指す。標本サイズともいう。サンプルサイズのことを「標本数」と表記するケースがみられるが，標本数は標本の数（通常は1つ）を意味するので，用語の使い方には注意が必要である。

8　全都道府県において目標標準誤差率を5%に設定することが理想ではあるが，旅行者の訪問が少ない県では5%の達成に必要なサンプルサイズの回収が難しいため，5%，10%，15%の3段階で目標設定がなされている。

9　本節では国の観光統計を扱うため，用語の使い方もこれらに合わせることとする。

10　たとえば統計精度を 2 倍にするためにはサンプルサイズを 4 倍にする必要がある。そのため，サンプルサイズを増やそうとすると予想以上の調査コスト増となってしまう。

11　このほか，船舶観光上陸客（いわゆるクルーズ客）を対象とした「B2 クルーズ調査」も開始された。

引用・参考文献

観光庁［2013］「観光入込客統計に関する共通基準」

観光庁［2013］「観光入込客統計に関する共通基準　調査要領」

観光庁［2019］「地域観光統計の作成に係る検討業務　報告書」

観光庁［2019］「訪日外国人の消費動向 2018 年　年次報告書」

観光庁［2020］「旅行・観光産業の経済効果に関する調査研究　2018 年版報告書」

Kawaguchi, A., K. Takechi, R. Kawamura（Japan Travel Bureau Foundation），Y. Akimoto, K. Tamura, J. Kimura, and M. Akita（Japan Tourism Agency）[2010] *Improving National Tourism Statistics Designed to Prepare Regional Tourism Statistics in Japan: In Terms of International Visitor Survey.*

内閣総理大臣官房審議室［1979］「観光地の入込者数統計調査の改善統一に関する調査研究」

日本観光協会［1984］「入込観光者統計のマニュアル化に向けて」

日本観光協会［1996］「全国観光客数統計——観光統計の調査・集計方法の全国統一」

土屋隆裕［2009］『概説 標本調査法』朝倉書店

運輸省国際運輸・観光局観光部［1991］「観光入込者数統計手法確立調査研究」

第12章 産業連関分析
経済波及効果の分析

はじめに

　観光客が訪問した地域で消費活動を行うことで，その地域での経済効果や経済波及効果と呼ばれる現象が生じる。この経済効果あるいは経済波及効果を推計する方法はいろいろと存在するが，おそらく最も広く使われており，かつ簡便なのが産業連関分析（産業連関表分析ともいう）という手法である。たとえば北海道釧路市では，2009年に釧路市を訪れた来訪客が市内で消費した金額は211億円，うち市外への流出分を引くと163億円の直接的な経済効果となり，その163億円の市内消費が市内での仕入れなどの新たな経済を発生させ，最終的には254億円の波及的な経済効果になり，約1900人の雇用を誘発したと推計している（釧路公立大学地域経済研究センター［2009］）。

　この釧路市の例でも用いられている産業連関分析は，観光消費金額の推計だけでなく，何かの事象が発生した場合の経済効果あるいは経済波及効果，たとえば，サッカーJリーグのあるチームが優勝した場合の経済効果とか，大規模な催しを開催することによる経済波及効果などの推計にも用いられている。以下，この一般的に用いられている経済効果・経済波及効果の推計方法である産業連関分析について解説と留意点，事例などを順次説明する。

1. 経済効果・経済波及効果と産業連関表

1-1. 経済波及効果

　一般には「経済効果」という表現がよく用いられているが，なんらかの支出が行われた場合，それを受け取った他者もその収入で何かを購入する。さらにその購入品を売った者もその売上から……と繰り返して経済的な循環が起こる。

その経済的な連鎖による最終結果を産業連関分析などによって推計したものが「経済波及効果」と呼ばれている。経済効果と経済波及効果について厳密な区別はなされていない。循環による経済の拡大については，マクロ経済学等で用いられる「乗数効果」という概念がよく知られている。産業連関の考え方も原理は同じであるが，乗数効果は全体的に捉えるのに対して産業連関では後述するように，部門ごとであるとか，中間生産額を含むか含まないかなど局所的な視点を重視するという違いがある。

1-2. 産業連関表とは何か

実際には，産業の違いによって，それぞれ仕入れ内容が異なる。たとえば飲食店であれば，飲料や食品，調理用具，注文用端末，定期的なリノベーション，などがあるだろうし，ドラッグストアであれば医薬品，化粧品，飲食品などを仕入れるだろう。それぞれの業種ごとに他産業（あるいは同一産業）から購入するものの構成が異なるはずである。

そうした財やサービスの産業間取引が一定期間（通常，1年間）にどのように行われたかを1つの数表にまとめることで，一国の実際の経済循環を数表化した体系が，レオンチェフ（W. Leontief）による産業連関表である[1]。作成方法には国際的な基準が定められている（何度か改訂されている）。主な国で作成・公開されており，日本では総務省が中心となった関係省庁の共同事業として5年ごとに作成されている（総務省サイトから過去のバージョンも閲覧できる）。また各都道府県や主な市でも，後述するように各種の産業連関表が公表されている。ただし年次改訂は自治体によって異なり，また改訂後すぐに公表されないこともあるので，調べたい時点で利用できる最新年次の産業連関表を用いることになる。

さまざまな産業連関表の基本となるのが「取引基本表」である。表12-1は「2011年産業連関表 取引基本表」（全国）であり，やや古いが，以下これを用いて説明する。この表では日本一国の産業を13部門とし，各部門の相互の取引量を金額で示していることから「13部門表」と呼ばれている。部門を細かく分けて多部門表とする例も多く，調査等ではそちらを用いることになる。

1-3. 産業連関表の見方

取引基本表は，横と縦の2方向からみる。横方向は「販路構成」と呼ばれ，

表 12-1 2011年産業連関表 取引基本表（生産者価格評価：13部門分類）

（単位：100万円）

	中間需要				最終需要				（控除）	A＋B－C
	01 農林水産業	02 鉱業	03 製造業	……	A 中間需要計	消費	投資	輸出	B 最終需要計	C 輸入計	国内産産額
01 農林水産業	1,456,611	75	7,793,613		10,681,006	3,452,472	417,403	47,890	3,917,765	−2,562,809	12,035,962
02 鉱業	185	1,467	16,857,977		24,092,776	−11,489	−47,286	35,575	−23,200	−23,309,596	759,980
03 製造業	2,644,966	67,499	128,796,467		193,589,087	57,059,640	33,182,200	54,437,698	144,679,538	−48,364,119	289,904,506
……											
D 内部門計	6,197,591	419,864	207,337,645		462,769,600	395,191,208	93,927,545	70,944,580	560,063,333	−33,158,077	939,674,856
家計外消費支出	75,593	36,509	3,319,819		13,633,296						
雇用者所得	1,352,308	143,554	43,270,034		248,421,023						
営業余剰	2,857,901	44,464	7,886,224		86,806,105						
……											
E 粗付加価値部門計	5,838,371	340,116	82,566,861		476,905,256						
D＋E 国内生産額	12,035,962	759,980	289,904,506		939,674,856						

原材料等の費用構成（投入）

生産された財・サービス（輸入を含む）の販路構成（産出）

（出所）総務省「2011年産業連関表」より作成。

各部門が「どの部門にどれだけの金額を販売したか」を示す。たとえば01部門の農林水産業を，横に，左から右へみていくと，まず中間需要（製品の原料と考えてよい）として同じ農林水産業に1兆4566億円，鉱業に7500万円，製造業に7兆7936億円を販売し，次に最終需要として家計などによる消費に3兆4524億円，投資に4174億円，輸出に478億円を販売している。それらの販売額のうち2兆5628億円は輸入品だったため，その輸入金額を差し引いた12兆359億円が国内生産額となる。

　縦にみていくと，各部門が生産するのに「どの部門からどれだけ購入したか」（どの部門からどれだけ投入したか）という「費用構成」（または投入構成）が記されている。同じく農林水産業をみると，中間投入として同じ農林水産業から1兆4566億円を必要とし，鉱業からは1億8500万円，と進み，家計外消費支出（企業が支払う福利厚生費や旅費など家計消費に似た支出），労働者に支払った賃金等，そして営業余剰（いくら儲かったのか）の金額が示され，それらを合計した国内生産額が12兆359億円となっている。当然のことながら，縦にみても横にみても，最後の国内生産額は一致している。

　経済波及効果を計算する際に必要なのは，この取引基本表と，そこから作成される投入係数表，逆行列係数表である。投入係数表は，ある産業が生産物を1単位生産するために必要な各部門からの投入額を表にしたものであり[2]，逆行列係数表はある産業の最終需要が1単位増加したら，各部門の生産水準がどのぐらいになるかを表にしたものである[3]。それらの具体的な使い方は，第3節で説明する。

2. 産業連関分析の概要と問題点

2-1. 産業連関分析の概要

　産業連関表を用いれば，たとえば「ある県で，ラグビーの国際親善試合を開いた場合に期待できる経済波及効果」が算出できる。さらに，多くの県レベルの経済計算では，県外への移出率も算出されているため[4]，経済波及効果のうち，県外へ流出する金額も計算できる。

　産業連関分析は，日本でも世界でも調査研究や政策評価などの実証例は多い。日本での経済波及効果の事例をコンパクトに紹介する1冊として，宮本

[2012] があり，阪神タイガースの優勝，AKB48 や吉本興業，スポーツやイベントの経済波及効果の算出を紹介している。教科書としては，安田 [2008] が産業連関表の解説から始め，事例としてマラソン大会，介護保険，社会教育施設，ジブリ美術館等の経済波及効果を算出している。たとえばマラソン大会の例では，架空の大会開催を想定し，その開催費用の経済波及効果について算出方法を細かく解説している。さらに同額の予算を公共事業の建設工事に費やしたらどうなるかを比較しており，実務上も参考になる。

産業連関分析についての書籍はこれらのほかにも数多く出されているが，総務省のサイトに「産業連関表」コーナーがあり，ひと通りの解説がなされている。

2-2. 経済波及効果分析の問題点

経済波及効果分析には，問題点も指摘されている。主な問題点は，以下の 4 点である。

(1) 産業連関表システム自体が多くの仮定のうえに成り立っている

産業連関表では，①投入係数は一定で安定している，②在庫は存在しない，③生産能力に限界がない，などの仮定を置いている。技術進歩や価格変化による代替品使用などが起これば，投入係数も変わる。また在庫があれば在庫を使い切るまで新たな生産を誘発しない。これらの仮定はモデル化のためであって，産業連関表を用いた分析結果は，あくまで推計にすぎない。

(2) 前提の置き方によって結果が左右される

「○○の経済効果は××億円」という経済波及効果の導出には，たとえば前提とする対象人数を多くする，各種単価を高くする，付随する消費項目を追加し誘発効果の需要効果を増やすなどの操作によって，かさ増しできる場合も多いことに注意が必要である（アカデミックな算出は控えめな数値とする傾向にある）。Seaman [2003] は，データ収集時点で間違いが生じる可能性（収集する範囲の設定），関連した消費の範囲の難しさ（美術館来訪者が館外で食事や宿泊を行う等），産業ごとの他産業からの投入の地域差（県内どこでも乗数が一定とは限らない），解釈の間違いなど，産業連関分析はさまざまな問題を抱えた手法であると批判している。

(3) 費用－便益分析では，比較対照すべきプロジェクトが少ない

たとえば大規模野外アート展を公共事業として何十億円かの税金を用いて開催し，その経済波及効果が開催費用を上回ったから成功と見なせるとは言い切れない。すなわち，安田［2008］がマラソン大会と建設事業を比較したように，その税金を他の事業に投入した場合の経済効果と比較（費用－便益分析；第7章も参照）したときに，当該事業が最も効果が大きかったなら政策選択として成功したといえる。ただし，比較せずに単体事業として「損はしなかった」かどうかを判断することも可能である。

(4) 地域間の取り合いであること

地域外からの来訪者による支出，たとえば観光消費は，貿易における輸出と同じ効果をもち，その地域に経済効果があったといえる。しかし，地域内の来訪者，すなわち調査対象地域の住民による支出は経済効果とみることはできない。なぜなら，住んでいる県内で観光して支出するからといって消費支出全体が増えるということはありえず，その住民は観光に支出しなくとも他の何かの消費に支出するから，地域内における消費金額に差は生じない（厳密にいえば，何に消費したかで経済波及効果は変わる）。地域住民の支出のみを計上した「経済効果」に対しては，シーマンはナイーブだ（考えが甘い）と批判している（Seaman［2002, 2003］）。

とはいえ，産業連関分析による経済波及効果の推計は，概算であっても1つの可能性を示す手法であり，上記のように批判があれば，それに対して有効な反証を積み重ねる材料にもなる。上で紹介した安田［2008］をはじめ各種のテキストを用いれば，経済学の知識をもたずとも算出が可能な手法であり，慎重に作業すれば有用であろう。

3. 経済波及効果を計算してみよう

3-1. 計算の流れ

図12-1は，観光客による経済波及効果を計算する簡便な方法を示したものである。まず直接効果（および誘発効果）をアンケート調査や自治体統計など

図12-1 経済波及効果の流れと使用する数表等

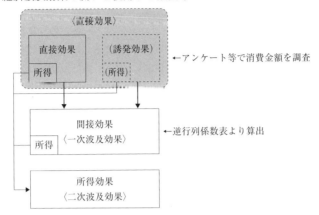

(注) 図中の「○○効果」は本章コラム「直接効果・誘発効果・間接効果・波及効果の使
い分け」に対応している。〈 〉内は自治体統計等での用語例を示す。

から揃え，産業連関表を用いて間接効果を算出するところまでが産業連関分析
になる（以下，3-2〜3-4）。そこからさらに，他の統計資料等も用いて所得効果
を算出することになる（3-5）。

3-2. 必要なデータの揃え方

計算に必要なのは，以下の基礎データと，計算ツールである数表すなわち産
業連関表である。所得効果の計算には，ほかの資料も必要であるため後述する。

(1)観光客の消費内容等（アンケート等による）・観光客数等の基礎データ（図
12-1の直接効果と誘発効果に当たる[5]）

(2)観光イベントの開催費用・観光施設の支出（図12-1の直接効果に当たる）

(3)分析対象とする地域の産業連関表等（間接効果を算出するのに用いる）

まず(1)の基礎データは，調査対象への来訪者アンケート調査などで，調査者
自らが採取するのがよい。(2)は，イベントが行われたとか，観光施設による支
出による観光効果を検証したい場合であり，それらの開催者や管理者からデー
タを提供してもらうことになる。

(1)は，各自治体の観光統計等で来訪者の消費金額が調べられていれば，それ
を用いることも可能である。ただし観光統計等の消費金額は平均化された金額
であるので，調査対象に合致しない可能性もある。たとえば対象プロジェクト

　日本では，用語が統一されていないので，過去の実証例を比べる場合は注意が必要である。たとえば博物館を例とすると，英語では，来館者が博物館で消費する効果を直接効果（direct effects），博物館を訪れたついでに館外で飲食したり買い物したり等の効果を誘発効果（induced effects），産業連関表を用いて算出する直接効果と誘発効果から波及する効果を間接効果（indirect effects）と使い分ける。ある地域全体の観光客を想定している場合は，その地域内での誘発効果というのは定義しづらく，その地域での消費はすべて直接効果（direct effects）とすることになろう。

　日本では，英語の誘発効果（induced effects）を間接効果としたり，英語の間接効果（indirect effects）を波及効果と呼んだり，直接効果・誘発効果を一次効果，乗数効果を二次効果とするなど，一定しない。ただし，産業連関分析の原理からすれば，直接効果（direct effects）と誘発効果（induced effects）は直接支出によるものであり，それらから波及する生産誘発額について，間接効果（indirect effects）ないし波及効果と呼ぶべきである[6]。

が「ある県でベルリン・フィルハーモニーが来日公演した際の経済効果」だとしたら，県外からの来訪者の多くは，その県の平均的な観光客の交通費，宿泊費，飲食費より高額な消費が見込まれるから，統計上の平均的な金額を用いても，実態に近い経済効果は推計できない。その意味でも，実地のアンケート調査等が望ましい。(3)の産業連関表等については，次項で詳しく述べる。

3-3. 産業連関表の揃え方と扱い方

　産業連関表は基本的に，すべての都道府県や主な市の統計担当部署・観光担当部署が作成・管理しており，ほとんどの自治体のウェブサイトからダウンロードできるようになっている。そのなかでは，第1節で記したように次の3点が必須である。

　(1)取引基本表
　(2)投入係数表
　(3)逆行列係数表

図12-1では(3)の逆行列係数表しか用いていないが，(1)(2)を必要とする理由は，逆行列係数表はすべての自治体で用意しているとは限らないからである。

その場合，投入係数表から作成することになる[7]。

　産業連関表に部門数のバリエーションがある場合，一般論でいえば部門数が多いほうがきめ細かい効果推計が可能になる。ただし，上記のように逆行列係数表等を自ら作成しなければならない場合は，部門数が多いと手間がかかる。

　また都道府県と市の産業連関表の使い分けについて考えてみよう。たとえばA県B市の県・市双方の産業連関表が利用可能だとすると次の通りになる。調査対象がB市内のものとして，B市の経済波及効果を計算するならB市の産業連関表を用い，A県の経済波及効果をみたいならA県のものを用いる。B市における影響をみたいのにA県の産業連関表を使用すると，不正確な結果が出ることがある。たとえば北海道と札幌市の2011年産業連関表の逆行列係数表では，道単位では農林水産業の列和が1.31～1.59であるのに対し，札幌市では0.95に留まる[8]。都市部のみの経済と広域の経済とでは性質が異なるからである。

　なお厳密な計算では，各段階における地域外への流出を考慮する必要がある。たとえば原料の仕入れはすべて同じ地域内からとは限らず，地域外からの仕入れもありうるからである。自治体によっては産業連関表を閉鎖型・開放型の2種類を用意し，前者が地域内のみで循環していると想定し，後者が地域外との出入りがあると想定している。観光経済も含め，地域経済分析では開放型を用いるほうが望ましい。あるいは各費目の自給率・流出率という数値で，地域内外との出入りの比率を表している自治体もある。

3-4. 間接効果を計算する

　逆行列係数表から間接効果を算出する方法を，表12-2に沿ってみてみよう。前述のように逆行列係数は，ある部門の需要が1単位増えたら，それが他の部門にどのぐらいの生産を引き起こすかを示している。表12-2の最下段「列和」は各部門に波及した生産増の合計を意味する。したがって，たとえば対象プロジェクトの結果，飲食への最終需要額が来訪者数分の合計1000万円だったとしたら，表12-2の「11　飲食料品」列の列和，1423万円の間接効果を生むことになる。

　同じように，基礎データの消費金額を，それぞれの品目が属する部門に当てはめ，その列和の数値を乗ずれば，その部門の間接効果金額が算出できる。たとえば宿泊費は対個人サービス，飲食費は飲食料品となろう[9]。それらの間接

表 12-2　長野県　2011 年逆行列係数表（開放型・部分）

部　門　名		01 農林水産業	06 鉱　　業	11 飲食料品
01	農林水産業	1.057692	0.000110	0.090294
06	鉱　　業	0.000221	1.000401	0.000258
11	飲食料品	0.019333	0.000067	1.081092
15	繊維製品	0.000099	0.000106	0.000045
16	パルプ・紙・木製品	0.013893	0.002042	0.009020
20	化学製品	0.005894	0.001198	0.001899
21	石油・石炭製品	0.000950	0.002791	0.000522
22	プラスチック・ゴム	0.003908	0.001163	0.005674
25	窯業・土石製品	0.001188	0.000359	0.001169
26	鉄　　鋼	0.000079	0.000315	0.000159
27	非鉄金属	0.000083	0.000170	0.000473
28	金属製品	0.000717	0.006927	0.005665
29	はん用機械	0.000111	0.001473	0.000132
30	生産用機械	0.000109	0.000825	0.000151
31	業務用機械	0.000170	0.000147	0.000127
32	電子部品	0.000037	0.000072	0.000052
33	電気機械	0.000063	0.000124	0.000070
34	情報・通信機器	0.000011	0.000020	0.000013
35	輸送機械	0.000211	0.000497	0.000267
39	その他の製造工業製品	0.000971	0.002310	0.003436
41	建　　設	0.010287	0.015104	0.004618
46	電力・ガス・熱供給	0.008833	0.014170	0.011472
47	水　　道	0.001595	0.004398	0.003897
48	廃棄物処理	0.000701	0.002349	0.001038
51	商業	0.049700	0.031212	0.074181
53	金融・保険	0.007934	0.043560	0.008054
55	不 動 産	0.006168	0.012736	0.006937
57	運輸・郵便	0.039139	0.216115	0.029043
59	情報通信	0.008046	0.013898	0.012339
61	公　　務	0.002992	0.001545	0.000983
63	教育・研究	0.005667	0.002639	0.008987
64	医療・福祉	0.000381	0.000121	0.000065
65	その他の非営利団体サービス	0.000435	0.002823	0.001170
66	対事業所サービス	0.036830	0.074701	0.051267
67	対個人サービス	0.000392	0.000546	0.003129
68	事務用品	0.000768	0.001364	0.001186
69	分類不明	0.013125	0.006778	0.004310
列　　　和		1.298751	1.465175	1.423191

効果金額を足した金額が，図12-1の間接効果（一次波及効果）である。

3-5. 所得効果を計算する

所得効果の推計はやや難しく，産業連関表以外の資料が必要である。表12-1の下部，粗付加価値のなかに雇用者所得という行があり，この行が各部門の生産のなかで従業員等の給与として支払われた金額を示している。これを実金額でなく計数化した数値を雇用者所得率と呼ぶが，雇用者所得率は独立したデータとして用意されることは少なく，記載されているとすれば投入係数表のなかに記載されていることが多い。しかし，投入係数表に記載されていない場合は，取引基本表から算出しなければならない[10]。

たとえば表12-1では，01部門の農林水産業の雇用者所得が1兆3523億800万円となっている。これが12兆359億円の農林水産業生産額に対応するから，農林水産業で1単位の生産が行われると，そこでは雇用者所得が0.11単位発生することになる。

ここからさらに，その増加した（新たに発生した）所得のうち消費として最終需要を発生させる割合を出す必要がある（所得の増加分のうち消費に振り向けられる割合を「消費転換係数」と呼ぶ）。この消費転換係数と，どの産業部門にどのぐらいの支出を行うのかを調べなければならないが，その方法は定まっていない。たとえば千葉県の解説書（千葉県総合企画部統計課「入門　産業連関表——その見方・使い方」）では，消費転換係数については総務省統計局の「家計調査年報」に掲載されている勤労者世帯の消費支出額と実収入額の数値を用いている（前者を後者で割れば消費転換係数となる）。また後者の産業部門別の支出割合は，取引基本表の横の最終需要の消費の金額割合を用いている（表12-1でいえば01部門の農林水産業が3兆4524億7200万円）。

本章の冒頭で紹介した釧路市では，観光消費による雇用の誘発も推計している。これは産業連関表の付帯表に雇用表という数表があり，産業部門別の従業者数が雇用者や臨時雇用者役員，個人業主などの内訳とともに示されている。これを用いて，ある産業が1単位の生産を行うのに必要な従業者数，あるいは雇用者数の割合を求めれば，消費増大に伴う従業者・雇用者の増加数も計算できる。前者を就業係数，後者を雇用係数と呼び，自治体によっては，それらまで計算してある雇用表も作っている。

　自治体によっては，経済波及効果計算ツールなどと称する Microsoft Excel の
ファイル等を用意しているところがある。それらを用いて金額を入れれば経済波
及効果が計算できるが，注意すべき点が以下の4点である。①上述のように域外
流出をどうするか，消費性向を考慮するかなど，目的に応じカスタマイズする必
要があっても対応できない。②理論を知らずにツールだけ使って結果を出すと，
前提条件等の質疑が行えない。③多くは Microsoft Excel のマクロ機能を使用し
ており，大学の共用パソコン等では動作しない設定になっていることがある。④
Microsoft Excel のバージョンによっては正確に動作しない可能性がある。

4.　経済波及効果の事例

4-1. 「越後妻有大地の芸術祭」の経済波及効果

　主催者による調査事例を1つ紹介しよう。新潟県で2000年から3年おきに
開催されている「アートトリエンナーレ 越後妻有大地の芸術祭」（以下「大地
の芸術祭」）は日本で開催される大規模野外芸術祭のはしりであり，その「成
功」をみて瀬戸内など各地でも実施されるようになった（澤村［2014]）。この
大地の芸術祭は開催地域の自治体等が実行委員会を設立して開催しており，毎
回の経済効果を算定している（表12-3）。基礎データとなる支出金額は来訪者
へのアンケート調査である。その金額と来訪者数から直接支出金額を算出し，
新潟県産業連関表を用いて間接効果（波及効果）を推計している[11]。来訪者数
はチケット等販売数を用いているので，チケットを買わなくても見学できる屋
外展示アートの見学者まで考えると，経済効果はさらに大きくなる。

　なお第1回から第3回までは，建築物等の建設工事も伴っているため建設投
資の比率が高いが，第4回以降はアート展示会場にする廃校の整備費や関連道
路整備等のみになったため，来訪者の消費支出が大きな割合を占めている。

　またこの経済波及効果の算出は第3回の後，第1〜3回の経済波及効果を新
潟県が算出し，それを第4回以降は十日町市が引き継いでいる。直接効果，間
接効果，所得効果の金額は表12-4のとおりである（新潟県総務管理部統計課
［2006]）。

表 12-3 「越後妻有大地の芸術祭」経済波及効果の推移（単位：百万円）

	第1回 (2000)	第2回 (2003)	第3回 (2006)	第4回 (2009)	第5回 (2012)	第6回 (2015)	第7回 (2018)
経済波及効果	12,758	14,036	5,681	3,560	4,650	5,089	6,528
うち建設投資	10,054	12,810	1,237	190	382	571	1,138
消費支出	2,704	1,225	4,354	3,370	4,268	4,518	5,389
チケット等販売数	32,025	32,839	100,772	102,476	124,196	122,138	153,322
入込者数（人）	162,800	205,100	348,997	375,311	488,848	510,690	548,380

（注）　チケット等販売数はパスポートおよび個別鑑賞券の販売数。
（出所）　第3〜7回は「越後妻有アートトリエンナーレ 大地の芸術祭総括報告書」，十日町市サイト「今までの大地の芸術祭の記録の紹介」より作成。

表 12-4 第3回「大地の芸術祭」経済波及効果の内訳（単位：百万円）

	直接効果	間接効果	所得効果	合計
建設投資	778	1,141	185	1,327
消費支出	2,810	3,786	568	4,354
合　計	3,588	4,927	753	5,681

（注）　所得効果の算出には「家計調査年報」の新潟市勤労者世帯の実収入に占める消費支出の割合を消費転換係数とし，算出した消費支出額に「民間消費支出生産誘発係数」を乗じて計算している。民間消費支出生産誘発係数とは，民間消費支出による部門ごとの生産誘発額を，それぞれ対応する最終需要項目の民間消費支出の合計額で除した比率。

4-2. 三内丸山遺跡の保存が青森県経済に与えた経済波及効果

　本項は筆者自身による調査結果である。三内丸山遺跡は青森市内の，市の中心部から南西に3キロほど離れた丘陵地の先端に位置する。1992年から始まった調査で，前例のない巨大な縄文集落跡が発見された。1994年6月に直径80cmの巨大な木柱が発掘されるなど，相次ぐ考古学的発見が新聞報道されることなどによって世間の注目を集め，97年3月には，国指定史跡となった。この間，三内丸山遺跡の整備と一体で周辺地域も含めて総合芸術パークとして整備された。

　遺跡発見から2〜3年は見学者数が年間50万人を超えることもあったが，その後は年間30万人前後で推移している。使用するデータは2005年とやや古いが，この三内丸山遺跡への観光客による，青森県経済への影響を推計した。

2005 年の夏休みシーズンにあたる 7 月 1 日〜8 月 21 日に三内丸山遺跡で留置式アンケートを行い，925 票を回収した（有効票 917）[12]。設問の①在住地，②消費金額（交通費，飲食費，土産費，宿泊費）と宿泊地，③旅行の主な目的地などから推計を行った。

　設問①は県外からの観光客分を抽出するためである。前述のように県外からもたらされる消費は製品の輸出と同じく経済にプラスであるが，県内在住者の消費はプラスとはならないからである。

　②は，たとえば交通費のほとんどは出発地で支払うであろうから，青森県内の消費にはならない，という点を踏まえた設問にした。また，青森県に観光に来たからといって宿泊地が青森県内とは限らないし，観光消費のなかで宿泊費の占めるウェイトは大きいので，県内に泊まるか県外に泊まるかは分けて考えなければならない。

　③は，このケースのようにある特定の対象への観光客が地域経済に影響を与えたかを調べたい場合には必要な設問である。三内丸山遺跡の来訪者がすべて三内丸山遺跡を目的に青森県を訪れたとは限らず，夏であれば八甲田山や奥入瀬渓谷，あるいは恐山のイタコに会いに行くついでに三内丸山遺跡へも寄っただけかもしれない。そうした「ついでに寄った」人々の分は除外しないと過大な数値が得られてしまう。

　三内丸山遺跡への来訪者のうち県外客は，アンケート調査では 86.15% であったが，これは夏休みというバイアスを考えなければならない。2000 年に同遺跡管理者が通年で調査した結果では，県外客の割合は 79.41% であった。以下の推計では後者の割合を，2005 年度 1 年間の遺跡来訪者数 33 万 3583 人に対して用いている。

　県外客の支出について，上記設問②に沿って費目によって青森県内での消費と見なせるもののみ取り上げる。具体的には，交通費は全額県外支出と見なし，土産費は全額青森県内での支出，飲食費は半額，宿泊費は県内宿泊分（県外客の 83% が青森県内宿泊であった）を考慮した。

　そのうえで，三内丸山遺跡を主目的とした人々だけの経済波及効果を考えると以下のようになる。

　まず，支出金額の中央値を用いて具体的に計算すると，県外客による観光消費金額が約 75 億円となった。そのうち，「三内丸山を主目的」と答えた人数割合でみると，県外客の 25% 弱なので約 18 億 7000 万円となる。これが三内丸

山遺跡への観光客による青森県経済への直接効果と誘発効果である。

　この三内丸山遺跡来訪者が消費する支出金額について，青森県産業連関表（35部門表，2000年）の逆行列係数表の各部門列和を乗じることで，以下のような青森県経済への波及効果（生産誘発額）が算出される。まず，県外客全体の支出である約75億円という支出の波及効果は約24億5000万円となる[13]。うち遺跡を保存した効果と見なせる，三内丸山を主目的とした来訪者が支出した約18億7000万円の波及効果が，約6億1000万円と算出できる。波及効果も含めた24億5000万円という金額は，当時の青森県観光消費額のおおむね1.5%から2%に相当していた。

おわりに

　本章では，まず第1節で経済波及効果の推計に用いられている産業連関表について説明し，第2節では，産業連関分析の概要と問題点を解説した。第3節では経済波及効果の計算方法について順次説明し，第4節では事例として，「越後妻有大地の芸術祭」の経済波及効果と，筆者が推計した青森県の三内丸山遺跡保存の経済波及効果について紹介した。

　本章で触れなかった大きな課題としては，分配の問題がある。観光によって地域経済にプラスの効果があったとしても，具体的に地域内の誰が受益したのかは明らかにしにくい。経済波及効果は，個々の住民の実感が伴わないと，理解されづらいテーマである。とくに公共政策として観光振興策を行った結果を検証する場合，投資を行うのは行政であって，受益者は地域の官民双方であるため，民間企業のように一者の損益で捉えることはできない。また，地域内の誰がどれだけ受益したのかを調べるのは困難であるし，不毛な論争につながりかねない。

　さらに分配の問題の延長として，いわゆる「観光公害」についても議論が可能である。観光振興等によって利益を得る者と損害を被る者が発生することがありうる。そうした場合，前者から後者へ金銭的補償を行うのは現実的ではないだろうが，同じ地域内でどのように折り合いを付けるかが問われよう。

＊　本章は澤村明［2019］「文化と地域経済」後藤和子・勝浦正樹編『文化経済学——理論と実際を学ぶ』（有斐閣，第10章）をもとに大幅に加筆修正したものである。

1　現在の産業連関表を発明したのはレオンチェフであるが，このアイディアの源泉は，18世紀フランスの重農主義者であるケネーとされている。

2　表12-1の農林水産業でいえば，産業連関表を縦方向にみて，同じ農林水産業の投入係数は1456611÷12035962，鉱業の投入係数は185÷12035962で算出される。

3　逆行列係数表は投入係数表から，行列の演算で算出される（7参照）。詳細は産業連関表の教科書や，自治体の産業連関表に付随する説明書などを参照のこと。

4　「移出率」とは，ここでいう経済波及効果全体のうち県外へ流出する割合をいう。日本の経済学では，国外との出入りを輸入輸出と呼ぶのに対し，国内のある地域の出入りを移入移出と呼び分けるのが通例となっている（英語はどちらも export と import）。

5　厳密には，間接効果ないし波及効果には一次，二次とあり，理論上はさらに，雇用者所得からの支出である二次効果を受け取った者による支出という三次，それを受け取った者による四次……と続くが，金額が小さくなっていくため，統計実務では三次以上は計算しないのが，ほとんどである。

6　入場料などは直接効果になり，周辺での飲食費などは誘発効果になる。(1)で入場料などを調べられるとは限らず，(2)で調査することもあるので重複して記載している。また3-3に記したようにある地域全体の観光経済といった調査であるなら誘発効果を想定しないこともある。

7　投入係数表を行列 A とし，単位行列 I を用い，$(I-A)^{-1}$ で表される行列が逆行列係数表になる。

8　さらに，北海道のものは33部門表でも耕種農業・畜産・林業・漁業と分けているが，札幌市のものは36部門で農林水産業としているなどの違いがある。

9　厳密には飲食費は飲食料品だけでなく商業に振り分ける部分もあるはずであるが，単純化して説明している。また部門数が多い表では産業も細かく分類されるが，大分類の表では，具体の費目をどの部門にすべきかわかりづらいことがある。その場合は，部門分類表等という区分を示した資料があるので，それを参照することになる。

10　取引基本表から雇用者所得率を算出する場合，雇用者所得だけでなく営業余剰も含める必要がある。後者は企業の利潤であるが個人業主や家族従業者の所得も含み，個人法人の所得を意味しているからである。

11　ただし算出方法は途中で少々変更されている。詳細は澤村［2014］第3章を参照。

12　この調査結果については，澤村［2010，2011］を参照。ただし，推計金額については執筆当時に2005年の来訪者数データを利用できなかったため，03年来訪者数で推計したが，今回，その70%程度になる05年来訪者数で計算し直したため，各金額は小さくなっている。なお澤村［2011］には使用したアンケート票を所載している。

13　それぞれの逆行列係数は，運輸部門が1.253508（交通費に適用），商業部門が1.240198（土産費に適用），食料品が1.442197（飲食費に適用），対個人サービスが1.327713（宿泊費に適用）である。移出入を考慮した青森県産業連関表（35部門表，2000年）の逆行列係数表による。

引用・参考文献

千葉県総合企画部統計課「入門　産業連関表——その見方・使い方」

釧路公立大学地域経済研究センター［2009］「釧路市の持続的発展に向けての観光産業の役
　　割」（「釧路市観光産業の発展に向けての経済効果に関する研究」内）https://www.
　　kushiro-pu.ac.jp/center/research/023.html

宮本勝浩［2012］『「経済効果」ってなんだろう？』中央経済社

新潟県総務管理部統計課［2006］「大地の芸術祭　越後妻有アートトリエンナーレ 2006 の開
　　催にかかる経済波及効果」

澤村明［2010］『文化遺産と地域経済』同成社

澤村明［2011］『遺跡と観光』同成社

澤村明編著［2014］『アートは地域を変えたか——越後妻有大地の芸術祭の 13 年：2000-
　　2012』慶應義塾大学出版会

Seaman, B. [2002] "CVM vs. Economic Impact: Substitutes or Complements?" paper pre-
　　sented at The Contingent Valuation of Culture Conference, Chicago, 1-2 February
　　2002. (https://culturalpolicy.uchicago.edu/sites/culturalpolicy.uchicago.edu/files/
　　Seaman_0.pdf)

Seaman, B. [2003] "Economic Impact of the Arts," in R. Towse ed., *A Handbook of Cultural
　　Economics*, Edward Elgar Publishing.

総務省「産業連関表」https://www.soumu.go.jp/toukei_toukatsu/data/io/index.htm

十日町市サイト「今までの大地の芸術祭の記録の紹介」http://www.city.tokamachi.lg.jp/
　　kanko/K001/K005/1454068600343.html（2020 年 2 月 24 日閲覧）

安田秀穂［2008］『自治体の経済波及効果の算出——パソコンでできる産業連関分析』学陽
　　書房

第Ⅳ部補論 | 実証分析に向けて
プロモーションの検討を例に

はじめに

　本書を読んだ読者のなかには，前述の経済理論が観光経済の構造を的確に捉えているかを確認したいと感じたり，仮説を構築して検証したいと思った方もいるであろう。そのためには，歴史や事例の検証やデータによる実証分析を行う必要がある。ここでは，実証分析の手法のうちデータ分析の進め方について言及する。

　データ分析に関連して，読者は分析の計画を立てた際に，分析に活用できる公表データ（統計）が存在するかを確認するであろう。ちなみに，存在しない場合は，読者は独自に調査を行うことにより入手する必要があるが，最初に公表データをもとに分析を行い，その限界を明確にしたうえで調査を設計・実施するほうが効率的・効果的なものになる。

　第9〜11章においても主要な公表データを取り上げたが，それ以外にも観光の分析に有用な統計が多数存在するので，ここではまず，それを整理したものを紹介する。次に，訪日旅行に関するプロモーションを取り上げ，公表データの活用における限界を確認する。さらに，公表データの限界を補うための方法について言及する。

1. 観光を把握するデータ

　まず，観光関連の統計の種類をみてみよう。第9〜11章においていくつかの統計を紹介してきたが，これらを含め，日本で整備されている統計について地域種類別および観光特性別に関連するものを整理したものが，表1である[1]。なお，地域種類別はエリアの違いであり，日本全国，都道府県別（市町村別を

表1　地域種類別・観光特性別の主な観光関連データ

		観光特性			
		観光客の動態	観光地の経済・市場環境	観光公共投資	観光民間投資
地域区分	観光地別	観光事業者業績・事業データ	観光地域経済調査（過去のみ）	都道府県別政策評価シート	観光地域経済調査（過去のみ）
	都道府県（市町村）別	・宿泊旅行統計調査（毎月） ・JRC 宿泊旅行調査 ・共通基準による観光入込客統計（毎月） ・全国幹線旅客純流動調査 ・幹線鉄道旅客流動実態調査 ・航空旅客動態調査 ・国際航空旅客動態調査（毎年） ・F-Data(訪日外国人流動データ)* ・訪日外国人旅行者数（毎月） ・旅行・観光消費動向調査（四半期） ・訪日外国人消費動向調査（四半期） ・観光の実態と志向	・共通基準による観光入込客統計（毎月） ・JRC 宿泊旅行調査 ・温泉利用状況 ・NITAS（特定年）旅行・観光消費動向調査 ・訪日外国人消費動向調査（四半期）	・道路統計年報 ・地方財政統計年報	・サービス業基本調査 ・旅行・観光消費動向調査 ・建築着工統計調査（毎月）
	全国	・レジャー白書** ・家計調査（毎月） ・旅行・観光消費動向調査（四半期） ・訪日外国人消費動向調査（四半期） ・TBF 旅行実態調査 ・JTBF 旅行意識調査	・旅行・観光消費動向調査 ・訪日外国人消費動向調査（四半期） ・JNTO 国際会議統計		・旅行業取扱額（毎月）

（注）　JRC：じゃらんリサーチセンター，JTBF：公益財団法人日本交通公社。本章に関連する統計を整理したためすべてを網羅しているわけではない。

　*　FF-Data は「訪日外国人消費動向調査」「国際航空旅客動態調査」に基づき作成されている。

　**　「レジャー白書」は毎年調査テーマを設定，その結果をまとめて公表している。

（出所）　味水［2006］より作成。

含む），観光地別としている。観光特性は，観光客の動態（人数，泊数，目的等），観光地の経済・市場環境（所得，消費額，資源数等），観光公共投資（観光関連，インフラ，イベント等），観光民間投資（設備投資，マーケティング，イベント等）を指している。

　表1により，読者が求めるデータはどの統計を使用すれば入手できるかかわかる。たとえば，どの都道府県に観光客がどれくらい来ているのかを把握する場合には，「共通基準による観光入込客統計」によりデータを得られる。宿泊数であれば，「宿泊旅行統計調査」からデータを収集できる。

2. 公表データを使った把握──訪日外国人の行動と消費

　次に，訪日観光を例に，プロモーションの検討において公表データから把握できることとその限界について整理する。その検討にあたっては，①旅行者のなかから対象者を絞り，②対象者の消費行動を知り，③訪日旅行の満足度を評価すること等が求められるであろう。日本政府観光局（JNTO）「訪日外国人旅行者数」と観光庁「訪日外国人消費動向調査」を用いる[2]と，上述に関連したデータを入手できることが多い。

　対象とする旅行者については，日本政府観光局「訪日外国人旅行者数」により国・地域別の旅行者数，観光庁「訪日外国人消費動向調査」により日本訪問の目的別の旅行者数，訪日回数，前回訪問の時期，滞在日数等のデータを入手できる。

　次に，旅行者の消費行動については，同じく観光庁「訪日外国人消費動向調査」により国・地域別の消費額，消費額の内訳である費目別，さらに買物代の費目別等のデータを入手できる。

　最後に，満足度の評価等についても，観光庁「訪日外国人消費動向調査」が，訪日外国人旅行者の全体の満足度（ここでは総合満足度と呼ぶ），再訪意向，事前に期待していたこと，次回訪問の際にやりたいこと等の意識に関する調査を行っており，集計データが公表されている。

3. 公表データによる限界

統計調査では，旅行や消費等の行動を把握することを主たる目的としているものが多いため，動機や満足度等の意識に関連した調査項目が少ない傾向にある。観光庁「訪日外国人消費動向調査」においても同様の傾向であるため，プロモーションの検討においては限界が感じられるかもしれない。

観光庁「訪日外国人消費動向調査」をもとに2019年の訪日外国人旅行者の国・地域別の総合満足度，再訪意向等をみてみよう。総合満足度では，主要な20の国・地域のすべてにおいて「大変満足」あるいは「満足」が9割以上を占めていることがわかる。再訪意向についても，図1のように，主要な20の国・地域のすべてにおいて，「必ず来たい」「来たい」が9割以上を占めており，再訪意向も高い。

以上から，日本は多くの訪日外国人観光客にとって満足できる旅行先であり，満足して再訪するように思われる。しかしながら，もう少し詳しく慎重に考える必要がある。具体的には，総合満足度は訪日回数を重ねるごとに高まるのか（あるいは「大変満足」を維持できるのか），他の国・地域と比較しても満足度や再訪意向は高いのか，満足度が高いと再訪意向も高くなるのかという関係性を確認できるか，そしてその要因が何であるかを検討する必要がある。何に満足しているのか（不満なのか），満足度が高い（低い）のに再訪意向が低い（高い）のはなぜか，などを丁寧にみる必要もある。

満足していてもリピートをしない背景としては，第1章で言及したような消費者の所得面・時間面の制約から，リピートできる機会を見出しにくいことも考えられるが，「バラエティ・シーキング（多様性追求）行動」という消費者行動も考えられるであろう。多様性追求の要因としては，飽きや新商品（目新しい観光地）へのスイッチ，在庫不足による変更（行きたい観光地までの航空券や宿泊予約ができなかった）等が挙げられている。

なお，観光庁「訪日外国人消費動向調査」では訪日前に期待していたこと，今回行ったこととそれへの満足，次回訪問の際にやりたいこと等を調査しているが，空海港における出国前に聞き取りにより実施しているため回答項目が限られている。そのため，それを期待した理由，今回行ったあるいは次回に行いたい理由，期待しながら行わなかった理由等は不明である。同調査の結果のみ

図1　国・地域別の総合満足度（2019 年）

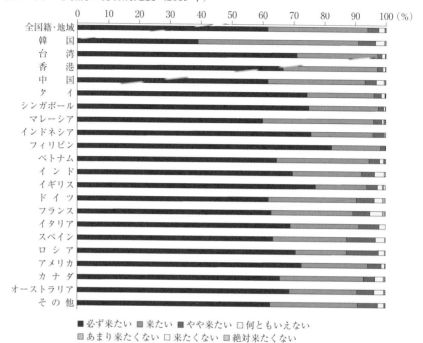

■必ず来たい　■来たい　■やや来たい　□何ともいえない
▨あまり来たくない　□来たくない　▨絶対来たくない

（出所）　観光庁「2019 年訪日外国人消費動向調査」より作成。

で，「こういうことが期待されている」「ここに満足している」などを決めつけることは危険で，「なぜそうなのか」という理由に基づいて戦略や政策を考える必要がある。

4. 公表データの限界を補うための方法

4-1. 個票データの活用

　このような公表データの限界を補うためには，いくつかの方法がある。その1つは，公表データのもとになっている個票データを活用することである。個票データは，回答者ごとの回答データであり通常は公表されていないが，条件を満たせば申請により入手することができる。また，既存の公表データを組み合わせてクロス集計するなどの二次的利用も可能である。2007 年に統計法が

改正されたことで，このような公表データの二次的利用の機会が広がっている。改正では，秘密の保護および被調査者の信頼確保のため，統計上の目的以外に使用してはならないとされる一方，公益のためであれば調査票情報を二次的利用することができるとされた。新たな二次的利用制度は，調査票情報の提供（統計法第33条），委託による統計の作成等（同法第34条），匿名データの作成・提供（同法第35，36条）の3つの形態に分かれている。この二次的利用制度の設定を受けて総務省では「統計データの二次的利用促進に関する研究会」を開催し（2010年12月〜12年6月），12年7月に報告書をまとめている。同研究会では，諸外国の二次的利用の状況や民間の二次的利用に関する意見を把握して検討が進められた。その結果，公表データのクロス集計の充実など公表データの二次的利用を促進するために，その対象となる統計調査の拡大や，政府統計の総合窓口（e-Stat）の充実，オンサイト利用に関する仕組み整備等が提言された。表1にある「FF-Data」は，訪日外国人旅行者の国内での流動に関する統計で，観光庁「訪日外国人消費動向調査」，航空局「国際航空旅客動態調査」を，国籍別出国者数に関して法務省「出入国管理統計月報」と組み合わせて作成されており，二次的利用の例といえるだろう。

4-2. 独自調査の実施

　このほかに，公表データがそもそも分析したい内容に関連していないこともある。データが必要な場合には，アンケート調査やインタビュー調査，フィールドワークなどにより調査を実施してデータを入手することが望まれる。調査手法は，調査目的に応じて選択するが，いずれも調査設計，計画，実施，集計，分析に至るまで調査者が行う必要がある。実際，公表データに加えて，観光客等を対象に独自に調査を実施している研究は多い。とくに，旅行をしようと思ったきっかけ，その観光地への訪問理由や決定プロセス，購買理由などの心理や意識については，公表データでは網羅しにくいため，こうした独自調査が行われている。

　なお，当然のことだが，公表データ，独自調査データに関わらず，データは必ずしも分析者の知りたいことの解を与えてくれるわけではないため，「何を知りたいのか」という目的を明確にしたうえで調査を行う必要がある。

おわりに

　まずは，現状把握のためにこうした公表データを活用して，グラフ化や分析をしてみることは重要である。なお，観光庁をはじめとするさまざまな機関で，統計調査結果の概要を公表している。そうした資料を参考にしながら，実際に公表データを用いて自分でグラフを作成してみることをお勧めする。そうすると，どのようなデータをどう活用しているのか，そのデータを扱ううえでの注意点（用語の定義，推計方法，サンプルの偏り等）も含めて理解できるようになる。

　しかしながら，たびたび触れたように，公表されているデータだけでは十分ではないことがある。たとえば，「だれに」「いつ」「どのように」プロモーションをすれば効果的な集客ができるかを考える場合には，なぜその観光地に行ったのか，なぜそれを買ったのか，といった，いわば数値データの背景を知る必要がある。政策も同様である。その場合には，さらなる調査が必要となってくる。繰り返しになるが，「何を知りたいのか」という目的を明確にしたうえで調査を行う必要がある。

注 ————————

1　観光関連統計の分類については，味水［2006］に基づく。

2　これらの統計は，観光庁，JNTO のサイトで，データを入手することが可能である。また，JNTO のサイトでは「日本の観光統計データ」というページで，訪日外国人および日本人の海外旅行についてグラフやデータをまとめて公開しており，ダウンロードも可能である（第 9 章も参照）。

引用・参考文献

栗原剛・荒谷太郎・岡本直久［2014］「地方ブロック別にみた日本人と外国人の観光消費特性に関する基礎的研究」『交通学研究』第 57 巻

味水佑毅［2006］「観光統計の整備における『活用の視点』の重要性」『国際交通安全学会誌 IATSS Review』第 31 巻第 3 号

終章 | パンデミックと観光
新型コロナウイルス感染症流行からの分析

はじめに

　2019年末に中国で発生した新型コロナウイルス感染症は，その後世界各国において大流行した。多くの国や都市において，都市封鎖等の人の移動が制限されることになり，観光関連産業は大きな打撃を受けることになった。このように，感染症が観光関連産業に悪影響を与えたことは，過去にも発生している。衛生環境が進化した現代においても，2000年代に流行したSARS（severe acute respiratory syndrome；重症急性呼吸器症候群）や2000年代の半ばから後半にかけて流行した鳥インフルエンザは，日本では顕著な打撃を受けることはなかったが，アジアでは大きな打撃を受けた国・地域も存在する。

　このように，感染症の流行は，移動制限や3密の回避のように人々の行動が制限されることになるため，観光関連産業に対し悪影響を与え，ときに致命的な打撃を与えることになる。終章では，感染症流行後の消費者の行動の変化，企業の対策等を把握し，経済の回復に向け講じられた政策の効果について検討する。

　本章では，前章までの需要曲線，供給曲線のシフトやそれに基づく余剰分析等のミクロ経済学の手法を活用した分析を行う。

　今後も未知の感染症による世界的パンデミックが発生する可能性がある。そのため，これまでに議論したミクロ経済学の理論をもとに，今般の新型コロナウイルス感染症を例にパンデミックの影響と感染症対策として講じられた施策を検証することは，将来に向け意義深いことであろう。

　新型コロナ感染症の流行状況やその経済的な影響は日々刻々と変化しているが，本章では2022年7月末時点の情報をもとに検討している。それ以降の状況の変化により，本稿の記述内容とは異なる事態や解釈が発生する可能性は十分にあることをご留意いただきたい。

1. 新型コロナウイルス感染症の流行状況と個人・企業の行動の制限

2019 年に中国で発生した新型コロナウイルス感染症（以下，感染症）は，20 年に入り，日本においても流行していった。

感染症流行を防止する対策は，ワクチンや特効薬が開発されていない段階では，人々が移動すること，人々が集まること等を制限する方法が主なものとなるが，いずれも観光にとって悪影響を及ぼすものである。まず，海外からの感染症の流入を防ぐために，2020 年 2 月から海外からの入国の制限が行われた[1]。国内向けには，緊急事態宣言が 4 月 7 日に発出され，国内在住の日本国民・外国人に対しできる限り外出を自粛することが要請された。この結果，新規の感染者数は大幅に減少に転じ[2]，5 月 25 日に全国で解除されることになった。

緊急事態宣言の期間中には，ニュー・ノーマル／新しい生活様式への国民や企業の対応が必要であることから，2020 年 5 月 4 日の新型コロナウイルス感染症専門家会議において業種別に感染症対応ガイドラインを作成することが求められた。これに応じて，観光に関連する旅行業，宿泊業，鉄軌道事業等の観光関連の業種は，ガイドラインを作成し公表している。

このようなニュー・ノーマル／新しい生活様式への対応は，予防のためのワクチンや特効薬の開発や全世界における感染の収束がなければ，不可欠なものであり，感染症の流行以前のような旅行を行うことは，困難と考えるべきであろう。ちなみに，密を避けるために人と人の間に 2 メートル程の距離をとるソーシャル・ディスタンスは，移動に必要となる交通手段においても検討されるようになった。たとえば，観光バスにおいては，座席の間隔を開けるケースがあった。

緊急事態宣言の解除以降は，経済を動かしていくことを念頭に置き，政府は国民に対するさまざまな要請を徐々に緩和していった。

観光に必要となる人々の移動については，県を越えることが 2020 年 6 月 19 日に解除された。国際的な人の往来の再開については，10 月 1 日から，防疫措置を確約できる受入企業・団体がいることを条件として，原則としてすべての国・地域からの新規入国を許可することとなった。

プロ野球，J リーグ等のスポーツ・イベントは 2020 年 6 月に再開されたが，

当初は無観客で実施された。人々が集まるイベント開催における制限は，7月10日に上限5000人（屋内では収容人数の50％以内）の観客を施設に入場させての実施が可能となった。その後，9月19日より収容率，上限人数の制限がさらに緩和された。

さらに，人々の移動が制限されたことにより経営面で苦境に追い込まれた観光関連産業を支援するために，政府は2020年7月22日以降の旅行を対象にしたGo To トラベル事業を開始した。6月から7月にかけて急激な感染の拡大をみせた東京都を発着する旅行については，当初は補助の対象から除外されたが，10月からは適用されるようになった。

このように，経済を動かすために，政府は人々に対する自粛等の要請を緩和するとともに，観光関連産業を支援する施策を講じていった。

新型コロナウィルス感染症の流行状況については，2020年6月，7月，8月にかけて[3] 新規の感染数は急速に増加し，全国の1日の新規感染者数は8月5日には1605人に達した。8月はその後減少し，9月，10月は横ばいで推移した。11月以降，気温・湿度が低い季節になり，新規感染者数の増加傾向が強まり，とくに，北海道や首都圏，関西圏，中部圏を中心に顕著な増加がみられた。12月31日の全国での新規感染者数は，4521人と最多となった。重症者数も急増し，医療システムの維持に対する懸念が強まってきてたため，人々が移動することや集まることに対して制限を求める必要性が再び高まってきた。そのため，観光関連産業の振興策であるGo To トラベル事業は，2020年12月末から全国的にその適用を一時停止することになった。

その後も，新型コロナウイルス感染症は流行を繰り返し，政府による緊急事態宣言は第2回が2021年1月7日に，第3回が4月23日に発出されている[4]。また，2021年2月13日施行の新型コロナウイルス対策の改正特別措置法において，特定地域からのまん延を抑えるための対応としてまん延防止等重点措置が新設されたが，21年4月1日に公示（9月30日終了），22年1月7日に公示（3月21日終了）されている。

このように感染症により経済活動を制限する措置が講じられた一方で，感染状況が落ち着いている地域において，旅行需要の減少により観光関連産業が深刻な打撃を受けていることに鑑み，各都道府県において，独自に宿泊割引等の旅行需要の喚起策が講じられている。このような動きに呼応して，観光庁はGo To トラベルが再開するまでの代替の地域観光事業の支援として，都道府

県の実施する県民割事業について支援を行い，2021年11月19日以降，支援対象とする都道府県の同意を得ることを前提に，準備の整った都道府県から「県民割」の対象に隣接都道府県を追加した。さらに，2022年4月1日以降，支援対象とする都道府県の同意を得ることを前提に，「県民割」の対象に同一地域ブロック内の都道府県を追加し，22年8月31日宿泊分まで実施している。

2. 需要の変化

第1節でみたような国・地方公共団体による個人・企業の行動への規制・自粛要請が行われた結果，消費者における旅行等に対するリスク認識，これらを受けた景況悪化による所得の減少により，観光需要は大きく減少することになる。

また，観光需要を構成するいくつかの旅行の種類の間においても，変化が生じている。以降の議論は基本的に国内旅行について限定する[5]。日本国内の宿泊旅行，日帰り旅行には変化がみられた。本節では，統計データをもとに，感染症の流行による観光需要の変化について検討する。

2-1. 検討における観点

ここでは，需要を変化させる要因について，発地側，着地側，その両地をつなぐ移動手段，旅行の形態の4つの観点から検討する。

(1) 発地側

感染症の流行状況により，発地における人々の移動が制限されると需要は減少する。

東京都，大阪府，愛知県のような人口密度が高い大都市圏は，感染症がより流行しやすい傾向がある。緊急事態措置の期間以外でも，東京都では外出の自粛が要請されたり，愛知県では独自の緊急事態宣言が発せられたように，大都市圏では，都道府県が独自の対策を講じている。また，日本政府が観光業の需要喚起策として実施したGo Toトラベル事業においても，東京都発着の旅行は事業開始当初は割引の対象外とされた。

また，感染者数が多い地域では，上記のように移動やイベント等が強く制限

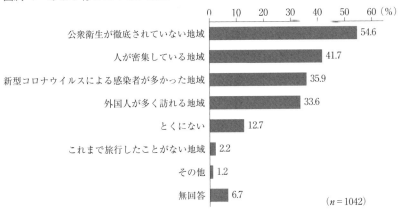

図終-1　あまり行きたくない地域

公衆衛生が徹底されていない地域	54.6
人が密集している地域	41.7
新型コロナウイルスによる感染者が多かった地域	35.9
外国人が多く訪れる地域	33.6
とくにない	12.7
これまで旅行したことがない地域	2.2
その他	1.2
無回答	6.7

(n = 1042)

（出所）　日本交通公社［2020］より作成。

されると経済が減退することになるため，他の地域よりも所得の減少が大きい
と考えられる。そのため，感染者数が多い地域では，所得の面からも観光に対
する需要が減少することになる。

　以上の結果として，大都市圏の居住者の移動の制限や所得の減少は，その近
隣の観光地の需要を減少させることになるであろう。

　同様なことは国際観光でも該当し，近隣国において感染症が流行すると，そ
の国からの観光需要が減少することになる。

　(2)　着 地 側

　感染者数が多い地域（着地）は，敬遠されることになるため，観光地におけ
る感染症の流行状況は，需要に大きな影響を与える。財団法人日本交通公社
［2020］によると，あまり行きたくない地域（複数回答）は，「公衆衛生が徹底
されていない地域」が54.6％，「人が密集している地域」が41.7％，「新型コロ
ナウイルスによる感染者が多かった地域」が35.9％となっている（図終-1）。

　この調査結果によると，人口密度の高い東京圏，京阪神圏，中京圏のような
大都市圏は感染者数が多いことから，訪問することには感染のリスクがあると
感じ，避けようとする消費者も多かったと考えられる。

　また，感染症の対策として人々が集まり密になることを避けなければならな
いため，観光地において人を惹きつけるコンテンツが提供できなくなっている。

表終-1　国内旅行で利用した交通機関の変化　　　　　　　　　　　　　（単位：％）

	国内旅行			宿泊旅行			日帰り旅行		
	2019年	2020年	2021年	2019年	2020年	2021年	2019年	2020年	2021年
航　　空	10.0	7.2	6.2	17.0	11.7	10.5	2.0	1.9	1.3
新 幹 線	17.7	14.6	12.9	24.0	19.0	16.8	10.6	9.3	8.5
鉄道・モノレール	37.6	29.6	27.9	42.9	34.6	32.6	31.7	23.6	22.6
貸 切 バ ス	8.7	3.7	2.8	7.2	3.4	2.9	10.5	4.1	2.8
長距離バス	5.5	3.2	2.8	6.8	4.2	4.0	4.0	2.1	1.4
近 郊 バ ス	10.3	7.7	6.4	12.5	9.5	7.9	7.7	5.5	4.7
自 家 用 車	57.2	66.9	68.5	54.6	63.8	64.5	60.2	70.6	73.0
タクシー・ハイヤー	8.5	6.0	5.2	11.7	8.2	7.3	5.0	3.3	2.7
レンタカー・カーシェアリング	5.3	5.7	5.0	7.9	7.5	6.8	2.5	3.7	3.0
バイク・自転車	1.4	2.2	1.9	0.9	1.8	1.1	1.9	2.7	2.7
船　　舶	2.8	2.3	1.8	4.3	3.3	2.6	1.0	1.1	0.9
そ の 他	1.5	1.9	2.1	1.6	1.7	1.4	1.3	2.2	2.8

（出所）　観光庁「旅行・観光消費動向調査」より作成。

　そのため，スポーツやコンサート等のイベント，祭り等の中止や規模の縮小が相次いでいる。観光地におけるコンテンツが少なくなることからも，旅行しようという動機が減退し，需要の減少につながったと考えられる。

　以上のように，大都市圏のような感染者数が多い地域が，訪問先として敬遠されていることがわかる。

(3)　移動手段の要因

　移動中においても感染する懸念があるため，消費者は旅行を行う際には感染の可能性が少ない移動手段を選択する必要がある。そのため，不特定多数の人と密になる機会が発生する鉄道，航空，バス等のような公共交通機関ではなく，家族等の少人数で空間を共有できる自家用車による移動が好まれるようになると考えられる[6]。

　観光庁「旅行・観光消費動向調査」において，国内旅行で利用した交通機関についてみると，自家用車の2020年の割合は宿泊旅行，日帰り旅行ともに2019年から9％以上増加している。2021年の割合は，さらに増加している。

　新型コロナウイルス感染症の流行を受け，星野リゾートは，このような自家用車を活用した近距離の観光地への需要に着目し，ご近所旅行のススメとして「マイクロツーリズム」を提唱している。マイクロツーリズムは，遠方や海外への旅行に対し，自宅から1〜2時間ほどの距離で，3密を避けながら地元の旅行者が近場で過ごす旅のスタイルとされている。旅行者が保養目的で旅館やホテルに行き，温泉や自然散策，料理を楽しみ，活力を取り戻す滞在旅行である。この旅行を通じて，旅行者は安心・安全に過ごしながら地域の魅力を深く知るきっかけになる。このような旅行は，同時に，地域経済にも貢献するものである。旅行における自家用車活用の割合の増加傾向は，コロナ禍におけるマイクロツーリズムの拡大につながっているといえるであろう。

　マイクロツーリズムは短時間・低費用での移動となる近距離の旅行であるため，同一の宿泊施設を年に何回か利用するリピートが期待できる。このような旅行の需要を取り込むためには，年間パスポートの導入等の二部料金制が活用できるであろう。

　その一方で，航空，新幹線，長距離バスのような多数の人が長時間利用する交通機関については，宿泊旅行，日帰り旅行ともに割合が低下している（表終-1）。

　この結果から，自家用車による移動の場合には・航空，新幹線の公共交通機関を利用した場合よりも近距離の観光地が選好されるようになることが予想される。

(4)　旅行形態の要因

　感染のリスクを避けるために，ひとり旅や夫婦，同居の家族のみのような少人数での旅行が好まれるようになった。結果，多数の人々と一緒に旅行することになる団体旅行が敬遠されることとなった。また，観光庁「旅行・観光消費動向調査」によると，7〜9月期において「パック・団体旅行」の占める割合を比較してみると，2019年が9.7％に対し20年は3.8％に減少している[7]。

　表終-1において，貸切バスの利用が減少していたが，多数の人々と一緒に旅行する「パック・団体旅行」が回避されたことが要因と考えられる。

表終-2 日本人旅行者の延べ宿泊者数の減少が大きな都道府県（2020年7〜9月の対前年同月比〔％〕）

	7月		8月		9月	
	全国	−47.9	全国	−51.8	全国	−36.2
1	山梨県	−63.2	沖縄県	−69.6	東京都	−59.3
2	東京都	−63.1	大阪府	−68.8	沖縄県	−57.6
3	千葉県	−58.5	東京都	−64.8	大阪府	−51.1
4	大阪府	−58.4	福岡県	−61.2	福岡県	−45.5
5	長野県	−57.7	山梨県	−60.5	千葉県	−44.8

（出所） 観光庁「宿泊旅行統計調査」より作成。

(5) 旅行先の変化

これまで述べてきた移動の制限に加え，消費者の間には旅行による感染のリスクの認識が広まってきたことから，次のような傾向がみられるようになった。

旅行先としては，人口密度の高い大都市圏等のような感染流行地が敬遠されることになったが，宿泊においてそれを裏づける結果がみられる。表終-2は，観光庁「宿泊旅行統計調査」を整理し，2020年7月から9月における日本人旅行者の延べ宿泊者数の対前年同月比が大きく低下している上位の5の都府県を示したものである。上位には，東京都，大阪府，沖縄県など感染者数が多い都府県が含まれている。また，Go To トラベル事業の開始（2020年7月22日）から9月までの期間は，千葉県，埼玉県，山梨県，長野県といった東京都の近隣の県もその減少率が大きくなっているが，この原因は東京都が事業から除外されたことと考えられる。

さらに，感染症の流行が顕著な都市部を中心に，旅行者を受け入れることに対する懸念が広がった地域も存在した。このような傾向は，都市部における旅行需要を減退させている要因ともなったようである。

2-2. 需要曲線の変化

これまでの議論を受け，需要曲線の変化を検討する。

感染症の流行が発生すると，個人・企業における感染症へのリスク認識の高まり，国・地方公共団体からの移動・集会等の行動への規制・自粛要請，景況の悪化による所得の減少の影響を受け，需要曲線は左方にシフトするであろう。このようにパンデミックの場合は主に左方にシフトすることが考えられるが，

図終-2　感染症による需要曲線のシフト

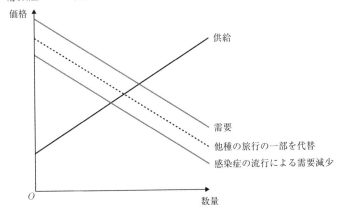

（注）　この需要曲線は，地域内等の需要を示している。地域間の需要によって代替される
　　　とすれば，この図の点線のような需要曲線を描くことができる。

図終-3　県内宿泊者と県外宿泊者の延べ宿泊者数の推移

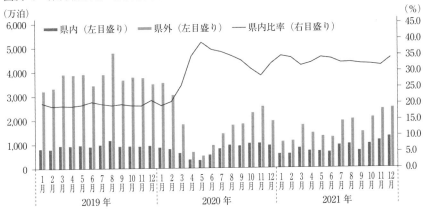

（出所）　観光庁「宿泊旅行統計調査」より作成。

消費を諦めた財・サービスの代替として，旅行者が類似性のある他の財・サー
ビスを選好する可能性がある（図終-2）。
　　たとえば，旅行市場を細かく分割した場合，複数の市場の間には代替関係が
存在するであろう。感染症が流行している場合には，移動手段としては，不特
定多数の人と密閉された空間での移動（航空，新幹線など）を避け，身近な人

との自家用車での移動が好まれるようになることから，航空，新幹線などで移動する長距離の旅行を避け，近距離の旅行が選好されるようになる代替関係が働くであろう。

　図終-3 は県内宿泊者と県外宿泊者の延べ宿泊者数の関係を示しているものであるが，延べ宿泊者数に占める県内居住地の比率（図終-3 では県内比率と表記）は，2020 年 4 月以降，20 年 11 月を除き 30％ を超える水準で推移している[8]。感染症の流行により日本人の延べ宿泊者数は減少しているが，県外での宿泊旅行（県外宿泊者の延べ宿泊者数）を県内でのそれ（県内宿泊者の延べ宿泊者数）に代替する傾向がみられる。

　個別の観光地では，感染者数が多い東京都において，都外への旅行の自粛が求められていた時期において奥多摩への旅行者が増加したが，この現象においては東京都民の都外への旅行需要が都内旅行に代替されたものと考えられる。

3.　供給の変化

　2020 年 5 月 4 日の新型コロナウイルス感染症専門家会議において，新たな日常に対応するために業種別のガイドラインの作成が求められた。これに応じて，観光に関連する旅行業，宿泊業，鉄軌道事業等の観光関連の業種においても，ガイドラインを作成・公表したことで，ガイドラインに準じた供給体制を構築した事業者も多いと考えられる。

　ここでは，まず，公表された観光関連業種のガイドラインをもとに，売り手である企業の行動の変化を検討する。

3-1.　売り手の変化

　売り手である事業者は，密の回避のためのサービスの供給量の制限，イベント等の供給内容の制約を受けたり，衛生対策の強化による費用の増加が必要となった。

　観光に関連する企業は，感染を回避するために，2 メートル程度の距離（ソーシャル・ディスタンス）をとることが必要とされたことで，ソーシャル・ディスタンスを確保するために，宿泊施設，観光施設，飲食店[9]等への入場制限，鉄道・航空機・バス等の座席制限が実施されることになった。たとえば，日本

航空，デルタ航空等においては，意図的に空席が設定された[10]。

　同様な措置は，多くの人々が集まるイベント，祭り等についても行われている。プロ野球やJリーグ等のスポーツ・イベントについては，緊急事態宣言解除後の初期段階では無観客で開催された。その後，観客が競技場において観戦することが可能になったが，入場できる人数等に関する制限は続けられている。

　このような供給量の制限を通じて，観光関連事業の単位当たりの費用が増加することになる。また，密を避けるための対策は，供給できるコンテンツ面での制約となり，祭りや大規模コンサート等が中止になるケースもあった。このようなコンテンツ面での制約は，観光需要の縮小につながるであろう。

3-2. 感染症対策費用の増加

　宿泊施設等の企業は，ガイドラインに準じた感染症対策を講じることが求められている。感染症対策としては，換気システム，検温設備，キャッシュレス・システム，消毒液，衛生の要員の確保等が挙げられる。また，消費者の不安を払拭するため，講じた感染症対策の情報を発信することも必要となる。その結果，企業には追加的な費用が生じる。

　感染症対策費用のうち，換気システム，検温設備，飛沫を浴びないようにするアクリル・ボードやシート，キャッシュレス・システムは固定費，消毒液や清掃等にかかる費用は可変費用に分類されるであろう。

　上記のように，ガイドラインに準じた場合，企業は感染症対策のための投資や業務を行い，それを消費者に対し情報発信する必要があり，新たな費用が発生する。感染症対策は，安全・安心につながり旅行者の効用を高めることにつながるが，それを価格に転嫁できるかは宿泊施設等の観光事業者にとって問題であろう。その問題は，第3・8章で検討したように，需要曲線[11]と供給曲線の形状に依存する。

　たとえば，宿泊施設の企業は，感染症対策を考慮しない場合には，供給曲線は図終-4のS_0のように資本集約的で価格に関して弾力的な性格を有すると考えられる。この場合，供給曲線の傾き（α）は，緩やかなものとなる。企業の感染症対策の結果として固定費用が増加する場合は，S_{c1}のように供給曲線の縦軸との切片が上昇するが，傾きは変化しない。可変費用が増加する場合は，供給曲線の縦軸との切片は変化しないが，S_{v1}のように傾き（α）が急になる。その結果，供給曲線は感染症対策を講じない場合よりも価格に関して非弾力的

図終-4　感染対策費用の増加による供給曲線の変化

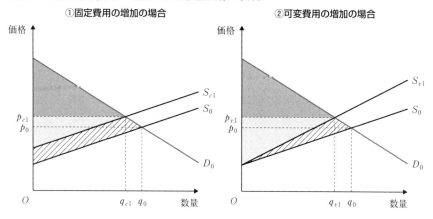

になる。

　需要曲線が D_0 で変化しないとすれば [12]，固定費用，可変費用のいずれについても費用の増加により供給曲線は変化するので，価格は上昇し数量は減少することになり，総余剰は縮小することになる（総余剰の減少は，斜線の部分）。

　当然ながら，総余剰に占める消費者余剰 [13] と生産者余剰 [14] の構成比は，変化した費用により異なる。固定費用のみが増加する場合は，供給曲線は固定費用の増分だけ上方に平行にシフトするため，総余剰に占める消費者余剰と生産者余剰の構成比は変化しない。これに対し，可変費用が増加する場合は供給曲線の傾きが急になるため，消費者余剰と生産者余剰の構成比のうち生産者余剰の占める割合が増加する。

3-3. 供給量の制限

　感染症の影響は，その対策の費用を増加させるだけでなく，密を避けるために供給量の制限にも及ぶことになる。バス，航空機，劇場，スタジアム，劇場等においては，人と人の間の距離を十分にとるため半分の座席しか利用できないとすると，サービスの供給量が半分に制限されることになる。なお，半分の座席を超える需要がある場合は，消費者は予約できずにサービスの消費を諦めることになる。ここでは，感染症対策のために企業が供給量を制限した場合の短期的な均衡 [15] について検討する。

　供給曲線は，直線ではなく線上の価格弾力性は一定ではなく供給量に応じて

図終-5　供給量の制限を考慮した供給曲線と均衡

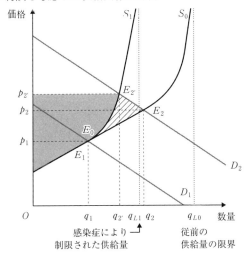

変化し，供給曲線の傾きが変化するとする。パンデミックでなくとも，企業の
供給能力には限界があり，それが価格に関する供給の弾力性に影響を与える。
供給量が少ない水準にあるときには弾力性は高く，価格の変化に対して大きく
反応すると考えられる。たとえば貸切バスを考えれば，供給量が少ない段階で
は，バス等の資本ストックや労働力に余裕があり供給を増加させることは容易
である（価格に関する供給の弾力性が大きい）。供給量が増加するにつれて，資
本ストックや労働力がフルに活用され，供給能力が限界に到達し始めると，供
給量を追加的に増加させるためには，新しいバスを調達したり，ドライバーの
追加の勤務や新たな雇用が必要になる。供給能力の限界に近い供給量では，企
業の追加的な費用の負担が大きくなるため，価格はかなり上昇しなければなら
なくなり，供給曲線はその傾きが大きくなり，より非弾力的になる[16]。

　パンデミックのような事態が発生しない場合では，供給能力の限界である供
給量 q_{L0} があるため，S_0 のように供給曲線は傾きが急になる（非弾力的になる）
ことになり，垂直に近づいていく（図終-5）。密を避けるために供給量に制限
が加えられる場合には，前述と同様にその制限に近い水準では供給曲線は非弾
力的な形状になると考えられる。企業が感染症対策として制限された供給量を，
q_{L0} よりも少ない q_{L} とすると，それに近づくと供給曲線は S_1 のように価格に
関してより非弾力的になる。

需要曲線については，供給曲線 S_1 に関して弾力的な領域の E_1 で交わるものを D_1，非弾力的な領域の E_2 で交わるものを D_2 とする。大きく余剰が変化するのは後者で，数量は q_1 から q_2' に増加するが，価格は p_1 から $p_{2'}$ に上昇する。その結果，総余剰は斜線の部分だけ減少するものの，生産者余剰（網掛けの部分）は増加すると考えられる。

4. 参入と退出

　観光関連の業種におけるガイドラインでは，感染症対策を十分に講じている企業に取引先を限定することを推奨している。このような点が，観光関連の市場における参入と退出に影響を与えると考えられる。

4-1. 参　　入

　ガイドライン等に基づく感染症対策に伴う費用が増加することから，感染症の流行前に比べ新規事業者が参入しにくくなる。

　たとえば，座席の間隔が求められることから，バスなどの交通事業者が従来の供給量を確保するためには，以前よりも多くの車両を購入する，またはリースを受ける必要があろう。その場合は，企業の固定費用がかさむことになる。

4-2. 退　　出

　日本旅行業協会・全国旅行業協会［2021］のガイドラインでは，旅行業の事業者に対し，以下のように，適切な感染症対策を講じていない事業者との取引を制限することを求めている。

- 手配旅行においては，手配する旅行サービス提供事業者が適切な感染防止対策をとっている事業者であることを確認するよう，お客様に案内する[17]。
- 募集型企画旅行において手配する旅行サービス提供事業者は，原則として適切な感染防止対策をとっている事業者に限定する。
- 団体旅行においては，旅程に組み込む交通機関，食事箇所，観光施設，体験プログラム等については事前に適切な感染防止対策を取っていることを確認する。

ガイドラインに準ずるならば，感染症対策を講じない企業，あるいは講じよ

うとしても財務的に難しい企業が観光関連市場からの退出を迫られることになるであろう。

　その一方で，感染症対策を行わず退出もしない企業が安価なサービスを提供する可能性もあり，利用する消費者も存在するかもしれない。そのままでは感染症のリスクが高まることになるため，このような事業者を市場から退出させることが求められる。その方法としては，後述する感染症対策に関する情報開示が挙げられる。

5. 新型コロナウイルス感染症流行後の政策

　人々の移動が制限されたことや人々の間に3密を回避する意識が強くなったこと等により，多くの観光関連の事業者は，事業継続の危機に立たされることになった。観光関連産業は，観光庁「旅行・観光サテライト勘定」によると，2019年には13.7兆円の付加価値を創出する非常に重要な産業である。このため，観光関連産業の規模の縮小は，日本経済に大きな打撃を与えることになる。

　日本政府は，2020年度補正予算において，需要喚起策を中心に，観光関連の業種を支援するいくつかの政策が講じられた。

5-1. 需要喚起策

　需要喚起策には，個人消費全般のものと個別産業向けの消費活動に対するものがあり，それぞれについて言及する。

(1) 個人消費全般に対する需要喚起策

　感染症が流行すると，生産活動が広範に制限され，個人・家計の所得が減少するため，多くの財・サービスにおいて消費が停滞することになる。そのため，個人消費全般に対する需要喚起策が必要となり，個人・家計に対する給付策や消費全般に広く課税されている消費税の税率を引き下げる施策が考えられる。

　2020年度補正予算においては前者が採用され，特別定額給付金として1名10万円の給付金が支給されることになった。しかしながら，未曾有の景況の悪化は，消費の拡大にはあまり有効に寄与していない可能性がある。内閣府「国民経済計算」によると，2020年4〜6月期には貯蓄率が21.9％に達し1994

表終-3 全産業（金融・保険業以外の業種）と宿泊業の財務状況の変化

年月		全産業（金融・保険業以外の業種）			宿泊業		
		売上高（10億円）	売上高対前年同期比（%）	売上高営業利益率（%）	売上高（10億円）	売上高対前年同期比（%）	売上高営業利益率（%）
2017 年	1〜3 月	350,637	5.6	4.8	1,739.7	19.3	4.2
	4〜6 月	327,918	6.7	5.0	2,273.3	24.9	6.2
	7〜9 月	338,700	4.8	4.4	2,185.4	29.8	11.6
	10〜12 月	358,206	5.9	5.2	2,465.6	31.4	9.4
2018 年	1〜3 月	361,778	3.2	4.9	2,075.0	19.3	5.0
	4〜6 月	344,615	5.1	5.3	1,799.0	− 20.9	2.5
	7〜9 月	358,885	6.0	4.2	2,247.9	2.9	6.6
	10〜12 月	371,623	3.7	4.4	2,359.8	− 4.3	3.8
2019 年	1〜3 月	372,520	3.0	5.2	1,740.5	− 16.1	0.1
	4〜6 月	345,912	0.4	4.8	1,976.5	9.9	3.7
	7〜9 月	349,497	− 2.6	4.1	2,029.4	− 9.7	4.5
	10〜12 月	347,826	− 6.4	4.3	1,981.4	− 16.0	4.1
2020 年	1〜3 月	344,590	− 7.5	3.9	1,303.5	− 25.1	− 11.5
	4〜6 月	284,677	− 17.7	2.1	394.8	− 80.0	− 102.0
	7〜9 月	309,252	− 11.5	2.8	833.0	− 59.0	− 24.1
	10〜12 月	332,090	− 4.5	4.4	1,051.6	− 46.9	− 6.0
2021 年	1〜3 月	334,255	− 3.0	4.7	667.0	− 48.8	− 48.0
	4〜6 月	314,406	10.4	5.0	585	48.1	− 42.7
	7〜9 月	323,565	4.6	3.8	789	− 5.3	− 21.7
	10〜12 月	351,001	5.7	5.1	1,132	7.6	− 4.0
2022 年	1〜3 月	360,794	7.9	4.8	836	25.4	− 23.7

（出所） 財務省「法人企業統計調査」より作成。

年以降では最高となっている。この四半期を含む2年間の8四半期の平均は11.3% で，その前の2年間の平均の2.5% よりもかなり大きくなっており，給付金が消費ではなく貯蓄に回っているようである。

(2) 個別産業向けの需要喚起策

今般の感染症の流行においては，移動や大規模な集会等に関するリスクが認識され，政府からこうした活動に対する自粛が要請されたことは，他の産業と

比較して観光関連産業にとくに大きな打撃を与えた。

　財務省「法人企業統計調査」をもとに，表終-3で2017年以降における全産業（金融業，保険業以外の業種）と宿泊業の財務状況について比較してみた。

　金融業，保険業を除く全産業においては，コロナ禍の2020年4～6月期，7～9月期における売上高の対前年同期比は－10％以下となったものの，売上高営業利益率はプラスを確保している。これに対し，宿泊業については，2020年に入り5四半期連続で売上高が対前年同期比で2割以上マイナスを示し，売上高営業利益率は9四半期連続でマイナスとなっている。とくに緊急事態宣言が発出された2020年4～6月期においては，売上高が80.0％減少し，売上高利益率が－102.0％となった。

　宿泊業ほど経営状況が悪化した産業はほかにはなく，感染症の流行により大きな打撃を受けている。感染症の収束後には移動が活発になることが期待できるため，できるだけ多くの事業者が事業継続できるように支援する施策は有効であろう。このような意図から，観光関連産業に特化したGo Toトラベル事業が実施された。

　個別の消費分野の需要喚起策として，2020年度第2次補正予算，第3次補正予算においては，観光関連産業に対する支援策も講じている。

　Go Toトラベル事業は，失われた旅行需要の回復や旅行中における地域の観光関連消費の喚起を図るとともに，ウィズ・コロナの時代における「安全で安心な旅のスタイル」を普及・定着させることを目的とした観光関連産業に特化した支援策である。同キャンペーンは，2020年7月22日から21年12月28日[18]の期間で実施され，その具体的な支援内容は，以下のとおりである。

- 国内の宿泊・日帰り旅行代金の35％を割り引く。
- 10月1日より，旅行先で利用可能な地域共通クーポンを付与する。
- 上記を合わせての割引金額の上限は，1人1泊当たり宿泊旅行では2万円，日帰り旅行では1万円。

　なお，同キャンペーンでは，感染状況を考慮して，旅行先についての制限がある。感染者数が多い東京都発着の旅行は，キャンペーン開始当初は除外された[19]。

　このような支援策により需要が喚起されることで，需要曲線が右方にシフトすることが期待される。

5-2. 感染症対策の投資促進策

宿泊施設等の観光関連の事業者が，チェックイン・カウンターにおけるアクリルボード，検温器，換気システム等の感染症対策を講じることは，観光に関する不安を払拭するためにも必要である[20]。

ちなみに，訪日外国人旅行者受入環境整備緊急対策事業は，感染症対策の取り組みの一部に対して観光関連の企業が活用できる。このような補助金は企業の負担軽減になるため，供給曲線は右方にシフトすることなる。

5-3. 情報の非対称性の解消策

第4章でみたように，消費者に対し情報が提供されていない場合，需要が過少になる情報の非対称性の問題が発生する可能性がある。とくに，感染症は健康に深刻な影響を与える懸念が大きいため，その情報が十分に提供されない場合には，消費がいっそう少なくなる可能性が高まるであろう。これを解消するためには，企業の感染症対策の取り組みを開示させ，消費者が選択に必要な情報を十分に提供できるようにすることが求められる。

そのための一般的な方法としては，適切な対策が講じられているかを政府や業界団体が審査したうえでの認証がある。しかしながら，感染症では急速な流行の広がりを回避するため対策は迅速に実行する必要があるが，情報の非対称性の解消策についても同様である。迅速に導入するため，東京都は，事業者向け感染拡大防止ガイドラインに徹底的に取り組むとともにそれに関する情報を開示することを目的に，「感染防止徹底宣言ステッカー」をオンラインで発行することとした。チェックシートのすべての項目を実践する事業者は，ウェブでの申請を通じて，ステッカーの取得できるようになっている。ただし，申請に対する東京都による確認はないため，店頭にステッカーを掲示していても，対策が不十分な事業者も含まれている。

迅速に制度を導入する必要がある状況においては，情報の非対称性の解消策として事業者の自己申告による届け出をもとに認証することはやむをえないであろうが，感染症対策の情報の正確性を確保するために，その後に抜き打ち検査を行い，適切な水準を満たしていない場合には認証を取り消す方法が考えられる。

ちなみに，マルチサイド・プラットフォーム等の旅行業のなかには，取引がある宿泊施設等のサプライヤーが講じている感染症対策の情報を提供している

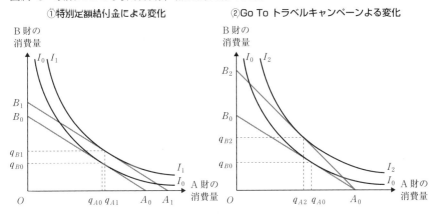

図終-6 政策による予算制約線，無差別曲線の変化

①特別定額給付金による変化　　　　②Go To トラベルキャンペーンよる変化

企業も多い。

6. 需要喚起策の影響

　本節では，前述の需要喚起策が与える影響について，予算制約線，無差別曲線と余剰分析により検討する。

6-1. 予算制約線，無差別曲線による分析

　需要喚起策の影響について，まず第1章で紹介した無差別曲線・予算制約線の理論に基づき検討してみよう。A財は観光以外の財，B財は観光と設定し，予算制約線を変化させることで，政策の効果を捉えることができる。予算制約線を変化させることで消費を増加させる方法には，①所得を増加させ所得効果を発現させること，②個々の財・サービスの価格を低下させることにより価格効果を発現させることがある。

　前述の緊急経済対策のうち，①に該当する政策としては特別定額給付金が，②に該当する政策としてはGo To トラベルキャンペーンが挙げられる。

　特別定額給付金の場合は，予算制約線がもともとのものから平行にシフトする（図終-6）。その結果，観光だけでなく観光以外の財も消費量が増加する。これに対し，Go To トラベルキャンペーンの場合は，予算制約線の横軸との

図終-7　個別産業向けの需要喚起策による余剰の変化

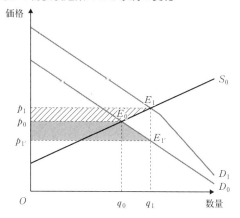

交点は変化しないが，縦軸との交点が B_0 ら B_2 に上昇する。観光は消費量が増加する一方で，観光以外の財は減少する[21]。

　Go To トラベルキャンペーンは，日本国内の旅行に対する需要喚起策であるため，観光需要が国内の他の消費を代替している可能性が考えられ，その結果国内のマクロの消費全体が増加するとは限らない。

6-2. 余剰による分析

　需要喚起策が与える影響に関する余剰分析にあたり，まず需要曲線の変化について検討する。

　特別定額給付金のような個人消費全般の需要喚起策では，個人・家計の所得を増加させるため，需要曲線が右方にシフトし，その結果，生産者余剰，総余剰が増加する（図終-7）。しかしながら，特別定額給付金のような給付金は，感染症の流行時のような景気が非常に低迷している時期には貯蓄され，短期的には必ずしも消費を誘発しない（需要曲線が右方にシフトしない）可能性もある。

　次に，Go To トラベル事業のような個別産業向けの需要喚起策について，検討する。前述のように，同キャンペーンの割引は，旅行代金の割引率の上限は35％，割引額の上限は2万円と設定されている。需要曲線は，定率の割引が行われると傾き（$-\beta$）はより急になり（β の値は大きくなり），定額の割引が行われると右方にシフトする。D_0 を Go To トラベル事業が実施されていない通常の場合における需要者の支払許容額の需要曲線とすると，同キャンペーンで

320

規定された割引を含めた需要者の支払許容額の需要曲線は D_1 のような屈折型のものになる。この結果，均衡点は E_0 から E_1 に移ることになる。割引を含めると均衡点での価格は p_0 から p_1 となり，数量は q_0 から q_1 に増加する。ちなみに，需要者が割引により支払う価格は q_1 と需要曲線 D_0 との交点 $E_{1'}$ での価格となる $p_{1'}$ である。なお，生産者の取引価格は p_1 であり，同キャンペーンによる生産者余剰の増加は斜線の部分となる。需要者の取引価格は $p_{1'}$ であり，同キャンペーンによる消費者余剰の増加は網掛けの部分となる。Go To トラベルキャンペーンのような旅行代金の割引を行った場合には，生産者余剰，消費者余剰，総余剰ともに増加する。

　以上のように，生産者余剰が増加することから，旅行代金の割引を行う政策は観光関連事業者の業績の回復に寄与すると考えられる。

注
1　外国人観光客の入国は 2022 年 6 月 10 日に緩和されたが，その受け入れは国内の旅行業者等を受入れ責任者とする添乗員付きパッケージによる旅行に限定されていた。

2　2020 年 5 月 25 日時点で，日本全国での新規感染者数は 4 月以降の最少の 21 人を記録した。

3　この期間においては，都道府県単位で，人々の行動を制限する方針が打ち出された。東京都は不要不急の県をまたぐ旅行の自粛を要請した。また，愛知県のように，独自の緊急事態宣言を発出した県もあった。

4　第 2 回緊急事態宣言は 2022 年 3 月 21 日に，第 3 回緊急事態宣言は同年 9 月 30 日に終了している。

5　水際対策としての出入国の規制により海外旅行の需要は皆無になっており，観光庁「旅行・観光消費動向調査」においても 2020 年 4〜6 月期から 22 年 1〜3 月期の海外旅行の需要はなくなっている。

6　とはいえ，飛行機や新幹線は，内部の空気を短時間で換気できる機能を有している。

7　緊急経済対策が発出された 2020 年 4〜6 月期における「パック・団体旅行」の占める割合は，1.3 ％であった。

8　延べ宿泊者数には，居住地不詳の者が 3〜7％ 存在する。県内比率は，居住地の県内・県外がわかっている延べ宿泊者数のうち，県内分の割合を求めている。

9　東京 23 区のように新規感染者数の発生が多いエリアでは，酒類の提供を行う飲食店，カラオケ店の営業時間が制限された。

10　日本航空は，2020 年 6 月までは空席を確保していたが，需要の増加が予想された 7 月以降は空席を確保しなくなっている。

11　後述のように，感染症が流行すると，需要曲線は左方にシフトするであろうが，ここではシフトさせず固定して検討する。

12 需要曲線は，感染症流行の状況下ではより左方にシフトすることが考えられるし，また，感染症対策を講じサービスの質を向上させることで，需要曲線は右方にシフトすることが考えられる。ここでの議論では，いずれも考慮せずに，簡単化のために需要曲線を変化させず固定させている。

13 図中の濃い網掛けの部分は，固定費用が増加した S_{c1} と D_0 による余剰である。

14 図中の薄い網掛けの部分は，可変費用が増加した S_{v1} と D_e による余剰である。

15 短期では，企業は機械等の資本による生産量の調整が困難で，労働時間の調整あるいは資本の稼働率等による生産量の調整しかできないと設定する。

16 連休などの時期における価格の上昇の要因としては，需要の増加による需要曲線の右方へのシフトとともに，供給量の限界により供給曲線が非弾力的になることがある。

17 ガイドラインでは，お客様が選定できるよう，必要に応じて情報提供などに配慮するとされている。

18 「令和3年版　観光白書」によると，2020年12月28日以降，一時停止措置がとられている。

19 新規感染者数の減少等を考慮して，2020年10月からは東京発着の旅行も追加された。

20 Go To トラベル事業では，それに参加する事業者に対し，チェックイン・カウンターにおけるアクリルボード，検温器，換気システム等の感染症対策を求めており，遵守事項に対応できない事業者に対しては，給付金の返還を請求することがあるとしている。

21 以上の議論は，無差別曲線がコーナーソリューションを引き起こすような，特殊なものでないことを想定している。

引用・参考文献

Mankiw, N. G. [2012] *Principles of Economics*, 6th ed., South-Western Gengage Learning.（足立英之・石川雄太・小川英治・地主敏樹・中馬宏之・柳川隆訳 [2013] 『マンキュー経済学Ⅰ　ミクロ編（第3版）』東洋経済新報社）

内閣府 [2010] 「インターネットによる子育て費用に関する調査」

日本交通公社 [2020] 「新型コロナウイルス感染症流行下の日本人旅行者の動向（その4）」

日本旅行業協会・全国旅行業協会 [2021] 「旅行業における新型コロナウイルス対応ガイドライン（第3版）」

大井達夫 [2021] 「統計でみる旅行市場のこの1年」『月刊 運輸と経済』2021年8月号

Stiglitz, J. E. and C. E. Walsh [2006] *Microeconomics* 4th, ed., WW Norton & Company.（薮下史郎・秋山太郎・蟻川靖浩・大阿久博・木立力・宮本亮・清野一治訳 [2013] 『スティグリッツ　ミクロ経済学（第4版）』東洋経済新報社）

鉄道連絡会 [2020] 「鉄軌道事業における新型コロナウイルス感染症対策に関するガイドライン（第2版）」

全国旅館ホテル生活衛生同業組合連合会・日本旅館協会・全日本ホテル連盟 [2020] 「宿泊施設における新型コロナウイルス対応ガイドライン（第2版）」

索　引

328

観光経済学——理論とデータで学ぶ
Tourism Economics

2022 年 11 月 5 日　初版第 1 刷発行

編　者	山内弘隆（やまうちひろたか）
	山本史門（やまもとふみかど）
	山崎茂雄（やまさきしげお）
	川口明子（かわぐちあきこ）
発 行 者	江草貞治
発 行 所	株式会社　有斐閣

郵便番号101-0051
東京都千代田区神田神保町 2 - 17
http://www.yuhikaku.co.jp/

印刷・大日本法令印刷株式会社／製本・大口製本印刷株式会社
©2022, Hirotaka Yamauchi, Fumikado Yamamoto, Shigeo Yamasaki, Akiko Kawaguchi.
Printed in Japan.
落丁・乱丁本はお取替えいたします。

★定価はカバーに表示してあります。

ISBN 978-4-641-16607-3